Richtig würzen – Gesünder leben

ECON Ratgeber
Essen und Trinken

Mannfried Pahlow
Ursula Niklas-Pahlow

Richtig würzen Gesünder leben

Eine Anleitung für den richtigen Umgang mit Gewürzen

ETB
ECON Taschenbuch Verlag

CIP-Kurztitelaufnahme der Deutschen Bibliothek

Pahlow, Mannfried:
Richtig würzen, gesünder leben: e. Anleitung für d. richtigen Umgang mit Gewürzen/Mannfried Pahlow; Ursula Niklas-Pahlow.
Düsseldorf: ECON Taschenbuch Verlag, 1986.
(ETB 20267; ECON Ratgeber: Gesundheit)
ISBN 3-612-20267-7

ECON Taschenbuch Verlag GmbH, Düsseldorf
Lizenzausgabe
Oktober 1986

Umschlagentwurf: Ludwig Kaiser
Titelfoto: Photo-Design-Studio Gerhard Burock
Druck und Bindearbeiten: Ebner Ulm
Printed in Germany
ISBN 3-612-20267-7

Inhaltsverzeichnis

Vorwort

Dieses Gewürzbuch will den Leser lehren, *gesünder zu kochen und dadurch gesünder zu leben.* Daß für eine gesunde Kost die verschiedensten Gewürze von größter Bedeutung sind, ist hinlänglich bekannt, und dennoch werden Gewürze immer noch viel zuwenig beachtet. Dafür gibt es mehrere Gründe. Die meisten Menschen wissen nichts oder nur wenig über die förderliche Beeinflussung unserer Verdauung durch Gewürze. Sie meinen, mit Salz, Essig und Pfeffer, Zwiebeln und Paprika auskommen zu können, und halten alles, was darüber hinausgeht, für «Spielerei» oder belächeln das ernste Bemühen um rechtes Würzen als «moderne Masche». Sie haben Angst, mit Gewürzen zu experimentieren, weil sie noch in dem längst überholten Vorurteil befangen sind, scharfe Gewürze seien gesundheitsschädlich.

Genau das Gegenteil ist aber der Fall. Rechtes Würzen vermag nicht nur Abwechslung in die Küche zu bringen, sondern wirkt zugleich gesundheitsfördernd. Bedenken wir doch, daß es kaum eine Gewürzpflanze gibt, die nicht gleichzeitig auch als Heilpflanze genutzt wird. Aber schon die Verbesserung des Geschmackes allein ist geeignet, unser Wohlbefinden zu steigern. Was gut schmeckt, wird leichter verdaut als das, was schlecht oder fade schmeckt. Davon wird an anderer Stelle noch ausführlich die Rede sein.

Nun ist der Geschmack eine ganz persönliche Sache. Was dem einen schmeckt, erscheint dem anderen weniger verlockend. Und deshalb sollte man mit Gewürzen am Anfang soviel wie möglich experimentieren, um herauszufinden, welches Gewürz zu welcher Speise dem *eigenen* Gaumen behagt. In den verschiedensten Kochbüchern findet man immer wieder als Regeln präsentierte Hinweise, die jedermann beachten müsse, da sie von allgemeiner Gültigkeit seien, die aber in Wirklichkeit nicht mehr sind als nützliche Fingerzeige für mutlose Anfänger. Erst das Experiment in der *eigenen* Küche wird dem *eigenen* Geschmack gerecht. Zum Experiment zu ermuntern ist auch ein Anliegen dieses Buches, und an Hilfestellung dabei fehlt es nicht.

Die Zahl der Gewürze ist riesengroß und die Wirkung verschiedener Gewürze oft ähnlich. Sieht man von den ganz spezifisch wirkenden Kräutern oder Würzdrogen einmal ab, so gibt es für jeden Zweck eine große Auswahl. Basilikum, Beifuß, Majoran, Oregano, um nur einige zu nennen, fördern die Verdauung besonders schwerer und fetter Speisen, doch sie schmecken recht verschiedenartig. Warum soll man sich da nicht auswählen, was einem persönlich zusagt, auch wenn es im «Rezept» anders steht. Thymian und Rosmarin sind besonders stark duftende Gewürze, die die Verdauungssäfte in hervorragender Weise aktivieren und daher die verschiedensten Speisen bekömmlicher machen. Ob diese Gewürze jedoch der *eigenen* Zunge schmeicheln, ist eine andere Frage. Man muß es probieren. Deshalb ist fast jedem Kapitel, das ein Einzelgewürz vorstellt, ein Experimentierteil angehängt, der Schüchterne ermuntern und den Experimentierfreudigen weitere Anregungen vermitteln möchte. *Rechtes Würzen ist eine Kunst, doch eine erlernbare, um die sich jeder bemühen sollte – seiner Gesundheit zuliebe.*

Schließlich möchte dieses Buch auch den glücklichen Besitzern eines kleinen Gartens Hinweise geben, wie sie dort eine Gewürz- und Küchenkräuterecke einrichten können, weil Küchenkräuter eben frisch am wertvollsten sind. Ein Kräutergarten ist einfacher angelegt, als man glauben möchte. Man muß nur wissen, wie.

Ein guter Koch ist ein guter Arzt

Ist das nur eine Kalenderweisheit aus Urgroßmutters Zeiten? Keineswegs, denn wie wahr dieser Ausspruch ist, beweisen uns gerade heute die Ernährungswissenschaftler. Nur wer sich richtig ernährt, kann auf die Dauer gesund bleiben. Unendlich viele Beschwerden und Krankheiten unserer Zeit gehen auf falsche Ernährung zurück.

Richtige Ernährung bedeutet aber nicht allein, daß wir genügend Eiweiß, Fett und Kohlenhydrate in ausgewogenem Verhältnis zu uns nehmen, dabei Vitamine, Mineralstoffe und Spurenelemente nicht zu kurz kommen lassen und auch die Ballaststoffe nicht vergessen, sondern richtige Ernährung beinhaltet ebenso zwingend eine entsprechend gesunde Zubereitung aller Speisen. Sie müssen appetitlich aussehen, anregend duften und leicht verdaulich sein. Eben das bewirken Küchenkräuter und Gewürze.

Wer da glaubt, mit Salz, Pfeffer und Essig allein auskommen zu können, bereitet sich nicht nur ein fades Mahl, sondern kann sogar seiner Gesundheit schaden und es mit verminderter Leistungsfähigkeit und mangelndem Wohlbefinden bezahlen.

Würzen nennt man das Beigeben von Pflanzenprodukten (frisch oder getrocknet, zerkleinert oder ganz) zur Nahrung, mit dem Ziel, Geruch, Geschmack und auch das Aussehen (Farbe) der Speisen derart zu beeinflussen, daß sie zum Genuß einladen und bekömmlicher werden. Was unter dieser Definition zu verstehen ist, das mögen die nachfolgenden Beispiele aufzeigen.

Sicher ist Ihnen schon einmal beim Anblick eines leckeren Gerichts, das einen angenehmen, aromatischen Duft ausströmte, buchstäblich das Wasser im Munde zusammengelaufen. Die Verdauungsorgane haben, angeregt durch das appetitliche Aussehen und den köstlichen Duft der Speise, begonnen, sich auf das bevorstehende Essen einzustellen. Die erste Phase der Verdauungssaftsekretion setzt ein. Nicht nur im Munde ist Ihnen das Wasser zusammengelaufen, auch der Magen hat erste Verdauungssäfte gebildet. Über den *Nervus vagus*, den zehnten Gehirnnerv, ist die Magensaftproduktion eingeleitet worden.

Aber auch das Gegenteil kann geschehen. Übel riechende, unappetitlich aussehende Speisen bewirken, daß die Verdauungssaftsekretion eingeschränkt oder völlig unterbunden wird.

Auch das haben Sie sicher schon selbst erlebt: Sie hatten Hunger, vielleicht sogar heftigen Hunger, doch das Essen, das Ihnen vorgesetzt wurde, sah unappetitlich aus und roch zudem noch schlecht. Plötzlich war Ihnen «der Appetit vergangen». Sie fühlten sich weder hungrig, noch hatten Sie den Wunsch nach einer anderen Speise.

Und nun der dritte Fall: Sie hatten überhaupt keinen Appetit, als Sie zum Essen gerufen wurden. Sie waren überzeugt, keinen Bissen hinunterbringen zu können, setzten sich jedoch zu Tisch, um den Gastgeber oder die Hausfrau nicht zu kränken. Jetzt wurde eine würzige Suppe aufgetragen, die nicht nur angenehm duftete, sondern dank Küchenkräutern und kleinen Beilagen besonders verlockend aussah. Langsam stellte sich bei Ihnen die Eßlust ein, und nach wenigen Löffeln verspürten Sie sogar richtigen Appetit und verzehrten danach mit Wohlbehagen das Hauptgericht. Die ruhenden Verdauungsdrüsen waren durch den Anblick, den Duft und nicht zuletzt durch den anregenden Geschmack der gut gewürzten Suppe aktiviert worden. Sie bildeten Verdauungssäfte, weckten damit den Appetit und schufen die Voraussetzung für eine gesunde Verdauung der Speisen.

«Das Essen liegt mir wie ein Stein im Magen», pflegt man zu sagen, wenn man ein schweres Gericht einfach nicht verdauen kann. In diesem Fall sind fast immer erhebliche Würzfehler schuld. Es wurde weder auf die Augen noch auf die Nase oder den Gaumen genügend Rücksicht genommen. Denn erst auf diesem Weg wird die Verdauung eingeleitet. Und auch hier kann man wieder die gegenteilige Erfahrung machen. Sie gehen auf Reisen und essen in fremden Ländern völlig ungewohnte Speisen, die oftmals schwer und fettreich zubereitet sind. Sie meinen, dieses Essen niemals verdauen zu können. Bald aber stellen Sie fest, daß besondere Gewürze diese Gerichte auch für Sie bekömmlich machen.

Gewürze aber beeinflussen nicht nur die Aktivität unserer Verdauungsorgane, sie können sogar, wie der Ernährungswissenschaftler Professor Glatzel nachweisen konnte, in bestimmten Fällen eine günstige Wirkung auf Herz und Kreislauf ausüben. Dies gilt ganz besonders für scharfe Gewürze. Senf und Paprika z.B. sollte man nicht mehr ablehnen, sondern sie in vernünftiger Weise für das körperliche Wohlbefinden einsetzen. Die Nahrungsaufnahme belastet den Kreislauf. Das ist erwiesen. Durch rechtes Würzen aber kann diese Belastung verringert werden – *und das ist für ein leistungsschwaches Herz ungeheuer wichtig.*

Man tut also Herzkranken und vor allen Dingen älteren Menschen keinen Gefallen, wenn man ihnen zur Schonung würzarme Speisen vorsetzt. Das Gegenteil ist richtig. Herzhaft gewürzte Speisen haben eine schonende Wirkung, und alte Menschen, deren Geschmacksempfinden ohnehin vermindert ist, werden das besonders begrüßen. Vielleicht sollte ich noch einmal sagen, daß ich Salz in diesem Zusammenhang nicht als Gewürz betrachte, und wenn ich von mutigem und herzhaftem Würzen spreche, so meine ich nicht das Würzen mit Salz.

All das Positive, was ich bisher zum Lobe der Gewürze gesagt habe, ist eigentlich nicht mehr als selbstverständlich, denn es gibt kaum ein Gewürz, das nicht in irgendeiner Form auch als Arzneimittel verwendet wird. Noch ist längst nicht alles erforscht und wissenschaftlich bewiesen, viel Arbeit muß auf diesem Gebiet noch geleistet werden, doch wo sich die Wissenschaft bereits um exakte Nachprüfung volksmedizinischer Heilanzeigen oder überlieferter Erfahrungen bemüht hat, ist mehr bestätigt als abgelehnt worden.

Aber auch das soll nicht verheimlicht werden: Leider gibt es Menschen, die auf Gewürze allergisch reagieren. Sie sind zumeist (85%) auch Pollenallergiker.
Der so beliebte Beifuß, Kamille, Pfefferminze, Thymian, Majoran, Salbei, Koriander, Pfeffer, Paprika und Anis werden genannt.
Allergiker sollten daher herauszufinden versuchen, auf welches der genannten Gewürze sie allergisch reagieren, um diese dann für sich auszuklammern.

Was sind Gewürze?

Gewürze sind Pflanzenteile, die in der Hauptsache dadurch charakterisiert sind, daß sie aromatische, bitter oder scharf schmeckende Inhaltsstoffe besitzen. Sie werden getrocknet oder als sogenannte Küchenkräuter auch in frischem Zustand verwendet. Die Zahl der Pflanzen, die solche Stoffe enthalten, ist unendlich groß, und auch die Zahl der vom Menschen gebrauchten Gewürzpflanzen ist schier unübersehbar, wenn man diejenigen Gewürze mit berücksichtigt, die nur regionale, oft sogar nur lokale Bedeutung haben. Selbst die Zahl *der* Gewürze, die fast überall gebraucht werden, ist noch groß genug.

Eine Einteilung der Gewürzpflanzen in Küchenkräuter und Gewürzdrogen ist deshalb nicht sinnvoll, weil es nicht zutrifft, daß die sogenannten Küchenkräuter *nur* in frischem Zustand verwendbar sind. Das würde nämlich bedeuten, daß alle diejenigen, die über keinen eigenen Gewürzgarten verfügen oder keinen Gärtner kennen, der ihnen diese Kräuter immer frisch liefert, darauf verzichten müßten. Das würde auch bedeuten, daß getrocknete Küchenkräuter *nicht* verwendet werden dürften. Aber so ist es nicht. Der Nutzen der Küchenkräuter ist auch in getrocknetem Zustand so groß, daß man sie nur wärmstens empfehlen kann, wobei jedoch zu sagen ist, daß sie frisch noch gesünder sind.

Auch die Einteilung in Bitter-, Scharf- oder Aromagewürze ist wenig sinnvoll. Wenn auch der eine oder andere Inhaltsstoff vorherrscht, so darf man doch nicht übersehen, daß ein Gewürz von der Gesamtheit aller

Inhaltsstoffe «lebt». Das unnachahmliche Zusammenspiel oftmals sehr vieler Stoffe ist für die gesundheitsfördernde Wirkung und den Geschmack verantwortlich. Und schließlich tut man auch nicht gut, wenn man die Gewürze in Suppen-, Fleisch-, Fisch- oder Gemüsegewürze einteilt. Der erfahrene Koch wird jede Einteilung ablehnen und so würzen, wie es die jeweilige Speise erfordert. Diese Erfahrung zu vermitteln, bemüht sich dieses Buch bei der Behandlung der Einzelgewürze, besonders auch mit Hilfe der dort vorgeschlagenen Experimente.

Da es aber ohne ein wenig Grundwissen schlecht geht, seien hier einige Inhaltsstoffe der Gewürze vorgestellt, um deren Wirkung im Verdauungsprozeß besser verständlich zu machen.

Ätherische Öle

In geringer Menge sind sie in fast allen Gewürzen vorhanden. Oft aber dominieren sie so stark, daß sie den Wert des Gewürzes fast allein bestimmen. Duft und aromatischer Geschmack zeichnen solche Gewürze aus.

Ätherische Öle sind ganz verschiedenartig zusammengesetzt, und die Anzahl der Bestandteile eines solchen Öles kann sehr groß sein. Bis zu fünfzig verschiedene Stoffe sind schon im ätherischen Öl eines Gewürzes nachgewiesen worden. Oft aber überwiegt ein ganz bestimmter Stoff, der dann diesem Öl seinen spezifischen Charakter verleiht und natürlich auch für seine Wirkung verantwortlich ist. Isoliert man diesen Stoff, nimmt man ihm alle seine Begleitstoffe, so verliert er allerdings weitgehend seinen Gewürzcharakter, denn nur zusammen mit den Ballaststoffen ist er wirklich Gewürz. Allen ätherischen Ölen gemeinsam ist ihre Flüchtigkeit, die ölartige Beschaffenheit, die Unlöslichkeit in Wasser und der starke Duft.

Im Pflanzenreich, das man in Familien eingeteilt hat, gibt es nun solche Pflanzenfamilien, deren Vertreter fast alle sehr reich an ätherischem Öl sind, und diese Pflanzen gehören auch fast alle zu den aromatischen Gewürzen. Die Lippenblütler, die Doldengewächse und die Ingwergewächse seien hier als Beispiel genannt. Das ätherische Öl wird in besonderen Ölzellen gebildet und abgelagert, die an Blüten, Blättern, Früchten und auch in Wurzeln zu finden sind.

Ätherische Öle leiten durch ihren Duft die Verdauung ein, verbessern den Geschmack der Speisen und wirken durch schwache Reize aktivierend auf die Verdauungsorgane, die auf den Reiz mit erhöhter Verdauungssaftsekretion antworten. Aber auch die Bewegungen von Magen und Darm werden durch ätherische Öle angeregt bzw. verstärkt. Diese Bewegungen des Magens und des Darms sowie der Darmzotten sind für die Verdauung von allergrößter Bedeutung, weil sie die Nahrung weiterleiten, durchmischen und sie mit Verdauungssäften gleichmäßig durchsetzen bzw. dort, wo es um die Aufnahme der Nahrungsbausteine ins Blut geht, für ausreichenden Kontakt mit den Organwänden sorgen.

Außerdem haben die ätherischen Öle eine desinfizierende Wirkung. Gärungs- und Fäulniserreger werden abgetötet. Auch der krampflösende Effekt der ätherischen Öle soll nicht vergessen werden. Blähungen und Koliken werden dadurch verhindert.

Bitterstoffe

Nach den ätherischen Ölen sind wohl die Bitterstoffe die wichtigsten Bestandteile der Gewürzpflanzen. Das sind im pharmakologischen Sinne Stoffe, die nur bitter schmecken und dadurch wirksam sind, ohne aber eine spezifische Wirkung zu besitzen wie etwa die Alkaloide, die herzwirksamen Glykoside u.a., die zufälligerweise auch bitter schmecken, doch in diesem Zusammenhang nicht zu den Bitterstoffen gezählt werden dürfen. Die chemische Zusammensetzung der Bitterstoffe ist sehr uneinheitlich, doch sind sie im Pflanzenreich nicht selten. Genaugenommen enthalten alle Pflanzen ein wenig davon. Von bitteren Gewürzen oder Bitterstoffdrogen spricht man jedoch erst dann, wenn der bittere Geschmack besonders ausgeprägt ist. Es gibt Pflanzenfamilien, deren Vertreter überaus reich an Bitterstoffen sind. Die Enziangewächse und die Korbblütler seien hier als Beispiele angeführt. Bitterstoffe sind Magensaftlocker, und damit ist ihre Bedeutung als Gewürzbestandteil schon grob umrissen. Medizinisch fanden Bitterstoffdrogen von jeher Verwendung als Appetitanregungsmittel. Man verordnete sowohl die Droge selbst wie auch Säfte, Extrakte oder Tinkturen daraus mit bestem Erfolg. Ganz besonders beliebt waren hierfür die bitteren Orangen, und da sind wir schon bei einer neuen Gruppe von Gewürzpflanzen, nämlich denjenigen, die sich durch einen hohen Bitterstoffgehalt *und gleichzeitig* durch einen hohen Gehalt an ätherischen Ölen auszeichnen. Man nennt sie auch *aromatische Bitterstoffdrogen.* Bei den Gewürzen dieser Art wirken sowohl die Bitterstoffe als auch die ätherischen Öle auf die Verdauungsvorgänge ein. Die günstige Wirkung ist umfassender, da auch Blähungen und Gärungsvorgängen im Darm vorgebeugt wird, weil ätherische Öle entkrampfen und desinfizieren (siehe dort). Und daß solche Gewürze auch kräftig duften, macht sie um so beliebter.

Neben den bitteren und bitter-aromatischen Gewürzen unterscheidet man noch die scharfen Gewürze und die scharf-aromatischen. Diese wirken nicht nur auf den Magen, sondern beeinflussen auch alle Regionen des Darms. Während die ätherischen Öle in zu großer Menge Magen und Darm allgemein reizen und dadurch schädlich sein können, braucht man das bei den scharfen oder scharf-aromatischen Gewürzen nicht zu befürchten. Hinzu kommt noch, daß diese Gewürze eine krampflösende und windetreibende Wirkung besitzen.

Ätherische Öle, Bitterstoffe sowie scharfe und scharfaromatische Stoffe sind zweifellos die wichtigsten Wirkstoffe unserer Gewürze, doch darf man nicht vergessen, daß zahlreiche weitere Inhaltsstoffe (Vitamine, Spurenelemente, Ballaststoffe, Gerbstoffe usw.) stets an der wohltuenden Wirkung mitbeteiligt sind.

Gewürze wollen liebevoll behandelt werden

Gewürze sind etwas Kostbares, beinhalten sie doch feine Duft- und Aromastoffe, die im Zusammenspiel mit vielen anderen Wirkstoffen ihren Wert ausmachen. Manche von ihnen wurden in früheren Zeiten mit Gold aufgewogen. Kostbarkeiten aber wollen gebührend beachtet und liebevoll behandelt werden. Die Inhaltsstoffe der meisten Gewürze sind flüchtig, licht-, wärme- und nässeempfindlich. Es ist daher nicht gleichgültig, wo und wie man sie aufbewahrt. In manchen Küchen führen sie ein geradezu trostloses Dasein. In Tüten verpackt, stehen sie oft nebeneinander im Küchenschrank, oder Beutel mit den verschiedensten Gewürzen liegen in einem Plastik- oder Glasbehälter wahllos durcheinander. Dabei vermischen sich die verschiedenartigen Duftstoffe, und nach kurzer Zeit sind alle Gewürze verdorben. Oftmals findet man auch Gewürzregale, wo die verschiedenen Gewürze in gläsernen Schubladen lagern, die keinen ausreichenden Schutz gegen den Küchendunst bieten. Wie sollen da die kostbaren Gewürze ihren Duft und ihre Eigenart bewahren?

Wer Freude an seinen Gewürzen haben will, der muß folgende Grundregeln beachten:

1.
Alle Gewürze sollen in gut schließenden, möglichst braunen oder getönten Glasgefäßen oder Keramiktöpfen aufbewahrt werden. Gegen Plastikbehälter ist grundsätzlich nichts einzuwenden, doch sind sie zu erneuern, sobald sie einen Riß bekommen haben.

2.
Da Gewürze höhere Temperaturen bei der Lagerung nicht gut vertragen, darf das Gewürzbord nicht über dem Herd oder über der Heizung angebracht werden.
3.
Körnergewürze (Kümmel, Anis, Fenchel, Pfeffer usw.) sollen nicht zerkleinert, sondern ganz aufbewahrt werden. Sie werden – sofern sie nicht überhaupt unzerkleinert zum Würzen verwendet werden – erst unmittelbar vor Gebrauch gemahlen, zerstoßen oder fein verrieben. Dazu benutzt man eine Gewürzmühle, einen Mörser oder eine angerauhte Apothekerreibschale. In kleinen Mengen, für den baldigen Verbrauch bestimmt, kann man natürlich auch zerkleinerte Gewürze vorrätig halten. Das gilt ebenfalls für Gewürzblätter. Ganz oder grob geschnitten, bewahren sie ihre Würzstoffe am besten. Vor Gebrauch zerdrückt man sie in der Innenfläche der Hand und zerkleinert sie dann weiter durch Zerreiben zwischen Daumen und Zeigefinger.

Wurzeln oder harte Samen (Muskatnuß) reibt man besser selbst auf einer Raspel ab, als daß man sie fertig geraspelt kauft.
4.
Küchenkräuter, die man frisch verwenden will, holt man erst unmittelbar vor Gebrauch aus dem Garten (so man einen besitzt). Muß man sie beim Gärtner oder auf dem Wochenmarkt kaufen, so lege man sie schnell in das Gemüsefach des Kühlschranks oder stelle sie in ein Glas mit Wasser. Spätestens am nächsten Tage sollten sie aber aufgebraucht werden.
5.
Es ist nicht einerlei, ob man die Gewürze den Gerichten während der Zubereitung beigibt, sie also mitkocht bzw. mitbrät, oder ob sie dem fertigen Gericht als Würze beigegeben werden. Das hängt von der Art des Gewürzes und auch von der Art des Gerichtes ab. Die Gewürze, die man mitkocht, sollen unzerkleinert (zur Not als ganz grobes Pulver) beigegeben werden.

Wird nach der Fertigstellung der Mahlzeit gewürzt, so sind nur zerkleinerte Gewürze verwendbar. Frische Küchenkräuter werden selten mitgekocht. Sie werden nachträglich fein zerkleinert (gewiegt oder geschnitten) hinzugefügt. Küchenkräuter kann man selbstverständlich auch getrocknet verwenden. In frischem Zustand ist ihre Würzkraft jedoch stärker, was zu berücksichtigen ist.

6.

Empfehlenswert ist bei Kümmel, Anis, Fenchel, Rosmarin, Pfeffer und auch bei Wacholderbeeren die Verwendung eines Kräutersäckchens, in das man die Gewürze gibt, um sie (z.B. im Kraut) mitzukochen. Mehrfaches Umbetten des Kräutersäckchens ist dabei jedoch nicht zu umgehen. Durch häufiges Umrühren verteilt man die Würze. Man nimmt das Säckchen heraus, wenn der Geschmack stimmt.

7.

Man mache sich zur Gewohnheit, die Gewürze niemals aus dem Vorratsgefäß direkt in den dampfenden Kochtopf zu geben. Die Dämpfe gelangen sonst in das Gefäß und sind für das darin verbleibende Gewürz schädlich. Gibt man hingegen das Gewürz zuerst in die hohle Hand, kann man die benötigte Menge besser abschätzen und schont den Rest.

8.

Will man gleichzeitig verschiedene Gewürze verwenden, so mische man sie vorher in einer Reibschale gut durch und verwende sie nach Möglichkeit in gleichem Zerkleinerungszustand.

9.

Wie stark gewürzt wird, ist Sache des Geschmacks. Wichtig ist jedoch, nur so viel Gewürz zu nehmen, daß dadurch die Bekömmlichkeit des Gerichtes erhöht, der Geschmack verbessert, doch niemals der Eigengeschmack der Speise «verdrängt» oder «erschlagen» wird. Das gilt ganz besonders für Fleischgerichte, deren Eigenaroma fein und differenziert ist. Beim Fleisch sollte man daher in erster Linie die dazugehörige Soße würzen und weniger das Fleisch selbst.

Der Geruch des Knoblauchs ist in unseren Breiten verpönt. Daher gebietet es der gute Ton, den Gästen, denen man stärker mit Knoblauch gewürzte Gerichte vorsetzen will, dies vorher mitzuteilen.

10.
Da man den individuellen Geschmack seiner Gäste zumeist nicht genau kennt, sollte man lieber etwas vorsichtiger (weniger stark) würzen und ein wenig frisch angeriebene Nachwürze bereitstellen.

11.
Dem Anfänger sei gesagt, daß viele Gewürze ihre Würzkraft nicht sofort voll entfalten. Bevor man probiert (abschmeckt), sollte man in jedem Fall einige Minuten abwarten und auch Küchenkräutern in Salaten und Suppen immer Zeit lassen, etwas zu «ziehen».

12.
Heute bietet der Gewürzhandel hervorragende Gewürze an, so daß es eine wahre Freude ist, sich sein Gewürzbord zu füllen. Beim Ersteinkauf rate ich jedoch dringend von Gewürzmischungen ab. Man findet nämlich sehr bald seine persönlichen, selbst komponierten Mischungen für die verschiedensten Gerichte heraus, und die fertigen Mischungen stehen dann nur herum. Die «Gewürzmixer» stellen ihre Mischungen, und das müssen sie wohl, natürlich so zusammen, daß sie möglichst vielen Menschen zusagen, doch in der Küche, und hier besonders beim Würzen, sollte niemand einer von vielen sein, sondern ganz er selbst. Erst dann wird das Würzen zum Vergnügen und das Mahl schmackhaft und gesund!

13.
Honig und die verschiedensten musartigen Beerenzubereitungen dienen ebenso wie die eigentlichen Gewürze der Verbesserung des Geschmacks, der Bekömmlichkeit und der Gesundheit. Allerdings gibt man sie mehr als Beilage und mischt sie nur selten den Soßen zu. Als Bei-

spiel seien die Preiselbeeren zum Wild genannt. Doch wer glaubt, damit sei das Würz-Beerenmus-Angebot schon erschöpft, der irrt (siehe Seite 143 ff.).

14.

Würzpilze können als Würzpulver, als getrocknete oder frische Pilzstückchen verwendet werden. Das Pulver gibt man dem fertigen Gericht bei, während man die Stücke mitgart, damit sie ihr volles Aroma entfalten. Pilze sind wegen ihres feinen Aromas besonders geschätzt, ein gesundheitlicher Nutzen, der auf ihre Inhaltsstoffe zurückgeht, kommt ihnen jedoch nicht zu.

Die einzelnen Gewürze von Anis bis Zwiebel

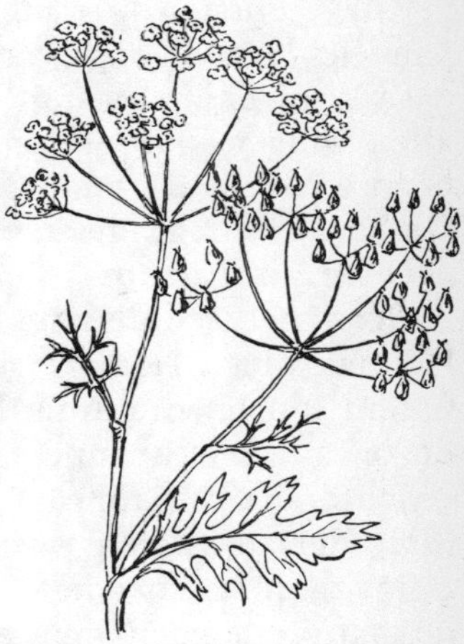

*Anis**

Anisschnaps, Anisbrot und Anisplätzchen sind wohl die drei Zubereitungen, die einem heute einfallen, wenn man nach der Verwendung des Anis als Gewürz gefragt wird. Und für alle drei Zubereitungen gibt es besondere Liebhaber, aber auch Menschen, die den Anis nirgendwo besonders mögen, weder als Würze für einen Likör noch in süßen Backwaren und schon gar nicht im Brot.

Fragt man die Gegner dieser Droge nach ihrem Verhältnis zu Fenchel und Kümmel, so lehnen sie auch diese ab, die Anisfreunde hingegen schätzen Fenchel und Kümmel gleichermaßen. Es würde zu weit gehen, die Beobachtung, daß Anisfreunde zumeist Menschen mit nervösem und greiztem Magen sind, die oftmals unter Völlegefühl und Blähungen leiden, etwa als wis-

---

* siehe auch Seite 12.

senschaftliche These anzubieten: nämlich daß sich der Organismus auch bei den Gewürzen aussucht, was er braucht. Unumstritten ist beispielsweise die Tatsache, daß kleine Kinder, die an Kalkmangel leiden, Putz von der Wand kratzen und ihn essen, ohne natürlich zu wissen, wie wichtig gerade für sie eine ausreichende Versorgung mit Kalksalzen ist.

Anis, Fenchel, Kümmel – diese drei Früchte aus der Familie der Doldengewächse enthalten ätherisches Öl, das einen verdauungsfördernden Einfluß besitzt und vor allen Dingen krampflösend, beruhigend und windetreibend wirkt. Wenn man dies bedenkt, so sieht das oben Gesagte gar nicht mehr so nach einem Zufall aus.

Doch zurück zum Anis:

Der botanische Name ist *Pimpinella anisum L.* Die Heimat dieses einjährigen Doldengewächses ist der Orient, doch wird Anis heute in sehr vielen Ländern Europas, Asiens und Nordafrikas kultiviert. Die Früchte, die in Größe, Aussehen und Ölgehalt je nach ihrer Herkunft leicht variieren, werden als Anisgewürz ganz, zerquetscht oder gemahlen verwendet. Zur Vorratshaltung eignen sich jedoch nur die ganzen Früchte, da in zerkleinertem Zustand die Gefahr des Verharzens der ätherischen Öle viel größer ist. Duft und Wirkung gehen auf das ätherische Öl der Droge zurück. Im Gegensatz zu vielen anderen ätherischen Ölen herrscht im Anisöl *ein* Bestandteil vor, nämlich das Anethol, das zu 80 bis 90 Prozent darin enthalten ist.

Anis gehört zu den Gewürzen, die schon in der Antike reichlich verwendet wurden. So ist es nicht verwunderlich, daß wir bei Plinius, Dioskurides, Pythagoras und Theophrast eingehend über seine Verwendung nachlesen können. Man schätzte den Anis wegen seiner heilsamen Wirkung bei Husten, Magen- und Darmbeschwerden sehr und würzte schwere Speisen damals weit mehr damit, als wir es heute tun.

Alle die Leser, die ein wenig Freude an der Historie haben, werden die Aufzeichnungen des Hieronymus

Bock aus dem Jahre 1577 interessieren, beweisen sie doch, wie beliebt Anis zur damaligen Zeit war. Sie beweisen aber auch, daß fast alle damaligen Aussagen über den Anis noch heute Gültigkeit haben, was durchaus nicht für sämtliche Gewürze und Heilpflanzen zutrifft. Hier also ein Auszug aus dem *Kreutterbuch des Hieronymus Bock, Straßburg, 1577:*

Aenis samen oder ein confect daruon
ist nicht allein lieblich
sonder auch sehr nützlich
allen denen so ein bösen stinkenden Athem
haben
vnd nicht wol schlaffen mögen. Diser samen ist
nutz den Wassersüchtigen
dann er eröffnet gewisslich die Leber
bewegt den harn
lescht den durst
vnnd truckt nider die auffblähung des bauchs
Weitter ist änis gut zu aller Innerlichen
sehrigkeit des Magens
der Lungen
der Lebern
vnd der Mutter
dann er stercket vnnd erwörmet
vnd heilet den Magen
vnnd alle Innerliche glider
macht dawen
gibt einen guten geruch vber sich inn das Haupt
stillet schmertzen vnnd Grimmen
das auffstossen vnd Kluxen
vertreibet inn summa alle presten
geschwulst vnd blähung oder Keichen des
Magens vnnd der Lungen
stillet den weissen fluss. Weitter so eröffnet aenis
den gang zum vnkeuschen samen
ist es ein Mann
oder zu der Milch
ist es ein Fraw oder Seugerinn. Aenis gedörrt

vnnd eingenommen
verstellet den Stulgang
rote Rur
vnd den weissen fluss der Frawen. Aenis bekompt
auch den Kindern wol
welche das vergicht haben. Aenis kraut oder
samen zerstossen vnd
vbergelegt, zeucht das Gifft herauss
vnnd heilet die wunden.

Wenn Anis bei uns nur wenig in der Küche verwendet wird, so liegt es vielleicht an der Konkurrenz, die Fenchel und Kümmel dieser Gewürzdroge machen, vielleicht aber auch daran, daß zuviel Anis den Wohlgeschmack der Speisen eher verdirbt als erhöht. Daher sollte für Anis – Anisplätzchen ausgenommen – die Regel gelten: Nie zuviel davon!

Anisplätzchen hingegen, besonders wenn sie für den weihnachtlichen bunten Teller gebacken werden, sind nicht nur eine gutschmeckende Leckerei, sondern sie haben auch eine Aufgabe, nämlich unseren Magen und Darm, die durch das besonders üppige Essen zur Weihnachtszeit stark strapaziert werden, entlasten zu helfen. Daher darf reichlich Anis verwendet werden. Die Hausfrau tut gut daran, nach einer fetten Gans Anisplätzchen zu reichen. Auch ein Anisschnaps ist in solchen Fällen zu empfehlen.

Wenn ich den Leser an dieser Stelle und in den folgenden Kapiteln zum Experimentieren aufrufe, so hat das einen ganz einfachen Grund: Jeder hat einen anderen Geschmack, und ich möchte niemandem den meinen aufzwingen, jedoch jeden ermuntern, ihm nicht bekannte Gewürze auszuprobieren, weil ich sicher bin, daß gerade die Vielseitigkeit des Würzens große Abwechslung in die tägliche Kost bringt und in jedem Fall der Gesundheit dienlich ist.

Mit Anis sollten Sie beim Kraut beginnen. Ich empfehle zunächst Rotkraut, das wie gewohnt zubereitet wird. Wenn es nur noch wenige Minuten kochen muß, geben Sie frisch zerdrückte Anisfrüchte hinzu, rühren gut durch und probieren diese für Sie neue Version des Krautes unvoreingenommen.

Wenn Ihnen der Geschmack zusagt, können Sie dieses Experiment auf Sauerkraut und alle anderen Kohlarten erweitern und danach vorsichtig die Soßen, die schwere Gerichte begleiten, mit Anis würzen. Schließlich sollten Sie ausprobieren, wie Ihnen Anis in Gemüsen und Suppen (besonders Obstsuppen) schmeckt.

Sternanis

Es ist bemerkenswert, daß zwei botanisch völlig verschiedene Pflanzen ein ätherisches Öl enthalten, das in seiner Zusammensetzung fast völlig gleich ist.

Das ist beim Anis – einem einjährigen Doldengewächs – und beim Sternanis – einem Baum aus der Familie der Magnoliengewächse – der Fall. Kein Wunder also, daß der Sternanis auch als Gewürz verwendet wird. Nur eines sei klar gesagt: Der «normale» Anis ist besser! Das betone ich deshalb so ausdrücklich, weil bei uns immer als besonders wertvoll gilt, was weit entfernt von uns wächst und gedeiht, und Ostasien als Heimat und Anbaugebiet des Sternanis umgibt ihn mit dem Hauch des Besonderen.

Auch wenn man in alten Rezepten Sternanis findet, kann man ihn unbedenklich durch unseren «gewöhnlichen» Anis ersetzen. Nur auf die Menge muß geachtet werden. Da Sternanis weniger ätherisches Öl enthält als unser Anis, muß man beim Austausch sparsamer sein.

Basilikum

Eines steht fest: Wer mit Basilikum umzugehen versteht, wird pikante und gesunde Gerichte zubereiten. Dieses Gewürz wird von jedem gut vertragen und dient in der Diätküche den verschiedensten Zwecken. Es ersetzt den Pfeffer, den Galle- und Leberleidende nicht eben gut vertragen, es macht salzarme oder salzfreie Kost schmackhaft und wirkt förderlich auf das Entstehen der notwendigen Verdauungssäfte in Magen und Darm.

Das einjährige Kraut gehört in die Familie der Lippenblütler und dürfte in Südasien beheimatet sein. Von dort gelangte es sehr früh in den Westen, vor allem in die Mittelmeerländer, wo es eine zweite Heimat fand. Basilikum benötigt zum Wachstum viel Sonne und guten Boden. Aber es ist nicht unmöglich, dieses Kraut auch in unseren Gewürzgärten zu ziehen. Vom Basilikum gibt es mehrere Sorten, die aber im allgemeinen in ihrer Würzwirkung gleichwertig sind, wenn auch der kleinblättrige Basilikum vielleicht an Duft und Würzkraft reicher ist. Man verwendet Basilikum getrocknet und als frisches Kraut, wobei zu beachten ist, daß die Würzkraft des frischen Krautes größer ist.

Basilikum ist ein scharfes und aromatisches Gewürz. Durch leichte Reizung der Verdauungsorgane wirkt es, Vorspeisen beigegeben, appetitanregend und macht Fleisch- und Fischgerichte leichter verdaulich.

Mancherorts nennt man dieses Gewürz auch – verdeutscht – Königskraut *(basileus,* griech., der König) oder Pfefferkraut. Einmal wird dadurch die aromatische Schärfe angedeutet, zum anderen die besondere Beliebtheit dieses Gewürzes, denn wohl niemand käme auf den Gedanken, ein gewöhnliches Kraut, das noch dazu ganz unscheinbare Blüten trägt, Königskraut zu nennen.

Wer das Königskraut schon kennt, weiß genau, daß alle Suppen und Gemüse damit verfeinert werden können, daß eine fette Gans oder Ente bekömmlicher ist, wenn Basilikum hinzugegeben wird, und sicher auch, daß alle dunklen Soßen damit veredelt werden können. Weniger bekannt dürfte es sein, daß Basilikum, mit Rosmarin und Salbei zusammen gegeben, Fischgerichte «belebt».

Wer experimentieren möchte, der beginne mit Quark, Käsetoast und Rühreiern. Diese zeigen dem Anfänger besonders deutlich, was Basilikum für den Feinschmekker sein kann. Aber bitte nur vorsichtig würzen! Es ist einerlei, ob frisches Kraut oder getrocknete Blätter (in der Handfläche fein zerrieben) verwendet werden.

Der nächste Schritt ist es, eine Fleischsoße, z.B. für Spaghetti, mit Basilikum zu würzen. Alles Weitere ergibt sich ganz von selbst, denn wer erst einmal auf den Geschmack gekommen ist, der wird Basilikum nicht mehr missen wollen.

Und auch hier ein Tip, brauchbar für viele Gewürze, die man ausprobieren möchte:

Man bereitet sich eine Fleischbrühe, ohne auch nur irgendein Gewürz hinzuzufügen. Wenn man sie vom Feuer nimmt, sie also noch ganz heiß ist, gibt man auf einen Liter einen Teelöffel des zu probierenden Gewürzes. Man erhält jedesmal eine völlig anders schmekkende Suppe und lernt auf diese Weise den besonderen

Geschmack der Gewürze und nicht zuletzt auch deren Duft kennen.

Daß man mit Fleischbrühe und nicht einfach mit Wasser probiert, ist sehr wichtig, denn der Fleischgeschmack und der Fettgehalt der Brühe sind für die Beurteilung unerläßlich.

Und wer Basilikum als Arzneimittel verwenden möchte, der bereite sich einen Aufguß (1 bis 2 Teelöffel voll Basilikumblätter mit ¼ Liter kochendem Wasser übergießen und nach 10 bis 15 Minuten abseihen), der bei Magenbeschwerden, Appetitlosigkeit, nervöser Unruhe und Schlaflosigkeit gute Dienste leistet. Besonders bei Blähungen ist Basilikum zu empfehlen. Nach einer Acht-Tage-Kur ist mit der Behandlung auszusetzen, um – wenn nötig – nach vierzehn Tagen erneut eine Acht-Tage-Kur durchzuführen.

*Beifuß**

Vor allem ältere Leute verbinden mit dem Wort Beifuß sofort das Bild eines bekömmlichen, duftenden, aromatischen Gänsebratens oder einer fetten Ente. Die Jüngeren hingegen wissen von der vorzüglichen Würzkraft dieses so «gewöhnlichen» Gewürzes, das auf Schutthalden, an Wegrändern und auf Böschungen vom Mittel-

---

* siehe auch Seite 12.

meergebiet bis nach Skandinavien überall vorkommt, leider nur recht wenig.

Dabei aktiviert es in hervorragender Weise die Verdauungsdrüsen und macht alles Fett leichter verdaulich, da seine Wirkung auf die Leber von kaum einem anderen Gewürz erreicht oder gar übertroffen wird. Es ist an der Zeit, sich dieses Gewürzes heute wieder zu erinnern, denn Aal, Enten-, Gänse- und Schweinebraten, Zwiebelsoßen und ein deftiges Schmalzbrot verlangen geradezu danach, um «leichter» zu werden.

Beifuß ist ein naher Verwandter des Wermuts, der sich seit alter Zeit einen Platz unter den Magen-Arzneimitteln erobert hat. Die Inhaltsstoffe sind ein ätherisches Öl und Bitterstoffe, beide gleichermaßen für die Wirkung verantwortlich. Verwendung finden beim Wermut und beim Beifuß (als Gewürz und Arzneimittel) die getrockneten Blütenrispen mit noch nicht ganz geöffneten Blütenköpfchen samt den an den Rispen hängenden Blättern. Die Blätter enthalten die meisten Bitterstoffe und werden für die Bereitung «milderer» Würze oftmals entfernt. Da Öl und Bitterstoffe erst im Zusammenspiel (und nicht jedes für sich allein) die beste Wirkung entfalten, zählt man die Droge zu den aromatischen Bitterstoffen.

Um den Beifuß und sein Würzaroma kennenzulernen, schlage ich folgende Experimente vor: Wenn das nächste Mal ein Schweinebraten auf den Tisch kommen soll, gekocht oder gebraten, dann gebe man zu den üblichen Würzbeigaben ein wenig frisch zerriebenen Beifuß und stecke von Zeit zu Zeit die Nase in den Topf, um sich den Duft einzuprägen. Auf dem Teller dann würze man mit ganz wenig Pulver nach. Statt des zerriebenen Beifußes kann man auch ein Sträußchen dieses Gewürzes in den Kochtopf geben, was man bei Gänse- und Entenbraten schon seit eh und je tut.

Sollten auch Sie zu den Menschen gehören, die ein frisches, noch warmes Schwarzbrot mit Schweine- oder Gänseschmalz (mit und ohne Grieben) zu den größten

Köstlichkeiten zählen, dann sollten Sie nicht nur Salz darauf streuen, sondern in jedem Fall zusätzlich ein wenig Beifuß. Das erhöht nicht nur die Bekömmlichkeit, sondern verfeinert auch den Geschmack.

Ich persönlich reibe mir zum Schmalzbrot 1 Teil Beifuß, ½ Teil Basilikum, ½ Teil Thymian und ¼ Teil Rosmarin ganz frisch vorher an und bestreue damit das Schmalzbrot. Besseres habe ich noch nicht gegessen. Übrigens – zu Käse paßt diese Gewürzmischung auch vorzüglich.

Den Beifuß als Tee zu trinken ist heute aus der Mode gekommen – zu Unrecht, wie ich meine, denn ein Aufguß aus diesem alten Heilkraut wirkt hervorragend bei Appetitlosigkeit, bei Magendrücken, bei Blähungen und allen Beschwerden, die durch mangelhafte Arbeit der Verdauungsdrüsen hervorgerufen werden. Warum man dem «edleren Bruder», dem Wermut, unbedingt den Vorzug gibt, ist nicht einzusehen.

Mischt man sich einen Tee aus Beifuß, Kalmus, Kamille und Pfefferminze zu gleichen Teilen, so kann man damit den nervösen Magen beruhigen und eine normalere Magensaftsekretion erreichen.

Erwähnen möchte ich noch, daß Beifuß in alten Kräuterbüchern auch als «Frauenkraut» bezeichnet wird. Das geht auf Hippokrates, Plinius, Dioskurides und Galenus zurück, denn aus diesen Quellen schöpften die Kräuterbuchautoren des Mittelalters zumeist ihre Weisheit. Aber noch heute steht man auf dem Standpunkt, daß eine Beifuß-Abkochung bei gestörter Regelblutung der Frau, bei Schmerzen und Krämpfen während dieser Zeit durchaus angebracht ist. Beginnt man etwa drei bis fünf Tage vor der Regel damit, Beifußtee zu trinken, so kann man feststellen, daß die Regel «normaler» und vor allen Dingen schmerzfreier verläuft.

Bibernelle

Da in diesem Buch nicht nur von den «großen» Gewürzen die Rede sein soll, sondern fast noch mehr von den gesunden Gewürzen, so darf die Bibernelle ebensowenig fehlen wie etwa die Schafgarbe.

Da die Bibernelle, auch Pimpernell (Pimpinelle) genannt, von den Alpen bis zur Nordsee überall auf den Wiesen zu finden ist und sich im Kräutergarten hervorragend anbauen läßt, sollte man sie nur in frischem Zustand verwenden, da ihr zartbitter-aromatischer Geschmack so am besten zur Geltung kommt. In älteren Rezeptbüchern werden die frischen Blätter, die frischen Wurzeln und auch die Samen dieses Doldengewächses gleichermaßen empfohlen, doch sollte man sich auf die Verwendung der Blätter beschränken.

Diese gibt man zur besseren Bekömmlichkeit schweren Eintopfgerichten bei, besonders wenn der Eintopf viel Hülsenfrüchte enthält. Die magenstärkende Wirkung der Bibernelle ist unbestritten. Im Mittelalter genoß diese Heilpflanze sogar höchstes Ansehen. Sie zählte zu den über siebzig Bestandteilen des damals berühmten, als Allheilmittel geltenden Theriak.

Wer sich mit diesem heilsamen Gewürzkraut vertraut machen möchte, der gebe zunächst einmal feingehackte frische Blätter einer klaren Fleischbrühe bei, und zwar, indem er sie der gerade vom Feuer genommenen Brühe beimengt, die dann zehn Minuten später serviert wird. Es kann sein, daß dieses Aroma nicht jedermann behagt und deshalb in klaren Suppen nicht so gerne gesehen wird. Völlig anders ist es bei gebundenen Suppen. Erbsensuppe, Blumenkohlsuppe und Kartoffelsuppe vertragen Bibernelle besonders gut. Da eigentlich alle Küchenkräuter – hier seien alle Gewürze darunter verstanden, die man frisch gebraucht – für Salate und Weichkäse verwendet werden können, lohnt es sich, auch damit eigene Erfahrungen zu sammeln.

Wer die Bibernelle erst einmal kennt und schätzt, der wird sie schon im frühesten Frühjahr draußen finden und die ersten zarten Blätter und Triebspitzen einsammeln können, aus denen man zusammen mit Schafgarbe, Löwenzahn und Brunnenkresse einen ganz vorzüglichen Frühlingssalat zur Blutreinigungskur (besser und richtiger ist das Wort Frühjahrskur) machen kann. Ein solcher Salat bekommt der Leber gut und regt die verschiedensten Körperdrüsen an.

Bohnenkraut

Ätherische Öle verleihen dem Bohnenkraut einen würzig-aromatischen Geschmack, und die gleichzeitig vorhandenen Bitterstoffe lassen es auch bitter schmecken. Die Kombination von Aroma- und Bitterstoffen ist bei Gewürzen sehr beliebt, gelegentlich aber werden sie als «grob» bezeichnet und in der Hauptsache zum Würzen deftiger Hausmannskost verwendet. Das dürfte für das Bohnenkraut zutreffen.

Frisch oder getrocknet, gibt man dieses Gewürz Eintöpfen und gebundenen Gemüsesuppen, besonders auch der Kartoffelsuppe zu, würzt Landwurst, Gehacktes und «schwere Braten» damit, macht Bratkartoffeln mit Speck bekömmlicher, doch bei Salaten wird es weniger gern gebraucht. Es gibt zwei Arten von Bohnenkraut, die sich allerdings mehr im Aussehen als im Geschmack voneinander unterscheiden. Sowohl das Garten- oder Sommerbohnenkraut (Satureja hortensis) als auch das Berg- oder Winterbohnenkraut (Satureja montana) läßt sich im Küchengarten kultivieren. In nicht zu großer Menge darf es jeder Diätkost beigegeben werden.

Ein Rezept meiner Großmutter, in dem das Bohnenkraut voll zur Wirkung kommt, soll dieses Kapitel beschließen: 100 Gramm durchwachsene Speckwürfel werden auf kleiner Flamme zusammen mit 100 Gramm Zwiebelwürfeln ausgebraten. Wenn die Zwiebeln goldbraun sind, gibt man etwa 1½ Pfund dicke Bohnen hinzu und läßt sie auf kleiner Flamme garen. Wasser soll nur wenig verwendet werden. Bei dem Garvorgang werden mehrere kleine Sträußchen Bohnenkraut eingelegt, die nachher wieder entfernt werden. Das dicke Gemüse, in dem man in den letzten Minuten Salamischeiben aufwärmt, wird mit Salz und schwarzem Pfeffer abgeschmeckt und dann mit einer Tasse voll saurer Sahne versetzt. Ein deftiges, aber wohlschmeckendes und durch das Bohnenkraut sehr bekömmliches Rezept.

Wissen Sie, was ein Bauernfrühstück ist? Bratkartoffeln mit Speck und Eiern. Darüber sollten Sie Bohnenkraut streuen, dann vertragen Sie es besser!

Borretsch

Wer glücklicher Besitzer eines Gartens oder Gärtchens ist, der sollte sich die geringe Mühe machen, im April, im Mai und im Juni jeweils etwas Borretsch zu säen, um bis in den September mit dem köstlich aromatischen Gurkenkraut, wie man den Borretsch auch nennt, versorgt zu sein.

Er stellt keine besonders hohen Anforderungen an den Boden, doch muß man bedenken, daß die Borretschsamen nur im Dunkeln keimen, also gut mit Erde bedeckt sein müssen. Außer Gießen und Jäten gibt es keine Arbeit.

Der Borretsch will frisch verwendet werden, denn die Blätter enthalten so viel Wasser, daß das Trocknen recht schwierig ist und dabei auch sein Aroma fast vollständig verschwindet. Die Heimat dieser Gewürzpflanze ist wohl das westliche Mittelmeer, von wo aus sie sich schnell verbreitete. In ganz Italien wird sie in Gärten gezogen und wächst natürlich auch verwildert dort. Auch in Spanien ist Borretsch sehr verbreitet. Bei uns lebt er in Bauerngärten, doch nehmen sich die Gärtnereien in zunehmendem Maße seiner an.

Botanisch gehört er zur Familie der Borretschgewächse (Rauhblattgewächse). Er ist ein einjähriges Kraut mit großer Blattrosette, der ein bis zu 80 Zentimeter hoch werdender Stengel entspringt, der beblättert ist und oben blaue Blüten ausbildet. Stengel und Blätter sind kräftig behaart. Gerbstoff, Schleim und Stärke sind die bekannten Inhaltsstoffe, doch wichtiger ist das frische Aroma, das als gurkenähnlich, mit einem kleinen Hauch von Fisch, beschrieben werden kann.

Blätter und Triebspitzen werden zum Würzen von Salaten und Gemüsen verwendet, denen man sie kurz vor dem Anrichten, ganz fein gehackt, beigibt. Man kann sie aber auch mitkochen, wodurch Kohlrabi und andere Gemüse eine frische Farbe erhalten und zusätzlich gewürzt werden. In jeder Suppe und in jedem Eintopf ist Borretsch eine Bereicherung. Beim Einlegen von Gurken gibt man gern frische Borretschblätter hinzu, und die blauen Blüten färben den Kräuteressig blau oder verzieren Salate.

Man kann die Blüten ruhig auch verspeisen – in alten Kräuterbüchern nennt man sie sogar herzstärkend und heilsam bei Herzklopfen. Ganz besonders empfehle ich Borretsch (natürlich frisch und sehr fein gehackt) zu Ei und Käse. Wer auch hier wieder experimentieren möchte, der beginne mit Quark oder weichem Streichkäse, unter den man den Borretsch mischt wie beispielsweise sonst Schnittlauch, mit dem er auch zusammen sehr gut schmeckt. Allerdings meine ich, daß man Borretsch besser allein verwenden sollte.

Wem der erfrischende Geschmack zusagt, der wird Borretsch auch gern über Rühreier streuen oder Röstkartoffeln mit Spiegelei damit würzen.

Eine besondere Soße, die – nimmt man weniger Sahne – sogar einen Brotaufstrich darstellt, sieht so aus: Saure Sahne, feinstgehackter Borretsch und durchgedrehte Walnüsse werden vermischt. Sie paßt zu harten Eiern, zu Käsetoast, zu gebratenen Fischen, aber vor allen Dingen zu jedem Grillgut.

Hierzu ein Tip:
Ich empfahl schon früher zum feinen Zerreiben und Mischen von Gewürzen die Anschaffung einer Apothekerreibschale mit Pistill. Bei der Bereitung einer Cremesoße, wie hier beschrieben, tut diese Reibschale ebenfalls gute Dienste, denn nur wenn man die Zutaten unter leichtem Druck mischt, erhält man die gewünschte Konsistenz. Bloßes Mischen und Rühren reicht nicht aus.

Auch als Heilmittel ist Borretsch zu verwenden. Den Blüten schreibt man eine allgemein herzstärkende Wirkung zu, und das Kraut – getrocknet und als Tee getrunken, wobei man pro Tasse Wasser einen Teelöffel der getrockneten Droge nimmt und diese heiß übergießt, um nach 10 bis 15 Minuten abzuseihen – lindert die Beschwerden der Wechseljahre und gilt als sehr brauchbarer Tee in Erkältungszeiten. Die schweißtreibende Wirkung ist dann nützlich, wenn bei fieberhaften Krankheiten der «reinigende» Schweißausbruch Linderung bringen soll. – Bei Masern, Scharlach und Windpocken hat sich ein Borretschtee ebenfalls gut bewährt, und wer eine Entwässerungskur macht, verhindert durch Borretsch einen Kaliumverlust, denn diese Droge enthält neben viel Vitaminen auch reichlich Kalium.

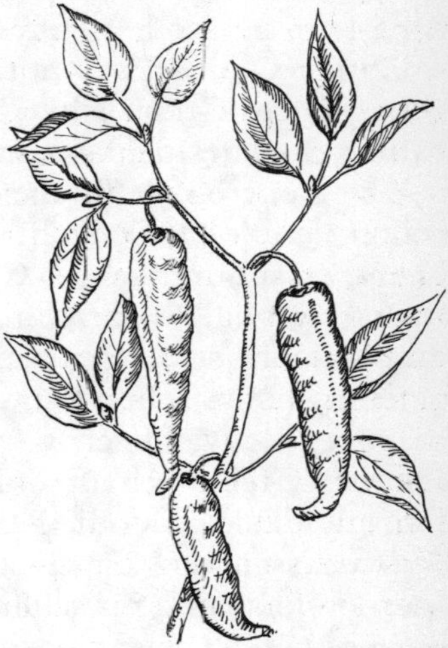

Chili

Bei diesem Gewürz gilt es zunächst einmal Ordnung zu schaffen. Chili ist nicht gleich Chili, und statt Chili kann man auch nicht «scharfer Paprika» sagen oder ganz einfach zum Unterschied von Paprika die Bezeichnung Cayennepfeffer dafür hernehmen. Das sind nämlich alles nur Halbwahrheiten.

Richtig ist, daß Chili der Familie der Nachtschattengewächse entstammt und sogar der Gattung *Capsicum*. Damit ist eine Verwandtschaft mit Paprika (Capsicum annuum L.) gegeben. Aber die Zugehörigkeit zu derselben botanischen Familie oder, noch enger, zu derselben botanischen Gattung besagt nichts, wenn es um die Verwendbarkeit geht. Die Kartoffel (Solanum tuberosum) gehört in die gleiche botanische Gattung wie der giftige Bittersüße Nachtschatten (Solanum dulcamara), im Hinblick auf die Verwendung aber wird niemand von Ähnlichkeit sprechen.

Doch nun wieder zurück zu den Chili. Ihre Stammform dürfte *Capsicum longum* sein, aus der sich unendlich viele Unterarten, Abarten oder ähnliche Arten entwickelt haben, so daß man heute Hunderte von Sorten zählt, die man wegen der ganz unterschiedlichen Schärfe in eine Schärfenskala von 1 bis 120 eingliedert. Auch die Größe der Schoten und deren Farbe ist ganz verschieden. Grün, gelb, rot, orange, und noch andere Farbtönungen sind bekannt. Die kleinste Chiliart ist nur bohnengroß, dafür aber ganz besonders scharf. Eine andere, grüne, auch recht kleine Art ist so mild, daß man sie fast nur frisch als Gemüse verzehrt.

Und was die Bezeichnung Cayennepfeffer angeht, muß zunächst einmal richtiggestellt werden, daß «Pfeffer» botanisch in keiner Weise gerechtfertigt ist, da keinerlei Verwandtschaft mit dem Pfeffer besteht. Da aber beide recht scharf sind und Pfeffer oft für «scharf» steht, wird sich hier die Bezeichnung ebensowenig ausrotten lassen wie die Bezeichnung Spanischer Pfeffer oder Pfefferschote für scharfe Paprikasorten. Richtig ist hingegen, daß Cayennepfeffer eine oder, noch richtiger, mehrere Sorten des Chili ist.

Beheimatet sind die Chiliarten in Amerika, wo sie hauptsächlich in den tropischen und subtropischen Zonen verbreitet sind.

Als sehr scharfes Gewürz ist Chili mit Vorsicht zu verwenden. Wer zuviel davon nimmt, der «zerschlägt» das ganze damit gewürzte Gericht, das dann nur noch scharf schmeckt. Dennoch ist Chili durchaus zu empfehlen, da die Schärfe von gesundheitlichem Nutzen ist. Es werden dadurch die Verdauungsdrüsen angeregt und zu erhöhter Saftproduktion gebracht. Man findet mittelscharfe Sorten Peperoni in den sogenannten Mixed Pickles, kann sie aber auch in Gläsern rein kaufen. Getrocknete und gemahlene Früchte jedoch sind für die Küche geeigneter. Zunächst gilt es, die rechte Sorte ausfindig zu machen, um immer mit der gleichen Schärfe würzen zu können.

Bohnengemüse, Blumenkohl, Linsen und auch Spinat lassen sich ebenso vorteilhaft mit Chili würzen wie weicher Käse und Cremesuppen. Alle fetten Braten vom Schwein, von der Gans oder Ente werden durch Chili bekömmlicher und leichter verdaulich.

Alle Gerichte, die scharfe Paprikawürze vertragen, sind auch für Chili geeignet. – Was man bei Chili vielleicht vermißt, das sind feinere Aromastoffe, die, beim Pfeffer beispielsweise, zusätzlich von Nutzen sind, bei den Chilisorten jedoch weitgehend fehlen.

Deshalb gilt Chili bei Meisterköchen oft als ordinäres Gewürz, mit dem man mehr zerschlagen als aufbauen könne. Die Kunst des Würzens aber sei ein Aufbauen der feinen Nuancen – Aroma, Schärfe, begleitende Bitterkeit zur Anhebung des Eigengeschmacks des Gerichtes, besonders wenn Fleisch die Grundlage ist. – Dennoch muß ich hier eine Lanze für den scharfen – nur scharfen – Chili brechen, denn seit neuester Zeit weiß man, daß diese Schärfe kreislaufanregend wirkt, daß Chili dadurch das Wohlbefinden erhöht und bei älteren Menschen die Kreislaufbelastung, die ein gutes Essen mit sich bringt, weitgehendst reduziert. Ordinär oder nicht, darüber mag man streiten. Gesundheitlich ist Chili auf jeden Fall von Nutzen. Natürlich spielt auch die Menge eine Rolle.

Citrusfrüchte

Citrus ist eine Gattung der Rutazeen (Rautengewächse), deren Arten seit undenklichen Zeiten wegen ihrer Früchte kultiviert werden. Im Orient, in Südamerika, Nordafrika, Südeuropa und auf den Mittelmeerinseln finden sich riesige Kulturen der verschiedensten Arten und Unterarten.

Es ist nicht ganz einfach, alle die verschiedenen Züchtungen auseinanderzuhalten, aber das ist auch gar nicht so wichtig. Für den Hausgebrauch genügt es zu wissen, daß *Citrus aurantium* die Orange im weitesten Sinne ist und die Subspezies (Unterart) *sinensis,* die Apfelsine, liefert. *Citrus limon* ist die Zitrone, *Citrus medica* die Zitronatzitrone, *Citrus nobilis* die Mandarine, *Citrus paradisi (auch Citrus hestryx)* die Grapefruit.

Wenn man einmal von dem vitaminreichen Fruchtfleisch (Fruchtsaft) absieht, so sind es die ätherischen Öle und die Bitterstoffe der Fruchtschale, die diese Früchte auch als Gewürz interessant machen. Das ätherische Öl sitzt in den Ölbehältern der Schale, und die Bitterstoffe finden sich hauptsächlich in der Fruchtschale.

Diese beiden Stoffe sind es nun, die man sich beim Würzen dienstbar macht, und man tut gut daran, beide gleichzeitig zu nutzen. Die Wirkstoffe ergänzen sich in idealer Weise, indem nämlich die Bitterstoffe die Magensaftsekretion auf reflektorischem Wege anregen und die ätherischen Öle zusätzlich noch den Gallefluß erhöhen. Das dient der besseren Verdauung und rechtfertigt die Verwendung der Citrusfrüchte als gesundes Gewürz. Nicht zu vergessen ist aber auch der Duft, den dabei die Speisen erhalten.

Hauptsächlich würzt man Süßspeisen und Backwaren mit Citrusfrüchten, doch auch Fisch-, Geflügel- und Wildgerichte werden damit geschmacklich veredelt. Ich meine jedoch nicht die Zitronenscheibe, die einem (gebackenen) Fisch beigelegt und die auch zusammen mit einem panierten Schnitzel serviert wird, ich meine das richtige Würzen mit abgeriebener Schale, denn nur so bekommt man die erwünschten Bitterstoffe und das ätherische Öl zu fassen. Es hat sich bewährt, Apfelsinen oder Zitronen mit Würfelzucker abzureiben und dann diese Zuckerstücke zu verwenden. Auf diese Weise lassen sich besonders Soßen verfeinern. Der Geschmack paßt überallhin.

Es wäre müßig, Rezepte angeben zu wollen, denn wieviel oder wie wenig, das ist hier immer Sache des persönlichen Geschmacks. Ein Zuviel kann es bei Citrusfrüchten nur im Hinblick auf den Geschmack geben, nicht jedoch im Hinblick auf die Gesundheit, denn «Citruswürze» reizt nur wenig.

In der Medizin verwendete man früher sehr viel bittere Orangenschalen, aus denen man ein aromatisch bitteres Appetitanregungsmittel als Saft, als Tropfen oder auch als Pulver bereitete. Besonders Kinder, die nicht essen mochten, weil ihre Magensäfte in zu geringer Menge abgesondert wurden, nahmen diese Medizin – die bitteraromatische – recht gern, und sie half auch. Heute geraten solche Mittel leider immer mehr in Vergessenheit und werden durch «wirksamere» Mittel ersetzt – doch ob diese auch in jedem Fall so unschädlich sind?

Pampelmuse – Grapefruit

Sie meinen auch, das sei ein und dieselbe Frucht? Weit gefehlt, denn erstens war die Pampelmuse zuerst da, und zweitens soll aus ihr erst durch Mutation (also auf natürlichem Wege) oder aber durch Kreuzung die Grapefruit entstanden sein. Letztere hat sich allerdings durchgesetzt, denn «echte» Pampelmusen werden so wenig auf dem Markt angeboten, daß sie kaum noch zählen.

Die Pampelmuse ist viel größer als die Grapefruit, hat mehr die Form einer Birne als die einer Kugel, und auch die Schale ist viel dicker als bei der Grapefruit. Pampelmusen können ein Gewicht bis zu sechs Kilogramm erreichen. Der botanische Name ist *Citrus maxima.* Wahrscheinlich in Malaya beheimatet, gelangte sie im 17. Jahrhundert nach Jamaika, wo sie gut gedieh. Das Fruchtfleisch ist übrigens gelbrot und der Geschmack bitterer.

Die Grapefruit ist – wie gesagt – wahrscheinlich aus der Pampelmuse entstanden. Etwa neunzig Prozent aller Grapefruits werden in den USA geerntet, während Israel das wichtigste Exportland dieser vitaminreichen Frucht ist. Es gibt mittlerweile zwanzig verschiedene Sorten, die sich in Größe und Saftgehalt unterscheiden. Auch die Farbe des Fruchtfleisches ist unterschiedlich. Sie reicht von einem hellen Gelb über kräftige Gelbtöne bis zu Rosa und dunklem Rot.

NB: Die *Pomelo* aus Thailand ist wiederum eine echte Pampelmuse.

Curry

Das Wort «Curry» ist heute in aller Munde, und man versteht darunter eine Gewürzmischung, die abgepackt in den Handel kommt und wohl aus Indien stammt. In Indien versteht man aber unter der Bezeichnung «Curry» nicht das Gewürz, sondern das ganze Gericht, das mit einer solchen Gewürzmischung zubereitet wurde.

Gewürzmischungen sind heute modern. Es gibt viele Zusammenstellungen für ebenso viele Gerichte, und die noch würzunerfahrene Hausfrau vertraut darauf, etwas Besonderes zu verwenden, bis sie dahinterkommt, daß der Geschmack anderer Menschen durchaus nicht ihr eigener ist. Sobald sie ein wenig würzerfahren geworden ist, wird sie zwar auch mit Gewürzmischungen würzen, sich aber diese Mischung selber bereiten. Wer die Würzkraft und die Wirkstoffe der Einzelgewürze kennt, wer herausgefunden hat, was ihm persönlich zusagt, der wird auch die Würzmischung finden, die für das jeweilige Gericht am besten geeignet ist. Möglich sind sehr viele Kombinationen, und erlaubt ist, was gefällt oder besser gesagt, was schmeckt *und* bekommt, denn ebenso wichtig wie der Geschmack ist der gesundheitliche Nutzen.

Doch nun wieder zum Currypulver, dieser beliebten Gewürzmischung. Sie hat sicherlich größte Bedeutung für die Gesunderhaltung der Menschen in Ostasien als Vorbeugungsmittel gegen Magen- und Darmerkrankungen, denn ganz bestimmt ließen (und lassen leider auch heute noch) die hygienischen Bedingungen dort viel zu wünschen übrig. Wenn dann die Speisen scharf gewürzt genossen werden, so wirken die ätherischen Öle der Gewürze, die Bitter- und Gerbstoffe vorbeugend gegen Magen- und Darmerkrankungen. Daß auch der Geschmack der Gerichte dadurch eine Aufbesserung erfährt, ist eine willkommene Zugabe.

Was aber die Beliebtheit des Currypulvers bei uns ausmacht, ist wohl einmal die Tatsache, daß das Rezept aus dem alten Indien stammt, zum anderen aber auch die wirklich harmonische und ausgewogene Mischung sehr vieler hervorragender Gewürzdrogen. Wir Mitteleuropäer würzen mit Currypulver im allgemeinen mehr schmackhaft als scharf, deswegen aber nicht weniger gesund.

Curry ist nicht gleich Curry, denn das Pulver besteht oft «nur» aus zwölf, manchmal aber auch aus bis zu dreißig verschiedenen Gewürzen. Aromatisch und scharf sind freilich alle Curry-Gewürzpulver.

Kurkuma, Koriander, Kardamomen, Ingwer, Kümmel, Mazis, Nelken, Zimt, Pfeffer, Piment, Chili und Paprika sind wohl fast immer im Curry enthalten, und was sonst noch alles möglich ist, wissen die Inder, die den Curry für uns mischen.

In Indien ist Curry keineswegs ein Einheitsgewürz, das man überall verwenden kann, sondern man mischt sich dort seinen Curry eigens für bestimmte Gerichte. Das ist leider bei uns nicht der Fall, und deshalb bedienen sich wirkliche Feinschmecker nur zögernd des Currys. Curry zum Reis zu geben ist besonders empfehlenswert. Der Reis «schluckt» die Schärfe weitgehend und läßt den Geschmack dann fein und wohltuend zur Geltung kommen. Auch geht die verdauungsfördernde Wirkung dadurch nicht verloren.

Wozu paßt Curry nun ganz besonders? Das ist nicht einfach zu sagen. Alle fetten Speisen werden durch Curry bekömmlicher. Man kann daher Gänse-, Enten-, Schweine- und Hammelbraten damit würzen, man kann Soßen verfeinern, Wild oder gekochten Fisch damit würzen, doch bleibt immer zu überlegen, ob das Gericht dadurch nicht zu phantasielos (oder gar lieblos) zubereitet wird. Curry, obgleich es eine Gewürzmischung ist, in kleiner Menge zusätzlich verwendet, ist mehr zu empfehlen. Der Leser wird es schon gemerkt haben – ich bin *gegen Gewürzmischungen,* doch *für* die Verwendung mehrerer Gewürze nebeneinander. Eine fertige Gewürzmischung zwingt uns das Mischungsverhältnis auf und verhindert die Akzentuierung durch die Dominanz eines einzelnen Edelgewürzes.

Wußten Sie übrigens, daß man mancherorts Currypulver auch zu Ei und Käse gibt?

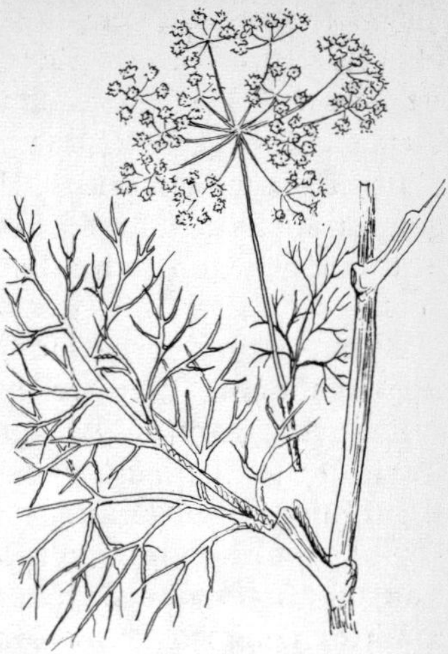

Dill

Die Heimat des Dills ist der Orient, von wo aus er sich sehr schnell über ganz Europa verbreitet hat, und auch in Amerika ist er nicht unbekannt. Als alte Heilpflanze und wegen seiner beruhigenden und magenstärkenden sowie windetreibenden Wirkung sehr geschätzt, verlagerte sich sein Anwendungsbereich sehr bald in die Küche. Schon im frühen Mittelalter bauten ihn die Mönche an, und im Kapitulare Karls des Großen wird er genannt.

Dill läßt sich leicht im Garten anbauen, und das sollte, wo irgend möglich, auch geschehen, denn die frischen Blätter (besonders die Blattspitzen) besitzen eine weit größere Würzkraft als die getrockneten Blätter.

Wer aber nicht an frischen Dill herankommt, der sollte dennoch nicht darauf verzichten, da auch die getrockneten Blätter noch eine gute Würzkraft haben. Getrocknete Früchte und Blütenstände jedoch sollte man nur zur Bereitung eines Dillessigs oder zum Einlegen von Gurken und Kürbissen verwenden. Die feinere Küche verlangt Dillblätter.

Die ganze Dillpflanze riecht stark aromatisch, und es ist offenkundig, daß hier reichlich ätherisches Öl vorhanden ist. Das ist auch für die arzneiliche Wirkung dieses Gewürzes verantwortlich.

Mit Dill zu experimentieren ist ein wahres Vergnügen, denn Dill macht Erfrischendes noch erfrischender und belebt eigentlich alle Gerichte, die man damit versetzt.

Zum Ausprobieren ein Rezept besonderer Art: Zwei weichgekochte Eier werden mit einer Gabel fein zerdrückt und ganz leicht gesalzen. Dazu gibt man einen Teelöffel feingehackte frische Dillblattspitzen (es geht sogar auch mit einem halben Teelöffel getrockneter Dillblätter und einem Teelöffel Olivenöl). Zum Zusammenrühren eignet sich auch in diesem Fall die schon mehrfach erwähnte Apothekerreibschale, denn je gleichmäßiger der Dill verteilt ist, desto köstlicher ist sein Geschmack. Streicht man dieses Gemisch auf frischen Buttertoast, so erlebt man die ganze Herrlichkeit des Dillkrautes.

Wem der Geschmack behagt, der kann nun in alle Suppen, Gemüseeintöpfe, in Kartoffelsalat und vor allen Dingen auf alle Salate (auch Fisch- und Fleischsalat) mehr oder weniger reichlich frischen oder getrockneten Dill geben.

Auch Hackfleisch wird durch Dill verfeinert.

Ganz besonders empfehlenswert ist Dill für angemachte Käse, besonders für frischen Quark. Es spielt dabei keine Rolle, ob man zusätzlich Zwiebeln, Schnittlauch oder Borretsch beimengt, der Dill wird sich behaupten, die Erfrischung noch steigern und für ausgezeichnete Bekömmlichkeit sorgen.

In Fischsoßen ist Dill unentbehrlich, doch wieweit man Versuche mit dunklen Soßen anstellt, bleibt jedem überlassen. Hierfür gibt es passendere Gewürze.

Sehr wichtig: *Dill ist für jede Diätkost erlaubt und für Galle- und Leberdiät besonders zu empfehlen!*

In alten Kräuterbüchern ist das Kapitel über die Heilwirkung des Dills immer recht kurz, doch überall steht zu lesen, daß Dill die Milchsekretion stillender Mütter anrege. Die Wissenschaftler schweigen sich darüber aus.

Fest steht, daß Dill bei Verdauungsbeschwerden gute Dienste leistet, daß er Blähungen entgegenwirkt und durch sein ätherisches Öl auch pathologische Darmbakterien, die im Darm die Gärung unverdauter Speisen hervorrufen, bekämpft. Was man aber von Dillabkochungen als Schlafmittel zu halten hat, ist umstritten. Es gibt Menschen, die nach einer Tasse Dilltee ruhig und störungsfrei schlafen.

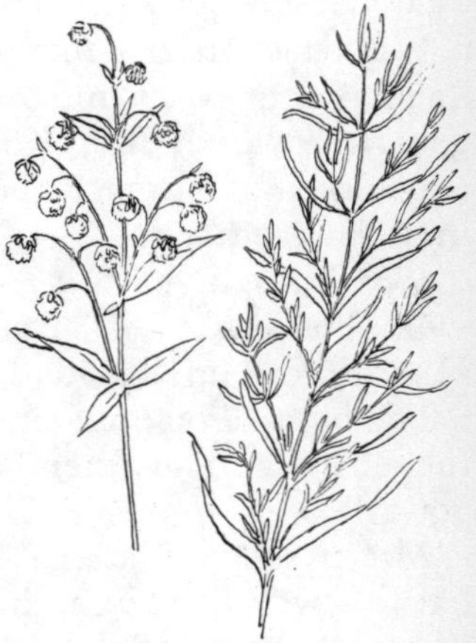

Estragon

Der Botaniker weiß, daß Estragon eng mit dem Beifuß und dem Wermut verwandt ist, denn alle drei Gewürz- und Heilpflanzen gehören der gleichen botanischen Gattung der Körbchenblütler an. Deshalb sind auch die Inhaltsstoffe ähnlich. Das ätherische Öl ist zwar etwas anders zusammengesetzt und der Bitterstoff milder, doch diese beiden Stoffe sind für den Geschmack und die günstige Wirkung auf die Verdauung verantwortlich.

Wir kennen zwei Arten des Estragons. Der «robustere» russische ist weniger aromatisch und bitterer, weniger empfindlich im Hinblick auf seinen Anbau im Kräutergarten und läßt sich durch Samen ziehen, während der deutsche Estragon (der eigentlich der französische Estragon heißen müßte, denn zu uns fand er den Weg über Frankreich) keine reifen und keimfähigen Samen ausbildet und durch Staudenteilung vermehrt werden muß.

Die Heimat des Estragons ist wohl Sibirien. Mit der Völkerwanderung verbreitete er sich weiter nach Westen. Seit dem 16. Jahrhundert wird das Kraut besonders in Frankreich und England sehr geschätzt. In Frankreich mutierte vermutlich der Estragon in die «feinere», die aromatischere Form. Um diese Zeit gelangte er wohl auch nach Amerika.

Wissenschaftler haben den Estragon bisher sehr vernachlässigt, so daß möglicherweise noch Überraschungen zu erwarten sind. Kürzlich wurde auf das Vorhandensein eines Kumarinabkömmlings in der Pflanze aufmerksam gemacht.

Was das Würzen mit Estragon angeht, so können wir viel von den französischen Köchen lernen. Wichtig scheint der Hinweis, daß frisches Kraut zu bevorzugen ist, da beim Trocknen ein großer Teil des Aromas verlorengeht. Wer über einen Garten verfügt, der sollte Estragon anbauen.

Mit frischen Blättern und Triebspitzen – fein zerhackt – würzt man Geflügel-, Eier- und helle Fleischgerichte, verbessert Salate aller Art und auch Fischmayonnaisen. Beim Einlegen von Gurken ist Estragon geradezu unentbehrlich, auch bei Kürbissen sollte man es versuchen.

Bekannt dürfte der Estragonessig sein, der jedem anderen Essig überlegen ist.

Estragon eignet sich hervorragend zur Bereitung eines besonderen Aperitifs. Bevor ich hierfür einen Vorschlag mache, einige Worte zum Thema Aperitif.

«Appetitanregendes Getränk», so könnte man ihn auf deutsch nennen, und in der Tat ist es ganz nützlich, etwa zwanzig Minuten vor der Mahlzeit einen Aperitif zu trinken, der den Verdauungsapparat stimuliert und die Verdauungssäfte «lockt», um anschließend mit Appetit zu speisen. Ein Aperitif ist nämlich ein Getränk, das Bitterstoffe und ätherische Öle enthält, aromatisch riecht und angenehm schmeckt. In kleinen Mengen genossen, regt er die Verdauungsdrüsen durch leichte Reizwirkung an. Und trinkt man ihn gar auf nüchternen Magen, so ist die Wirkung beachtlich. Hinzu kommt noch, daß man mit Recht allen Drogen, die ätherische Öle und Bitterstoffe enthalten, eine beruhigende Wirkung im Sinne ausgleichender Entspannung zuerkennen muß. Ein Aperitif wird unter Zuhilfenahme solcher Gewürzpflanzen bereitet und zeigt ebendiese Wirkung. Man wird nach einem Aperitif «gemütlich» im guten Sinne. Aber auch die Wirkung des Alkohols darf man nicht vergessen. In ganz kleinen Mengen getrunken, regt er auf angenehme Weise an. Sieht man die Sache so, dann muß man gerechterweise sagen, ein Aperitif vor dem Essen ist nützlich.

Wenn ich zu Beginn dieses Buches schrieb, daß eine angenehm riechende, appetitlich aussehende Suppe ein sehr gutes Appetitanregungsmittel sei, so muß ich hier sagen, daß ich von dieser Behauptung nichts zurückzunehmen brauche. Und alle, die entweder keinen Alkohol trinken dürfen oder ihn nicht mögen, werden auch durch eine Suppe allein «eßbereit».

Dennoch besteht natürlich ein Unterschied: Eine Suppe regt zwar – ebenso wie ein Aperitif – den Appetit an und vergrößert so die Freude am folgenden Essen, der Aperitif aber entspannt noch zusätzlich und macht «gesprächsbereit».

Und nun das versprochene Rezept für einen Aperitif aus Estragon, einer Gewürzpflanze, die unter den Artemisia-Arten (Wermut, Beifuß, Estragon) den Ruf genießt, etwas Besonderes zu sein:

100 Gramm frische Estragonblätter werden mit 1000 Gramm 60prozentigem reinem Weingeist in einer

Weithalsflasche übergossen und, vor Licht geschützt, unter gelegentlichem Umschütteln drei Wochen lang stehengelassen. Danach wird der Ansatz, ohne zu pressen, einfach durch ein Tuch abgeseiht, mit 300 Gramm Zucker versetzt und wiederum einige Tage beiseite gestellt. Sobald sich der Zucker aufgelöst hat, wird dieser Ansatz zur Klärung filtriert. Man erhält so einen klaren Aperitif, den man vor den Mahlzeiten servieren kann.

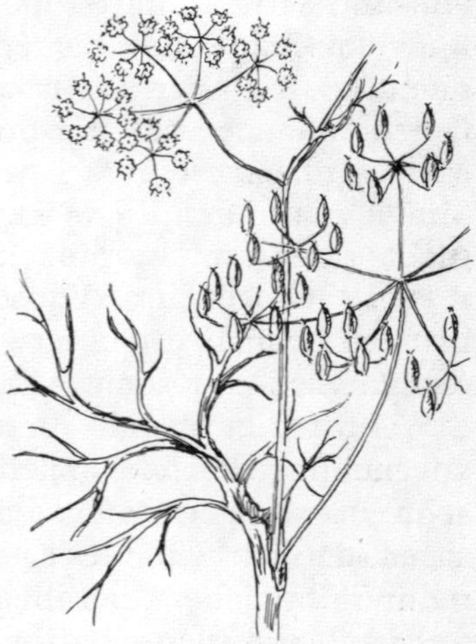

Fenchel

Bevor Sie dieses Kapitel beginnen, sollten Sie die ersten Abschnitte des Kapitels «Anis» lesen, denn dort erfahren Sie wichtige Dinge über den gesundheitlichen Nutzen auch des Fenchels.

Die Frage, ob Fenchel mehr eine Gewürz- oder eine Heilpflanze ist, läßt sich schwer beantworten. Eines aber ist sicher: Weil er eine so vorzügliche Heilpflanze ist, ist er auch eine vorzügliche Gewürzpflanze. Sieht man von seiner Verwendung als Gewürz in der Bäckerei (Kekse, Plätzchen, Brot) einmal ab, so ist seine Beliebtheit in der Küche recht unterschiedlich. Es ist nicht jedermanns Sache, ein so aromatisches Gewürz vielseitig zu verwenden. Der zunächst süßliche Geschmack stört viele Menschen.

Dennoch wird Fenchel mit Erfolg zu Kraut und den verschiedensten Kohlgemüsen gegeben, und wie wohltuend er dort zu wirken vermag, wissen alle diejenigen, die diese Gerichte nicht essen können, ohne nachher von Blähungen geplagt zu werden. Auch die verschiedensten Suppen, besonders Gemüsesuppen und Gemüseeintöpfe, lassen sich mit Fenchel bekömmlich würzen. Eingemachte rote Rüben, Gurken und Kürbisse vertragen dieses Gewürz bestens.

Fenchel ist im Mittelmeerraum zu Hause. Schon die alten Ägypter, die Römer und die Griechen schätzten ihn als Gewürz und Heilmittel. Von dort gelangte er auch nach Deutschland, und Karl der Große machte seinen Untertanen den Fenchelanbau zur Pflicht und gab Anweisungen für die Verwendung in der Küche.

Heute wird Fenchel in allen Ländern Mitteleuropas, in Süd- und Ostasien, in Nord- und Südamerika und natürlich nach wie vor rund um das Mittelmeer feldmäßig angebaut. Fenchel ist ein Doldengewächs, das, in zusammengesetzten Dolden angeordnet, gelbe Blütchen ausbildet. Aus ihnen bilden sich Spaltfrüchte, die den Gewürz- und Arzneifenchel liefern. Da diese Früchte nicht zur gleichen Zeit reifen, muß mehrmals geerntet werden. Man sammelt die reifen Dolden ein und streift davon die Früchtchen ab. Ein so geernteter Fenchel führt die Bezeichnung «Traumelfenchel». Nachdem ein Feld zwei- bis dreimal «getraumelt» wurde, schlägt man schließlich die ganzen Pflanzen ab, um sie zu dreschen und diese zweitrangigen Früchte zur Gewinnung des ätherischen Öls zu verwenden. Guter Fenchel soll mindestens 4 bis 5 Prozent ätherisches Öl enthalten.

Im Süden Europas – seit geraumer Zeit aber auch anderwärts – schätzt man den sogenannten Florentiner Fenchel, der auch Bologneser Fenchel genannt wird. Es handelt sich dabei um den Gemüsefenchel, den man seiner Wurzelknollen wegen anbaut. Diese Knollen schmecken roh als Salat oder auch gekocht und nach verschiedensten Rezepten zubereitet recht angenehm. Daß diese Gemüse gesund sind, braucht nicht besonders erwähnt zu werden.

Beim Fenchel darf der Hinweis nicht fehlen, daß diese Pflanze besonders in der «Säuglingspflege» eine große Rolle spielt. Nicht in jedem Fall vertragen die Säuglinge nach dem Abstillen die neue Nahrung ohne Störungen in ihrem Verdauungssystem. In harmloseren Fällen zeigt sich das nur durch eine leichte Unruhe oder durch Schlafstörungen an. Doch weit häufiger muß man feststellen, daß Blähungen das Wohlbefinden des Säuglings stören, daß er viel schreit, ohne im eigentlichen Sinne krank zu sein. Seit alter Zeit empfehlen die Großmütter dann Fencheltee mit allerbestem Erfolg. Da es nicht gut ist, immer eine Fenchelteemahlzeit «einzuschieben», weil dadurch der ganze Tagesrhythmus gestört wird, sollte man gleich das Wasser, mit dem man Kuhmilch verdünnen muß, oder das, was man zur Bereitung der Pulvermilch benötigt, durch Fencheltee ersetzen.

In vielen Gegenden kaufen Mütter auf Anraten ihrer eigenen Mütter – also eigentlich der Omas – auch gern einen sogenannten «Windsaft» in der Apotheke, der von Kinderärzten belächelt wird, der aber oft auch dann noch wirkt, wenn diese mit ihrer Kunst am Ende sind. Gute Windsäfte werden aus Fenchelöl und Honig bereitet. Sie haben eine ausgezeichnete Wirkung, wenn man entweder einen ganzen Teelöffel voll in jede Flaschenmahlzeit gibt oder nach jeder Mahlzeit einen halben Teelöffel voll dem Säugling in den Mund löffelt. Die Wirkung ist verblüffend, und ich brauche wohl kaum noch zu erklären, warum.

Galgant

Diese Gewürzpflanze hätte ich vergessen oder es nicht für wichtig genug erachtet, sie hier mit aufzunehmen, wenn ich nicht immer durch einen Kunden in der Apotheke an sie erinnert würde. Dieser schwört auf die Galgantwurzel und möchte sie durch kein anderes Gewürz ersetzen. Kartoffelsuppe, Gemüseeintöpfe, Gulasch und vor allen Dingen Rindsbraten würden dadurch schmackhafter und bekömmlicher. Nun, ich zweifle nicht daran, denn wenn jemand mit so großer Hartnäkkigkeit an etwas festhält, dann hat er sicher seine Gründe.

Übrigens findet man in indischen und indonesischen Kochbüchern, aus denen verschiedene Gerichte auch bei uns Eingang finden, oft die Galgantwurzel als Gewürz genannt.

Um was es sich dabei handelt, ist leicht gesagt: Galgant ist der Wurzelstock von *Alpinia officinarum,* einem Ingwergewächs, das dem Ingwer durchaus ähnlich ist. Die Heimat der Pflanze soll die Insel Hainan und die Halbinsel Leitschou sein. Auf alle Fälle gibt es dort Kulturen der Galgantpflanze.

Der Wurzelstock kriecht dicht unter der Erde, verzweigt sich stark und wird nach etwa zehnjähriger Entwicklung gegraben, um sodann geschält, getrocknet und als Arzneidroge und Gewürz verkauft zu werden. Im Deutschen Arzneibuch, Ausgabe 6, aus dem Jahre 1926 ist Galgant noch als Arzneidroge aufgeführt. Der würzige Geruch, der brennendwürzige Geschmack, der hohe Gehalt an ätherischem Öl und das Vorhandensein von bitteren und scharfen Stoffen rechtfertigen die Verwendung als Arzneimittel und Gewürz und stellen den Galgant in die Nähe des Ingwers (s. d.). Allen experimentierfreudigen Gewürzfreunden kann ich daher nur raten, die Anwendung dieser Droge einmal auszuweiten.

Gartenkresse

Ob man Gartenkresse Gewürzpflanze, Salatpflanze oder Gemüsepflanze nennt, ist einerlei. Fest steht, daß es sich um ein sehr gesundes, vitaminhaltiges, aromatisches, verdauungsförderndes und, wenn man will, auch blutreinigendes Kraut handelt. Das frische grüne Kraut findet in der Küche vielseitige Verwendung, und wer es probiert hat, der weiß seinen würzig-bitteren Geschmack zu schätzen, der lernt, seine Wirkstoffe richtig einzusetzen, denn neben dem Gehalt an Vitamin C und einem Bitterstoff ist es das ätherische Senföl, dem diese Pflanze seine Beliebtheit verdankt.

Der größte Vorteil allerdings ist der, daß man Gartenkresse überall selber anbauen kann: im Garten, auf dem

Balkon, ja selbst in einer flachen Kiste im Zimmer. Im Garten gedeiht sie auf allen Böden, wächst sehr schnell und kann schon etwa vierzehn Tage nach der Aussaat geschnitten werden. Wird alle vierzehn Tage nachgesät, so hat man bis in den Spätherbst hinein frisches Würz- und Salatgrün. Nur für ausreichende Feuchtigkeit muß gesorgt werden. Die Pflanze wurzelt sehr flach, so daß schon eine Erdschicht von wenigen Zentimetern vollauf genügt.

Diese Tatsachen macht sich auch der Handel zunutze, denn schon im Spätwinter wird dieses frische Grün – zumeist als ganz zarte Keimlinge – auf den Märkten und in Gärtnereien angeboten. Zwei der zahlreichen Sorten werden bei uns angebaut: die Glattblättrige und die Mooskrautblättrige Gartenkresse. Die Gartenkresse stammt aus dem Vorderen Orient, hat sich aber überall schnell verbreitet und großen Anklang gefunden. Schon im 16. Jahrhundert rühmt man sie in den verschiedensten Kräuterbüchern, und viel früher war sie in Klöstern und bei Hofe bekannt.

Wer z.B. Quark oder andere Streichkäse mit Kresse versetzt, wer alle Suppen damit «belebt» oder wer ganz einfach frische Kresse mit ein wenig Zucker verspeist, der tut etwas für seine Gesundheit. Das appetitliche Kraut lädt zum Verzehr ein, denn auch da, wo es vielleicht nur als Verzierung gedacht ist, wird es mitgegessen.

Eng verwandt, jedoch derber und schärfer ist die *Brunnenkresse (Nasturtium officinale),* die ebenfalls wärmstens als Salat oder frisches Salat- und Suppengrün empfohlen werden kann. Grundsätzlich ist sie überall dort einzusetzen, wo man auch Gartenkresse verwendet.

Im Garten gedeiht sie im Wasserbecken, doch findet man leicht und genügend davon in der freien Natur, an «müden» Bachläufen und auf sehr feuchten Wiesen.

Da an den gleichen Stellen auch das *bittere Schaumkraut (Cardamine amara)* wächst, wird die echte Brunnenkresse gelegentlich damit verwechselt, was aber in keiner Weise bedenklich ist, denn auch das bittere Schaumkraut ist in jungem Zustand ein «vorzüglich Gewürzkräutlein». Es ähnelt der Brunnenkresse auch im Geschmack sehr.

Nicht unerwähnt bleiben sollten die Inhaltsstoffe der Brunnenkresse: Eisen, Arsenspuren, Jod, Vitamin C und A sowie geringe Mengen Vitamin D und E.

Alle Kressen wollen frisch verwendet werden. Nach dem Trocknen enthalten sie kaum noch Würzstoffe.

Heute, da wir über die Vitamine viel mehr wissen als in alter Zeit und man Vitaminpräparate in jeder Apotheke kaufen kann, heute, da man – leider? – zu gern und zu leicht zu Tabletten greift, kümmert man sich viel zuwenig um die vitaminreichen Kräuter, um sie als Salat zu essen. Das ist sehr schade, und deshalb möchte ich meine Leser an dieser Stelle auf das frische Grün aufmerksam machen, das man im frühen Frühjahr so besonders nötig hat. Zu dieser Zeit findet man überall frische Triebe, die ersten grünen Blättchen, und diese sind alle ohne Ausnahme als Salatblättchen nutzbar. Löwenzahn, Schafgarbe, Bibernelle, Scharbockskraut, um nur einige zu nennen, warten nur darauf, für eine Frühjahrskur genutzt zu werden. Sie beliefern den Organismus nicht nur mit Vitaminen, sondern auch mit Mineralstoffen und anderen Aktivatoren für Galle, Leber, Niere und den gesamten Verdauungsapparat. Wohlbefinden stellt sich ein, und selbst die Haut zeigt es, daß man sich fit und frisch fühlt.

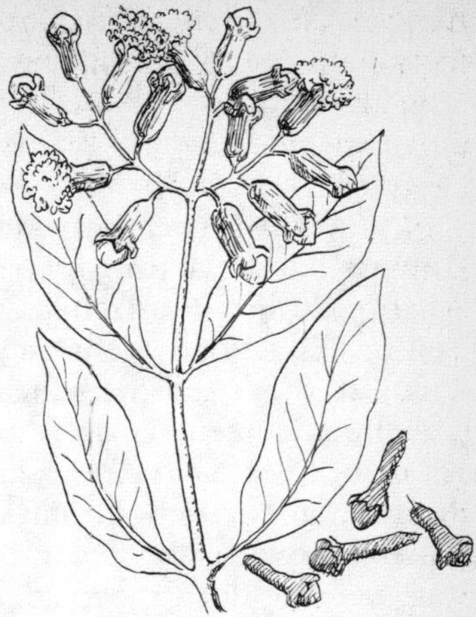

Gewürznelken

Jambosa caryophyllus aus der Familie der *Myrtaceae* ist die Stammpflanze der Gewürznelken (der Apotheker nennt sie Caryophylli flos.). Der 10 bis 20 m hoch werdende Baum ist auf den Gewürzinseln heimisch, wird jedoch in den verschiedenen Tropengebieten zur Gewinnung der Gewürznelken angebaut. Die Inseln Pemba, Sansibar und Madagaskar spielen dabei eine bedeutende Rolle. In Deutschland herrscht die Nelke aus Sansibar vor. Aber auch Nelken aus Madagaskar sind im Handel anzutreffen. Der Apothekername (Caryophylli flos.) drückt schon aus, daß es sich bei den Nelken um Blüten handelt, richtiger gesagt um Blütenknospen, denn das Nelkengewürz sind die getrockneten Blütenknospen des Gewürznelkenstrauches. Sie werden ganz gehandelt, aber auch zu Pulver zermahlen. Beide Formen – darauf komme ich noch zurück – haben auch in die Küche Eingang gefunden.

Die Geschichte der Nelken ist bewegt. In China kannte man sie schon lange vor unserer Zeitrechnung, und in altägyptischen Grabmälern hat man auf Ketten aufgezogene Gewürznelken gefunden. Wann die Nelken nach Europa gelangten, weiß man nicht genau, und auch ab wann und wie die Römer und Griechen sie nutzten, ist nicht sicher zu sagen. Die holländischen Kolonialherren verschafften sich ein Monopol auf dieses Gewürz, und es ist überliefert, daß Nelken mit Gold aufgewogen wurden. Franzosen und Portugiesen brachen jedoch bald das Monopol der Holländer.

Der wichtigste Inhaltsstoff, der Gewürznelken als Gewürz und Heilmittel gleichermaßen so begehrt machte, ist ihr ätherisches Öl, das zu einem sehr großen Teil aus Eugenol besteht. In guter Ware sind mindestens 15 bis 20 Prozent ätherisches Öl enthalten.

Auf der ganzen Welt verwendet man die Nelken zum Würzen. Besonders Getränke wie Glühwein und Punsch, aber auch Fruchtsäfte, Kompott und eingemachte Früchte werden mit Nelken aromatisiert. Die Verwendung der ganzen Nelken zusammen mit Zwiebel und Lorbeer machen Rot- und Sauerkraut schmackhaft und bekömmlich. Ein erfahrener Koch wird die Zwiebel mit Nelken «spicken», um die Kombination besonders zur Geltung kommen zu lassen.

Bei Fisch- und Fleischgerichten – hier besonders gekocht – sind gemahlene Nelken eine vorzügliche Würze, die allerdings vorsichtig und sparsam gebraucht werden muß. Wild, das zuvor in eine Beize gelegt wird, schmeckt besonders gut, wenn Nelken mit in die Beize genommen werden.

Wer dennoch, aus welchen Gründen auch immer, gar nicht oder nur wenig mit Nelken würzt, der kommt zur Weihnachtszeit bestimmt nicht an ihnen vorbei, denn Lebkuchen, Gewürzplätzchen und viele andere Weihnachtsleckereien lassen sich ohne Nelken und Zimt einfach nicht bereiten.

Den Spaghettiliebhabern und den Freunden der verschiedensten Pizzas sei empfohlen, ein wenig mit diesem gesunden Gewürz zu experimentieren. Fast alle Spaghettisaucen werden durch Beigabe von wenig Nelkenpulver verbessert; und die Pizza bekommt eine ganz besondere Note, wenn man ein wenig mit Nelkenpulver würzt.

Da alle ätherischen Öle sich auch durch eine stark antiseptische Wirkung auszeichnen und Nelken sehr reich an ätherischem Öl sind, benutzten die Ärzte im Mittelalter – besonders in Epidemiezeiten – diese Droge zu ihrem eigenen Schutz. Sie zogen Nelken auf eine Kette und hängten sie sich um den Hals, wenn sie ihre Patienten besuchten. Um die Wirkung noch zu verstärken, hielten sie ganze Nelken im Mund oder kauten darauf herum. – Selbst heute noch enthalten manche Mund- und Gurgelwässer Nelkenöl.

Glutamat

Glutamat ein Gewürz zu nennen ist durchaus nicht nach meinem Geschmack, denn es paßt so gar nicht in die Reihe der anderen Gewürze hinein. Dennoch kann man diese Substanz in einem Buch, das die Kunst des richtigen Würzens lehren will, nicht gut übergehen.

Glutamat ist eine chemische Substanz, die genaugenommen Mononatriumglutamat heißen müßte. Sie ist fast geschmacklos und besitzt die sonderbare Eigenschaft, den Eigengeschmack fast aller Nahrungsmittel zu heben und zu steigern. Niemand weiß, warum nach Zugabe von Glutamat ein Huhn viel mehr nach Huhn, eine Ente viel mehr nach Ente schmeckt, und niemand weiß, warum auch die zarten Geschmacksnuancen – beispielsweise bei Kalbshirn – durch Glutamat überdeutlich zum Vorschein kommen. Das trifft nicht nur für Fleischgerichte zu, auch der Geschmack von Gemüse wird durch Beigabe von Glutamat angehoben.

Natürlich hat sich die Ernährungswissenschaft alle erdenkliche Mühe gegeben, hinter das Geheimnis zu kommen. Jedoch vergeblich – denn nicht einmal die Frage, ob diese Eigenschaft auf chemische Veränderungen oder auf sinnesphysiologische Ursachen zurückzuführen ist, konnte eindeutig geklärt werden. An der Tatsache selbst aber ist nicht zu rütteln.

Schon lange vor der chemischen Synthese des Glutamats verstanden sich Chinesen und Japaner darauf, diese «Wundersubstanz» aus Pflanzen zu gewinnen. Man kann mit Recht annehmen, daß dadurch der Ruf der chinesischen Küche mitbegründet wurde. Auch heute noch bedienen sich Chinesen und Japaner dieser ihrer eigenen Glutamatvariante. Fe-Tsin heißt das weiße Zauberpulver der chinesischen Küche, gegen das manche Menschen eine Allergie entwickeln. Es kommt – wenn auch selten – vor, daß in einem chinesischen Restaurant ein Gast beim Essen leichenblaß wird und heftig zu schwitzen beginnt. Er gehört dann zu den Fe-Tsin-Allergikern.

Den vielen Gewürzmischungen, die heute von der Industrie angeboten werden und die sich vor allen Dingen bei «würzunkundigen» oder «würzunsicheren» jungen Hausfrauen großer Beliebtheit erfreuen, wird Glutamat gern als Komponente beigegeben. – Es lohnt sich, ein wenig mit Glutamat zu experimentieren. Es kommt sehr darauf an, ob man allein mit Glutamat würzt, ob man ein Gemisch aus Glutamat und Kochsalz verwendet oder ob man sein Essen mit den gewohnten Gewürzen bereitet, um es zum Abschluß mit Glutamat zu «verbessern». Wer ohne Kochsalz auskommen muß, der kann mit Glutamat gute Ergebnisse erzielen, denn durch die Anhebung des Eigengeschmacks verlieren die ungesalzenen Gerichte ihre «Leere und Fadheit».

Als Richtzahl möge folgende Angabe dienen: Es genügt, wenn man für einen Liter oder ein Kilogramm einer Speise 1,5 Gramm Glutamat verwendet.

Die Frage nach der möglichen Schädlichkeit oder Nützlichkeit ist leicht beantwortet: Glutamat ist eine Aminosäure, die für den menschlichen Organismus von großer Bedeutung ist. Wer mit Glutamat würzt, der schadet nicht, sondern führt dem Körper einen wichtigen Baustein zu. Glutamat wirkt nervenstärkend.

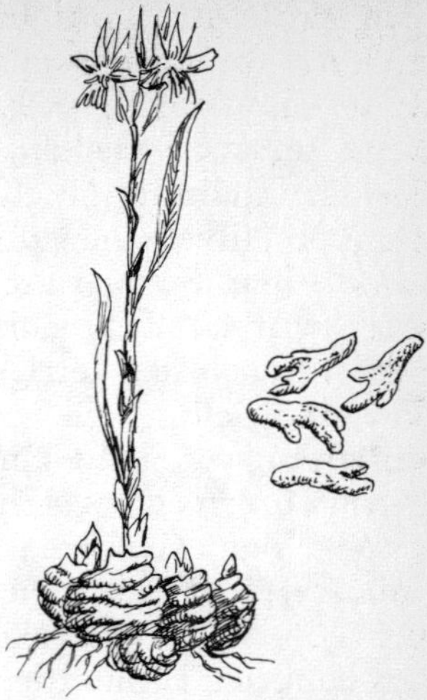

Ingwer

Der Ingwer erfreut sich ganz besonderer Wertschätzung als Einmachgewürz. Eingemachten Kürbissen, aber auch anderen Früchten und Gurken verleiht er einen angenehmen Geschmack. Auch Suppen, Soßen, Geflügel, Wildgerichte und Reisspeisen aller Art lassen sich mit Ingwer verfeinern.

Es hat den Anschein, als ob Ingwer in der Hauptsache wegen seines scharf-aromatischen Geschmacks verwendet wird, doch betrachtet man seine Wirkung, so stellt man fest, daß er ein sehr wertvolles Magenmittel ist. Durch seinen scharfen und aromatisch-bitteren Geschmack werden die Verdauungsdrüsen leicht gereizt und damit zur besseren Saftproduktion angeregt.

Neuere Untersuchungen haben ergeben, daß gerade Ingwer als Gewürz all denen wertvolle Dienste leistet, die einen sogenannten «schwachen und nervösen» Magen haben, unter Blähungen leiden oder appetitlos sind.

Ingwer ist der von seiner Korkschicht befreite und getrocknete Wurzelstock des in Westindien beheimateten und besonders auf Jamaika kultivierten *Zingiber officinale*, eines Ingwergewächses. Die Stammpflanze besitzt einen kriechenden, sich geweihartig verzweigenden Wurzelstock mit kurzen Gliedern, die zumeist seitlich zusammengedrückt sind. Diese Wurzelstockstücke sollte man kaufen, um sie bei Bedarf auf einer Muskatreibe selbst zu raspeln, denn auf diese Weise hat man immer inhaltsstoffreichen Ingwer zur Hand. Natürlich ist auch Pulver oder gemahlener Ingwer brauchbar.

Will man Suppen und Soßen mit Ingwer würzen, so empfiehlt es sich, ganze Ingwerstücke mitzukochen, um sie nach der Fertigstellung zu entfernen, während Fleischgerichte, will man sie mit Ingwer würzen, mit einem Ingwer-Salz-Gemisch bestens geraten. Auch zum Nachwürzen eignet sich diese Mischung (1:1).

Wer den Geschmack des Ingwers kennenlernen möchte, der besorge sich in einer Konditorei zunächst die beliebten Schokoladen-Ingwer-Stäbchen oder den sogenannten kandierten Ingwer. Kaut man diese Spezialitäten gut durch und behält sie möglichst lange im Mund, dann bekommt man eine Vorstellung, wie mit Ingwer gewürzte Speisen schmecken. Man kann natürlich auch ein Stückchen Ingwerwurzel kauen, doch sie ist scharf und brennt und vermittelt daher nicht den rechten Würzgeschmack.

Den experimentierfreudigen Lesern empfehle ich auch diesmal wieder, zunächst eine klare Fleischbrühe mit Ingwer zu würzen und sich erst dann an Soßen, Braten und auch Gemüse zu wagen. Ingwer-Salz paßt auch zu Käse und Wurst; und ein frisches, weichgekochtes Hühnerei wird zu einer Delikatesse, wenn man es mit Ingwer-Salz würzt.

Fast unbekannt ist es, daß man frische Ingwerwurzelstöcke als aromatisches Gemüse essen kann. In manchen Hotels werden sie gelegentlich angeboten, doch auf dem Markt kann sich der Gemüse-Ingwer bestimmt nicht durchsetzen. Zum Abschluß noch ein Hinweis auf den Ingwer aus einem Kochbuch des Jahres 1581.

> One Ingwer kein Sawsuppen:
> Ein gute wolgeschmackte suppen von einer

Spensauw
mit gantzem Pfeffer
Ingwer
und gantzen Muscatenblüth
auch mit Petersilien wurtzel
vnnd wann du solche gewürtz darzu nimbst
so wirdt sie wolgeschmack
vnd man nennt es ein Sawsupp.

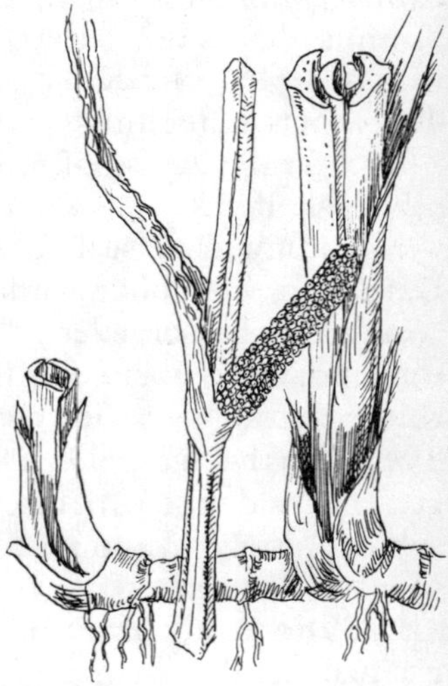

Kalmus

Den Kalmus findet man in der Küche nur selten im Gewürzbord, obwohl man sich dadurch den Nutzen einer besonderen Heilpflanze entgehen läßt. Auf den Kalmus als Küchengewürz komme ich später noch einmal zurück. Beginnen möchte ich dieses Kapitel mit dem Kalmus als Heilpflanze.

Das erzählte mir eine ältere Dame: «Ich kann es nicht verstehen, daß heute all die guten alten Hausmittel so ganz in Vergessenheit geraten. Der Kalmus verdient es bestimmt nicht, zumal es heute so unendlich viele Menschen gibt, die über Magenbeschwerden klagen. Die einen klagen über einen schwachen Magen, die anderen behaupten, sie hätten einen nervösen Magen, und wieder andere erzählen von zuviel oder zuwenig Magensäure. Der nächste kann gar nichts mehr vertragen, ohne daß er Magenschmerzen bekommt, und wieder ein anderer ist nach jeder größeren Mahlzeit immer so gebläht. – Wenn ich sie dann frage, ob sie es schon einmal mit Kalmus probiert hätten, dann schauen sie mich ganz entgeistert an. Sie wissen nicht einmal, was Kalmus ist, und dabei könnte vielen von ihnen sicherlich damit geholfen werden. Erzähle ich ihnen dann, daß Kalmus der Wurzelstock einer altbekannten und berühmten Heilpflanze ist, so winken sie ab und meinen, daß ihnen manchmal ja nicht einmal ihre Tabletten Erleichterung verschafften. Wie solle dann eine Heilpflanze helfen?

Mir können diese Leute nur leid tun», fuhr die alte Dame fort; «ich bin zwar kein Arzt und weiß auch nicht worauf die verschiedensten Magenleiden zurückzuführen sind, eines aber weiß ich genau – aus eigener Erfahrung: Kalmus ist ein vorzügliches Magenmittel. Ein Teeaufguß bringt Linderung bei Völlegefühl und Blähungen nach den Mahlzeiten, er sorgt für Appetit bei schlechten Essern und lindert auch Sodbrennen und Magenschmerzen.»

Die alte Dame hat recht: Der Kalmus gehört als Heilpflanze zu den sogenannten aromatischen Bittermitteln, da die Inhaltsstoffe des Wurzelstockes, auf die seine Wirkung zurückzuführen ist, ätherisches Öl und Bitterstoffe sind. Von diesen beiden Stoffgruppen weiß man, daß sie anregend auf die Drüsen des Verdauungsapparates wirken. Man weiß von den ätherischen Ölen, daß sie entkrampfen und entspannen und auch den Gallefluß beeinflussen. Beim Kalmus liegen die Verhältnisse so günstig, daß er in der Lage ist, das gesamte Geschehen im Verdauungstrakt weitgehend zu normalisieren. Ob zuviel oder zuwenig Magensäure die Ursache der Disharmonie ist – Kalmus kann in beiden Fällen ausgleichend wirken.

Einen Kalmustee bereitet man sich aus geschnittener

Droge, die man zweckmäßigerweise in geschälter Form in der Apotheke kauft. Ein gehäufter Teelöffel davon wird mit einer Tasse kaltem Wasser übergossen und schnell zum Sieden erhitzt. Sobald der Sud kocht, wird abgeseiht. Den Tee sollte man recht warm trinken. Zweimal täglich eine Tasse davon reicht aus. Für den Dauergebrauch ist Kalmustee jedoch nicht geeignet.

Nach diesem Abstecher in das Reich der Medizin ist leicht einzusehen, daß Kalmus ein vorzügliches Gewürz sein kann und alle Voraussetzungen erfüllt, unter denen die Gewürze in diesem Buch behandelt werden. Warum man so wenig davon Gebrauch macht, ist schwer zu sagen. Ich rate daher wieder einmal zum Experiment: Man sollte es zunächst mit den verschiedensten Suppen versuchen. Bei einer klaren Fleischbrühe stellt man am besten fest, ob der Geschmack behagt. Wenn ja, so steht dem Versuch bei Kraut, dunklen Soßen, fettem Braten, Bratkartoffeln und Gemüse nichts mehr im Wege. Bei Süßspeisen, Obstsuppen und Obstsalaten ist Kalmus schon längst anerkannt. Wichtig ist aber, daß der Kalmus von guter Qualität ist. Wenn er im Gewürzhandel nicht zu haben ist, bekommt man ihn bestimmt in der Apotheke. Kalmus muß besonders vor Feuchtigkeit geschützt werden. Auch befallen ihn gern Würmer. Die rundlichen Vertiefungen, die man manchmal an der Droge findet, sind allerdings meistens keine Wurmlöcher, sondern die Ansatzstellen der feinen Wurzeln, denn die eigentliche Droge ist der Wurzelstock. – Man kauft den Kalmus zweckmäßigerweise fein geschnitten und zerkleinert ihn erst kurz vor dem Gebrauch oder würzt mittels eines Kräutersäckchens mit den kleinen Kalmusstücken.

Kapern

Kapern schmecken säuerlich-salzig, etwas scharf und, wenn man will, auch bitter. Sie eignen sich als Beigabe zu Marinaden, kaltem Fleisch, Tatar und den verschiedensten Tunken und Soßen.

Es gibt Kapernfreunde, die besonders angemachte Käse mit zerriebenen Kapern würzen, um auf Salz und Pfeffer zu verzichten. Über den gesundheitlichen Nutzen kann man streiten. Ich meine, mehr als ein von Liebhabern geschätztes Geschmackskorrigens sind sie nicht.

Da es sich bei den Kapern um zubereitete, noch von den Kelchblättern umgebene Blütenknospen handelt, ist die Zubereitung von entscheidender Bedeutung. Die Blütenknospen werden nach der Ernte zunächst im Schatten gewelkt. Wie sehr, ist recht verschieden. Dann legt man das Erntegut drei Monate in Salz und Essig ein, gelegentlich auch nur in Salz und Öl, um es danach zu verpacken und auf den Markt zu bringen.

Der Kapernstrauch *(Capparis spinosa L.)* ist im Mittelmeergebiet beheimatet. Frankreich, Spanien, Italien und Algerien sind die Hauptanbaugebiete. Von hier kommen auch die feinsten Sorten. Der Kapernstrauch ist etwa einen Meter hoch, ästig und mit nach rückwärts gerichteten Stacheln bewehrt. Die Laubblätter sind ungeteilt, wechselständig angeordnet, mit kurzen

Stielen versehen, eiförmig und an den Nerven oft rot angelaufen. Am Grunde findet man zwei kleine Nebenblätter. Die entfalteten Blüten sind groß und stehen einzeln in den Achseln der Blätter. Die Früchte sind pflaumengroße, schotenartige Beeren mit vielen Samen.

Falsche Kapern
Die Blütenknospen des Portulaks und die der Kapuzinerkresse werden mancherorts ähnlich wie Kapern eingelegt und wie diese gebraucht. Selbst die ganz jungen Knospen der Sumpfdotterblume eignen sich als Kapernersatz.

Kardamomen

Es ist sehr schade, daß sich die Kardamomen in der Küche so schwer durchzusetzen vermögen, denn Kardamomen sind gesund. Sie regen die Magensaftsekretion an und fördern die Eßlust. Der angenehm würzige Duft und der aromatisch-würzigscharfe Geschmack gehen von dem ätherischen Öl aus, das in reichlicher Menge in dem Gewürz enthalten ist.

Wie bei allen scharfen Gewürzen kommt es sehr darauf an, sparsam zu dosieren. Wer das bei Kardamomen beherzigt, der kann alle Suppen damit verfeinern, den Soßen die besondere Note verleihen, Fisch- und Fleischgerichte, vornehmlich Geflügel appetitlich und verdauungsfördernd würzen.

Auch in die Wurst und zum Schinken paßt Kardamom in kleinen Mengen. Im allgemeinen aber kennt man dieses Gewürz nur aus der Lebkuchengewürzmischung, in der es mehr oder weniger stark vertreten ist. Überraschen dürfte es die meisten Leser, daß feinstgepulverte Kardamomen von Liebhabern in sehr kleiner Menge dem gemahlenen Kaffee kurz vor dem Überbrühen beigegeben werden.

Die günstige Wirkung der Kardamomen auf die Verdauung kannte man schon im Mittelalter, als das Confect – nur in Apotheken erhältlich – zur Blüte gelangte. *Confectum* bedeutet: das Zubereitete. Es wurde nach streng geheimgehaltenen Rezepten in großen Mörsern vom Apotheker gestoßen, gestampft und anschließend geformt. Samen, Wurzeln, Rinden, Früchte, Blütenblätter und Fruchtschalen wurden zu Confect verarbeitet. Die Kardamomen spielten dabei eine besonders wichtige Rolle, vor allem als das Confect «hoffähig» wurde.

War es ursprünglich eine «bittere Arznei», so wurde es jetzt durch Zuckerzusatz «verbessert», ja sogar versilbert und vergoldet, um nach dem üppigen Mahl bei Hofe als letzter Gang gereicht zu werden. Das war gerechtfertigt, denn manch einer konnte sich jetzt ohne Rücksicht auf seinen Magen den Tafelfreuden hingeben. Mancherorts wurde dieser sogenannte «achte Gang» auch erst nach dem Aufheben der Tafel gereicht, wobei sich die Gäste in einen besonderen Raum begaben. Daß das Confect sogar mit Trompetenklängen angekündigt wurde, unterstreicht die Beliebtheit dieser Verdauungshilfe ebenso wie die Confectschale, die in keinem vornehmen Hause fehlen durfte.

Der Vollständigkeit halber sei noch erwähnt, daß aus diesem Confect, das man immer mehr zu verfeinern suchte (wodurch seine arzneiliche Wirkung jedoch immer geringer wurde), das Würzgebäck entstand, das man heute zur Weihnachtszeit bereitet, und schließlich die

Praline, die vielerorts noch heute Konfekt genannt wird, wobei das «C» durch ein «K» ersetzt wurde.

Nach diesem historischen Abstecher wieder zurück zu den Kardamomen. Es handelt sich dabei um die Samen der *Elettaria cardamomum,* eines Ingwergewächses, das in Indien beheimatet ist und heute besonders an der Malabarküste, in Indonesien, auf Ceylon und im tropischen Amerika kultiviert wird. Man kann Kardamomen als Früchte oder als bereits ausgelöste Samen kaufen. Die besten Kardamomen kommen von der Malabarküste und werden auch als «Malabarkardamomen» gehandelt.

Übrigens: Schon die Griechen und Römer sollen die Kardamomen gekannt und geschätzt haben, besonders wenn es darum ging, Obstspeisen zu würzen. – Kardamomen sind auch Bestandteile des Currys.

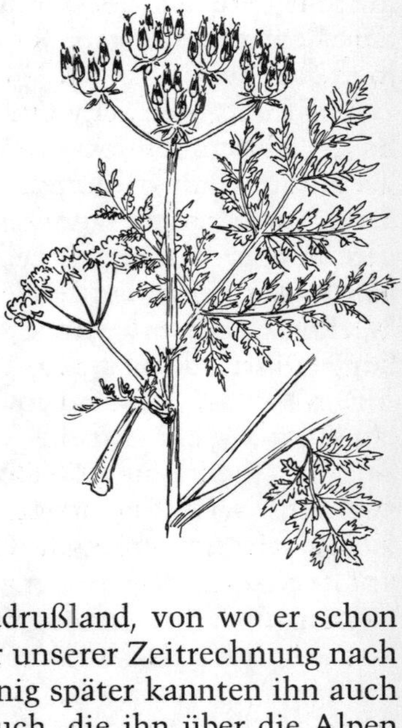

Kerbel

Der Kerbel stammt aus Südrußland, von wo er schon etwa zweihundert Jahre vor unserer Zeitrechnung nach Griechenland gelangte. Wenig später kannten ihn auch die Römer. Sie waren es auch, die ihn über die Alpen brachten, denn seit undenklichen Zeiten wächst er auch bei uns, wild und in Gärten.

Wohl in erster Linie wegen seines Vitamingehaltes schätzt man dieses Kraut in allen Frühlingssuppen, die durch das zarte Aroma einen feinen, an Anis erinnernden Geschmack und Geruch bekommen.

Aber als frisches Grün zu Salaten und Eintöpfen gegeben, ist er nicht weniger geeignet. Kerbel verträgt sich mit allen anderen Küchenkräutern und wird besonders mit Estragon, Basilikum und Petersilie gebraucht. Wichtig ist nur, daß das Kerbelkraut frisch Verwendung findet und nicht von älteren Pflanzen genommen wird. Getrocknet gibt er wenig Würzkraft her.

In älteren Rezepten liest man oft, daß zur Bereitung einer Kerbelsuppe dieses Kraut mitgekocht werden soll. Dadurch wird aber sein Vitamin C zerstört, und sein zarter Duft geht verloren. Ich rate daher, den Kerbel unmittelbar vor dem Servieren der Suppe beizufügen, dann ist er am gesündesten. So bereitete meine Mutter die Kerbelsuppe:

Eine helle Mehlschwitze wird mit kräftiger Fleischbrühe gelöscht. Nur wenig Salz und vielleicht eine Prise Basilikum (Pulver) dürfen als Gewürz gebraucht werden. Dann kommt saure Sahne darunter, und kurz vor dem Servieren wird feingehacktes Kerbelkraut zugegeben. Gelegentlich verwendete meine Mutter auch noch Eigelb, das sie mit der sauren Sahne unter die heiße Suppe rührte, bevor sie das Kerbelkraut hinzugab.

Der Kerbel war neben dem Eigengeschmack der Fleischbrühe zumeist die einzige Würze, doch standen Salz und Pfeffer zum Nachwürzen auf dem Tisch, was allerdings selten jemand tat. In eine Kerbelsuppe kurz vor dem Anrichten etwas Glutamat zu geben ist nicht uninteressant. Wir Kinder wurden außerdem im Frühling reichlich mit Quark gefüttert, der Schnittlauch und Kerbel enthielt. Dazu gab es kerniges Vollkornbrot.

Knoblauch

Als die Heimat des Knoblauchs, der mit unserer Küchenzwiebel eng verwandt ist und in die botanische Familie der Liliengewächse gehört, darf man wohl die Steppen Innerasiens ansehen, von wo er über Vorderasien nach Ägypten und weiter nach Westen und Norden gelangte. Mit Sicherheit läßt sich das jedoch nicht sagen, denn er ist schon zu lange Kulturpflanze, und unser Knoblauch soll auch weit weniger scharf sein, als es die Urform gewesen ist.

Die alten Ägypter schätzten ihn so sehr, daß sie ihn ihren Göttern als Opfergabe darboten, und auch die Römer und Griechen verwendeten viel Knoblauch. Pythagoras nannte den Knoblauch den König aller Gewürze, und Alexander der Große setzte seine ganze Autorität ein, um alle diejenigen mundtot zu machen, die den penetranten Geruch nach Knoblauchgenuß schmähten. Nur von Horaz ist überliefert, daß er vor den «schlechten Düften» warnte, wenn er den Liebenden empfahl, keinen Knoblauch zu essen und auch ihre Speisen nicht mit diesem Gewürz zu versetzen. – Viele südliche Heilpflanzen gelangten durch die Römer nach Gallien und Germanien, aber der Knoblauch scheint eine Ausnahme zu sein. Das Wort «Lauch» ist nämlich germanischen Ursprungs.

«Knoblauch» geht auf das althochdeutsche *clofalouh* zurück, wobei *clofo* = *clobo* «spalten» bedeutet, was ein deutlicher Hinweis auf die in «Zehen» gespaltene Knoblauchzwiebel ist.

Knoblauch ist eine der ältesten Heilpflanzen, aber auch eines der ältesten Gewürze. Seine Heilanzeigen waren im Altertum so umfassend, daß kaum ein Leiden übrigblieb, dem man damit nicht zu Leibe rücken konnte. In neuerer Zeit haben umfangreiche Untersuchungen ergeben, daß der Knoblauch wirklich eine hervorragende Arzneipflanze ist.

Professor Dr. Wesselin Petkov aus Sofia/Bulgarien berichtet recht ausführlich über eigene Forschungen und auch über die Versuche anderer Forscher mit Knoblauch. Er kommt in seiner Arbeit zu dem Schluß, daß Knoblauch den Blutdruck zu senken vermag und den Herzmuskel besser mit Sauerstoff versorgt, daß Knoblauch die Darmmuskulatur kräftigt und die notwendige Darmbewegung (auch der Darmzotten) anregt. Er hat weiterhin belegt, daß Knoblauch Krankheitserreger im Magen und Darm erfolgreich beseitigt und daher bei Magen- und Darmerkrankungen verschiedenster Art eingesetzt werden kann. Wesentlich ist dabei, daß die natürliche Darmflora, die bei der Verdauung eine sehr wichtige Rolle spielt, in keiner Weise geschädigt wird. Bei altersbedingter Arteriosklerose beseitigt Knoblauch die Beschwerden deutlich und anhaltend. Auch sollte hier nicht unerwähnt bleiben, daß Knoblauch ein Vorbeugungs- und Heilmittel bei Bleivergiftungen ist, was experimentell bestätigt werden konnte. Selbst als Stärkungsmittel zur Steigerung der körpereigenen Abwehrfunktionen ist Knoblauch zu empfehlen.

In den östlichen und südeuropäischen Ländern ist der Knoblauch heute noch – wie einst im Altertum – nicht nur ein Arzneimittel und ein Gewürz, sondern ein sehr wichtiges Nahrungsmittel, das man dort zu den Gemüsen zählen muß. Roh und zubereitet verspeist man die Zwiebeln und fühlt sich offenbar gesund und frisch dabei. Niemand stört sich dort an dem intensiven Geruch, den die Menschen nach dem Genuß von Knoblauch verbreiten. Dieser «Duft» aber ist es, der das Knoblauchessen bei uns fast unmöglich macht, so daß er hierzulande nur als Gewürz Verwendung findet und auch das (leider!) immer noch zu selten.

Seine Zubereitungen, die Knoblauchpillen, die nachweislich die gleiche Wirkung besitzen wie die Zwiebel, aber ohne nennenswerte Geruchsbelästigung eingenommen werden können, erfreuen sich allerdings immer größerer Beliebtheit.

An Vitaminen sind im Knoblauch C, A und B_1 enthalten. Der wichtigste Bestandteil jedoch ist das ätherische Öl. Diesem verdankt der Knoblauch seinen scharf-brennenden Geschmack und vor allen Dingen seinen intensiven Geruch. Das Ölglykosid hat man Alliin genannt. Schließlich sei der Jodgehalt des Knoblauchs nicht vergessen.

Was ergibt sich nach dem bereits Gesagten für die Verwendung des Knoblauchs als Gewürz?

Er bietet sich an wegen seiner vorzüglichen Wirkung auf Magen und Darm, und er verbietet sich wegen seines Geruches. Dennoch möchte ich dringend raten, den Knoblauch zum Würzen fleißig, wenn auch sparsam und mit Überlegung zu verwenden, da er den Speisen nicht allein Bekömmlichkeit, sondern auch Wohlgeschmack verleiht.

Würzen mit Knoblauch ist eine Kunst, die es zu erlernen gilt. Man beginne die Experimente in und mit der eigenen Familie, denn es gilt bei uns als unhöflich, Gästen unvorbereitet mit Knoblauch versetzte Gerichte anzubieten. So sehr fürchtet man den Geruch.

Nun reagiert nicht jeder Mensch gleich. Der eine verträgt eine größere Menge, der andere nur ganz wenig Knoblauch, ohne nachher zu «duften». Das gilt es herauszufinden. Eine Köstlichkeit für den Anfänger wird schon ein Toastbrot sein, das man mit einer Knoblauchzehe leicht einreibt, um es dann mit Butter, Käse und Wurst zu belegen. Bei den verschiedensten Salaten beginne man damit, die Schüssel mit zerquetschtem

Knoblauch auszureiben, um dann steigernd immer mehr zu verwenden.

Bald hat man die Toleranzgrenze herausgefunden, die nur dann überschritten werden sollte, wenn man allein ist und es – um der Gesundheit willen – wünscht. Danach darf man es mit Suppen, Gemüsen und Eintopfgerichten versuchen, die alle durch Knoblauch eine geschmackliche Verbesserung erfahren, um anschließend das Experiment mit Soßen aller Art abzuschließen. Beim Fleisch erfordert der Hammelbraten Knoblauch, aber auch alle anderen Fleischarten vertragen Knoblauchwürze vorzüglich. Ob man das Fleisch mit Knoblauch einreibt, ob man kleine Mengen Knoblauch mitbrät oder mitkocht, wird jeder für sich entscheiden müssen.

Was dabei herauskommt, schmeckt in jedem Fall wunderbar. Ob diese kleinen Mengen jedoch von besonderem Wert für unsere Gesundheit sind, darüber streitet man sich. Ich meine, daß oftmals die Menge nicht entscheidend ist, und halte mit Knoblauch gewürzte Gerichte auf jeden Fall für besonders bekömmlich, magen- und darmfreundlich.

Da ich aber trotz all meiner Ermunterungen nicht sicher bin, daß Sie den Knoblauch probieren, möchte ich es noch auf andere Weise versuchen, und zwar indem ich Ihnen zwei einfache Rezepte für Suppen anbiete, die Sie ganz gewiß auf den Geschmack kommen lassen werden.

Eine besonders schmackhafte Knoblauchsuppe
Sieben fleischige Knoblauchzehen werden in kleine Stückchen geschnitten und in etwas Olivenöl so lange erhitzt, bis sie glasig – nicht braun – sind. Darüber schüttet man einen Liter gute Fleischbrühe und läßt alles zusammen kurz aufkochen. Dann muß der Topf vom Feuer genommen werden. Sogleich wird das Eiweiß von zwei Hühnereiern hineingerührt. Das Eigelb wird in einer Tasse mit zwei Eßlöffeln Essig (wenn möglich Obstessig) durchquirlt, um dann der Suppe beigege-

ben zu werden. Jetzt wird abgeschmeckt, mit Pfeffer und Salz. In die Suppentassen gibt man vorher geröstete Stückchen derbes Schwarzbrot, die nun mit der Suppe übergossen werden. Wer ein besonderes Küchenkraut aus der Fülle meines Angebotes als sein Lieblingskraut erkoren hat, der wird, auch wenn ich ihn nicht besonders dazu auffordere, dieses frische Kraut feingehackt oben auf die Suppe geben. Alles ist möglich. – Und wer besonders würzreiche Kräuter liebt, der sollte ein wenig Thymian oder Rosmarin, oder beides gemischt, vorher fein zerrieben, bei der Bereitung der Suppe mitkochen.

Eine Suppe,
die älteren Menschen besonders gut bekommt

Besonders ältere Menschen, die am Abend nicht zuviel, vor allem aber nichts Schwerverdauliches essen sollten, loben diese Suppe, die ihnen ein ganzes Abendessen liefert. Man sagt auch, sie sei gut gegen Rheuma und Gicht.

Ein Liter Wasser wird zum Sieden erhitzt. Wenn es sprudelt, gibt man etwa 10 dicke Knoblauchzehen hinzu, etwas Thymian, Rosmarin und ein Lorbeerblatt. Thymian und Rosmarin sollten fein zerrieben sein, das Lorbeerblatt jedoch ganz bleiben. Während des Kochens gibt man dann 3 bis 4 Eßlöffel Olivenöl hinzu und läßt das Ganze mindestens 15 Minuten lang kochen. In die Suppentassen kommt viel altes, abgelagertes, hartes Bauernbrot, über das man die heiße Suppe schüttet.

*Koriander**

Der Koriander ist ein Doldengewächs wie Kümmel, Fenchel und Anis. Seine wirksamen Inhaltsstoffe sind folglich auch ätherische Öle, die verdauungsfördernd, windetreibend und antiseptisch wirken. Während die obengenannten Gewürze weite Verbreitung gefunden haben, wird Koriander in geringerem Maße verwendet. In Bayern findet man dieses Gewürz mancherorts im Brot, das dadurch bekömmlicher wird und recht aromatisch schmeckt. Eingemachte rote Rüben werden vielfach mit Koriander versetzt, und in Lebkuchen ist er auch vertreten. Seltener gebraucht man dieses Gewürz für Wild- und Fleischbeizen, obgleich sich Koriander hervorragend dafür eignet.

Auch in Hülsenfruchtgerichten, in Kraut und Eintöpfen hat sich dieses Gewürz bewährt. Dann werden diese Gerichte auch von jenen vertragen, die sonst danach leicht gebläht sind.

Koriander ist eine alte Heil- und Gewürzpflanze. Man hat die Samen in ägyptischen Gräbern gefunden, und auch die Römer gebrauchten ihn viel. Seit dem frühen

* siehe auch Seite 12.

Mittelalter gibt es Koriander auch bei uns. Seine Heimat dürfte das östliche Mittelmeergebiet sein.

Die Bezeichnung Wanzendill, wie man den Koriander auch nennt, ist nicht unberechtigt, denn das ganze Kraut und die unreifen Früchte riechen unangenehm nach Wanzen. Erst die voll ausgereiften Früchte entwikkeln den angenehm pikanten, würzigen Geruch und Geschmack. Vermerkt sei noch, daß Koriander Bestandteil der verschiedenen Currysorten ist.

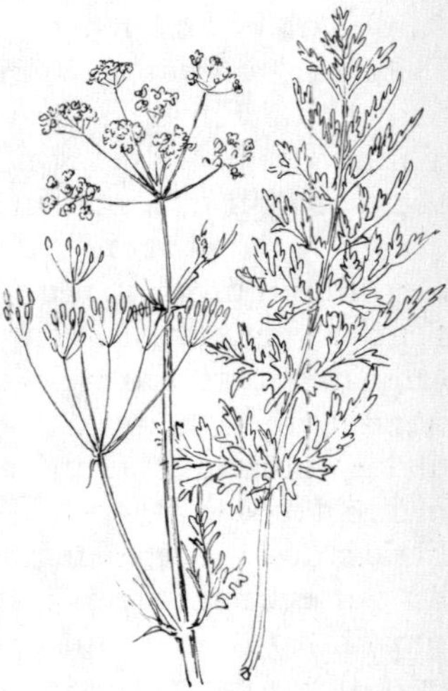

Kümmel

Kümmel ist ein so gesundes Gewürz, daß mir sehr viel daran liegt, auch die für ihn zu begeistern, die ihn bislang wenig verwendet haben, weil ihnen der Geschmack einfach nicht zusagt.

Daran sind zumeist Bäcker schuld, die ihr Brot und ihre Semmeln mit ganzen Früchten bestreuen, und daran sind auch die Köche schuld, die ganzen Kümmel im Kraut mitkochen oder Bratkartoffeln und Salate mit ganzem Kümmel würzen.

Wer dieses Gewürz nicht besonders mag, der empfindet in einem Gericht ein Kümmelkorn, auf das er gerade beißt, als wenig angenehm. Da aber sowohl frisches Brot als auch Krautgerichte und Eintöpfe jeder Art durch Kümmel so ungemein bekömmlicher werden, sollte man sich doch bemühen, dieses gesunde Gewürz in einer für jedermann akzeptablen Form zu verwenden. Im Brot stört gemahlener Kümmel weit weniger als ganzer. Es ist aber wichtig, den Kümmel erst kurz vor der Verwendung zu mahlen. Ihn als grobes Pulver aufzubewahren oder gar gepulvert oder zermahlen zu kaufen ist nicht empfehlenswert, weil das empfindliche ätherische Öl, dem der Kümmel seinen gesundheitlichen Wert verdankt, am besten in der heilen Frucht geschützt wird.

Frischgemahlenen Kümmel kann man dann auch für Salate und Eintöpfe verwenden, und im Kraut stört er gemahlen ebenfalls nicht. Besser jedoch ist das Kräutersäckchen, in das man ihn gibt und das man dort mitkocht, wo man seine Würzkraft benötigt. Man muß nur des öfteren umrühren und die Lage des Säckchens gelegentlich verändern, damit nicht eine Partie des Gerichtes überwürzt wird. Mischt man vor dem Servieren dann gründlich durch, stört kein Kümmelkorn mehr den Empfindlichen, und alle Heilkraft des Kümmels ist mit in der Mahlzeit.

Kümmel ist eines der ältesten Gewürze der Welt, was wieder einmal beweist, daß man sich schon ewig lange um eine gesunde und bekömmliche Nahrung bemüht und die Kunst des Würzens eine sehr alte Wissenschaft ist, die nur in letzter Zeit oft recht vernachlässigt wurde. Heute wird Kümmel überall angebaut, und bei uns wächst er auch wild. *Carum carvi,* die Stammpflanze, ist ein Doldengewächs, das bis zu einem Meter hoch wird, und aus den vielstrahligen Blütendolden entwickeln sich die dunkelbraunen, gerippten Früchte, die als Spaltfrüchte in die sichelförmigen Teilfrüchte zerfallen, die wir als «Kümmelkörner» kennen.

Als Frucht eines Doldengewächses enthält Kümmel natürlich viel ätherisches Öl. Diesem Öl ist seine verdauungsfördernde, entkrampfende, blähungstreibende und gallefreundliche Wirkung zuzuschreiben. Krautgerichte aller Art, Eintöpfe mit hohem Hülsenfruchtanteil werden, mit Kümmel zubereitet, selbst von galleempfindlichen Patienten vertragen. Bei fetter Kost fördert Kümmel die Fettverdauung, weil er für genügend Verdauungssäfte sorgt.

Was ihn aber vor vielen anderen Gewürzen auszeichnet, ist die Tatsache, daß sein Eigengeschmack sich mit den meisten Gerichten verträgt. Kümmel zerschlägt eigentlich kein Gericht. Will man ein wenig mit diesem Gewürz experimentieren, so beginne man mit Käse. Weichkäse mit grobgemahlenem Kümmel «angemacht», Hartkäse mit fein zermahlenem Kümmel bestreut gewinnt an Wohlgeschmack, und ein Käsetoast ohne Kümmel ist – so meine ich – nur die Hälfte wert. Kümmel in Suppen zu geben ist nicht jedermanns Sache, in dunklen Soßen hingegen bewährt er sich gut.

Eines muß man jedoch beim Kümmel beachten: *Er verträgt kein anderes aromatisches Gewürz neben sich.* Wo reichlich Kümmel Verwendung findet, sollte man außer schwarzem Pfeffer und Salz kein anderes Gewürz beigeben. Der schwarze Pfeffer hingegen unterstützt die gesunde Würzkraft des Kümmels beachtlich, da seine leichte Reizwirkung für gesteigerte Fermentabsonderung sorgt. Kümmel ist in jeder Diätküche erlaubt!

Der Kreuzkümmel, *Cuminium cyminum,* in Asien zu Hause, dürfte die Urform des Kümmels gewesen sein. Er ist unserem Kümmel sehr ähnlich, jedoch herber als dieser. Neuerdings wird er in vielen Gewürzhandlungen angeboten und findet auch seine Liebhaber. Wer ihn kennenlernen möchte, der probiere ihn in gemahlenem Zustand vielleicht erst einmal zu Reis, dann zu Käse und schließlich als alleiniges Gewürz für Gehacktes. Mit Chili (Cayennepfeffer) verträgt er sich gut. Kreuzkümmel ist auch in manchen Currymischungen enthalten.

Vielleicht erinnern Sie sich noch, daß ich im Kapitel über den Fenchel darauf hinwies, wie gut er sich bei Ernährungsstörungen von Säuglingen, die aus irgendeinem Grunde unter Blähungen leiden, bewährt. Die Wirkung des Kümmels ist sehr ähnlich. Ich möchte ihn jedoch mehr für Erwachsene empfehlen. Bei Verdauungsbeschwerden verschiedenster Art, vor allen Dingen aber bei Blähsucht und krampfartigen Schmerzzuständen im Magen und Darm, ist Kümmel ein erprobtes Mittel.

Da Kümmeltee nicht jedermanns Sache ist und ich auch nicht gleich einen Kümmelschnaps empfehlen möchte, verweise ich auf die zahlreichen Kümmelzubereitungen in Tropfenform, die man in jeder Apotheke bekommen kann. 20 bis 30 Tropfen davon bei Bedarf eingenommen, lindern die genannten Beschwerden nachhaltig. Aber auch Kümmelschnaps oder Kümmellikör sind nicht von der Hand zu weisen. Sie gelten zu Recht als Verdauungshilfe nach fettreicher Speise, doch wenn es nicht um Verdauungshilfe und Vorbeugung, sondern um das Herbeiführen einer echten arzneilichen Wirkung geht, dann sind die erwähnten Tropfen vorzuziehen. Oft sind solche «Kümmeltropfen» auch mit anderen ätherischen Ölen versetzt, wobei man das Pfefferminzöl sehr gern heranzieht. Und wenn auch noch die altbewährten Hoffmannstropfen mit von der Partie sind, dann kennt man diese Zubereitung unter der Bezeichnung «Dreierlei Tropfen» in jeder Apotheke.

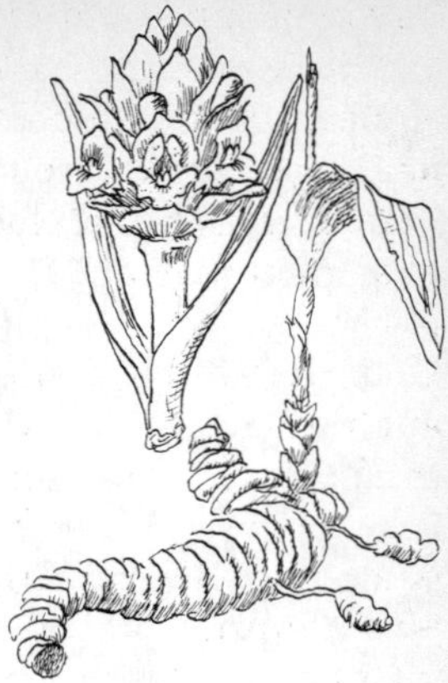

Kurkuma

Kurkuma als Einzelgewürz findet man nur noch selten im Gewürzbord. In Gewürzmischungen hingegen ist das gelbe Kurkumapulver häufiger. Beim Curry fehlt es wohl nie, und Worcestersauce enthält auch Kurkuma.

Es ist eigentlich schade, daß man dem Kurkuma so wenig Beachtung schenkt. Es wirkt durch den Gehalt an ätherischem Öl wachstumshemmend, wenn nicht gar abtötend auf «fremde» Darmbakterien, ohne die reguläre Darmflora zu schädigen, es befördert den Gallefluß, vermehrt die Ausscheidung anderer Verdauungssäfte und riecht und schmeckt angenehm, doch brennendscharf, wenn man zuviel davon verwendet. Sein gelber Farbstoff (Kurkuma führt auch den Namen Gelbwurz) verleiht Cremesuppen eine frische, gelbe Farbe. Wir sollten nicht übersehen, daß auch das Aussehen der Speisen einen Einfluß auf gute Verdauung und Bekömmlichkeit hat, und wenn uns eine Gewürzdroge zur Verfügung steht, die würzt *und* färbt, so sollten wir uns diese «Zugabe» nutzbar machen.

Harte Eier und auch Soßen, die man zu Eiern reicht, lassen sich ebenso vorteilhaft mit Kurkuma würzen wie alle Salatdressings, die für Krabben, Hummer und Muscheln gedacht sind. Kurkuma zum Suppenhuhn ist eine Köstlichkeit.

Diese tropische Gewürzpflanze ist mit dem Ingwer nahe verwandt und in Südasien zu Hause. Während sie in ihrer Heimat schon immer als Gewürz verwendet wurde, gelangte sie erst später nach Europa. Man verwendet die Wurzelstöcke mit den vielen kleinen fingerartigen Fortsätzen.

Lavendel

«Speik» wird diese aus dem Mittelmeergebiet stammende duftende Pflanze auch vielerorts genannt und hauptsächlich zur Gewinnung des ätherischen Öls für die Parfüm- und Seifenindustrie angebaut. Heute wird es wieder modern, sich die getrockneten Blüten in einem Duftsäckchen in den Kleiderschrank zu hängen.

Als Gewürz verwendet man die Blätter, jedoch – so meine ich – nur zu besonderen Gerichten, die in ausgeklügelter Mischung Lavendel neben anderen Gewürzen enthalten. Wer möchte schon parfümierte Gerichte essen?

Ein Rezept sei hier verraten, und wer Lust hat, mag es einmal probieren: Man klopft zwei gut abgehangene Hammelkoteletts und schneidet sie breitseits leicht ein. Dann reibt man sie mit Salz und Pfeffer zu gleichen Teilen gründlich ein und brät sie in brauner Butter gut an.

Noch bevor die Koteletts gar sind, werden sie mit zwei Blatt Lavendel, die man kurz zuvor in einer Reibschale ganz fein zerrieben hat, bestreut und fertig gegart. Dann nimmt man die Hammelkoteletts aus der Pfanne, gießt in die heiße Soße etwa einen Eßlöffel Weißwein und die doppelte Menge Cognac, erhitzt weiter, bis das Ganze kocht, gibt die Koteletts wieder in die Pfanne und läßt sie durchwärmen. Die Hammelkoteletts mit frischem Weißbrot sind in der Tat eine Delikatesse.

Als Alltagsgewürz ist Lavendel freilich wenig geeignet, doch sagt man, daß er zusammen mit Dill, Salbei und Bohnenkraut Fischsuppen und Gemüseeintöpfe sehr angenehm würzt und mit Dill und Basilikum eine vorzügliche Kräuterbutter liefert.

Da auch die moderne Medizin gegen Gicht mehr oder weniger machtlos ist und die Gichtanfälle vielen Menschen das Leben vergällen, greift man natürlich auch zu den Heilkräutern, um den Kranken Hilfe und Schmerzlinderung zu bringen. Man hat versucht, Lavendelblütentee gegen Gicht einzusetzen, und, wie es heißt, mit gutem Erfolg. Ein Tee (10 Gramm Lavendelblüten auf ¼ Liter Wasser – mit kochendem Wasser übergießen und nach 10 Minuten abseihen) soll selbst bei akuten Gichtanfällen eine beruhigende Wirkung haben und auch bei Grippe gute Dienste leisten.

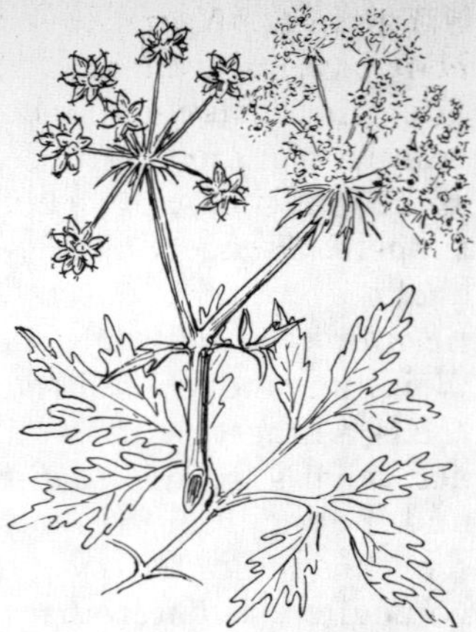

Liebstöckel

«Macht einen guten Magen und vertreibt die Winde.» So kann man in alten Kräuterbüchern lesen, und gerade das ist es, was man von einem guten Gewürzkraut verlangt. Es soll einen «guten Magen machen», durch sein Aroma aber auch unsere Nase erfreuen.

Liebstöckel riecht sehr aromatisch. Der Geruch erinnert an Sellerie, doch sollte man mit Liebstöckel sparsam umgehen, da man seine Würzkraft zumeist unterschätzt. Das Zuviel ist es nämlich, das manche Hausfrauen davor zurückschrecken läßt, dieses Küchenkraut zu verwenden. Ich nenne es hier absichtlich Küchenkraut, denn die frischen Blätter, fein geschnitten, sind als Gewürz den getrockneten Blättern und auch den Wurzeln vorzuziehen. Da man aber das frische Kraut nicht das ganze Jahr hindurch zur Verfügung hat, tun es auch die geschnittenen und getrockneten Blätter.

Wer Liebstöckel verwenden will, der muß ihn mitkochen, da erst dadurch seine volle Würzkraft genutzt wird. Er paßt in alle Soßen, Suppen und Gemüse und ist für Reisgerichte und Geflügel zu empfehlen.

Ganz besonders gut schmeckt ein wenig Liebstöckel in kräftigen Fleischbrühen, da dieses Gewürz, sofern man es richtig dosiert, den Fleischgeschmack in angenehmer Weise hebt und verstärkt.

Trotz aller Vorzüge wird Liebstöckel immer weniger benutzt, lebt zwar noch in den Bauerngärten fort, hat aber seine einstige Bedeutung verloren. Schade, denn es ist selbst für die Diätküche ein empfehlenswertes Gewürz, wie auch Dill und Basilikum.

Als Arzneimittel verwendet man hautpsächlich die Wurzeln. Es ist erwiesen, daß Liebstöckelwurzeltee harntreibend wirkt und auch bei Stauungsödemen gute Dienste leistet. Als Magen- und Darmtherapeutikum ist Liebstöckel besonders bei Gärungserscheinungen heilsam.

Lorbeer

In einer zerknitterten Tüte irgendwo im Küchenschrank oder in einer Schublade werden in sehr vielen Haushalten die Lorbeerblätter aufbewahrt. Niemand kümmert sich darum, wie alt sie sind, und wenn sie gebraucht werden, dann sind sie griffbereit. Dort, wo noch eine Oma kocht, werden Lorbeerblätter häufig gebraucht, für Bratensoßen, für Sauerkraut oder Rotkohl, für Kartoffeleintöpfe, Gemüsesuppen, für Fischmarinaden oder für Essiggurken, Kürbisse oder rote Rüben. Man macht sich wenig Gedanken darüber. Ein oder zwei Lorbeerblätter schaden nie und würzen angenehm.

Daß Lorbeerblätter auch dort verwendet werden, wo man sonst wenig auf die rechte Verwendung der Gewürze bedacht ist, und daß man so gleichgültig mit ihnen umgeht, liegt in der Natur der Sache. Erstens sind Lorbeerblätter «robust». Ihre Würzkraft in Form des ätherischen Öls und der bitteren Bestandteile bewahren sie auch bei sehr schlechter Behandlung über lange Zeit, weil sie immer als ganze Blätter vorrätig gehalten werden.

Zweitens aber paßt das Aroma eines Lorbeerblattes zu sehr vielen Speisen und verdirbt selten ein Gericht. Hat man das Gefühl, beim Kochen zuviel verwendet zu haben, so findet man das große Lorbeerblatt überall schnell und fischt es einfach heraus. – Berühmt wurde der Lorbeer durch die Griechen und Römer, die zwar weniger damit würzten, doch ansonsten viel mit Lorbeerblättern umgingen. Sie bekränzten siegreiche Feldherren, berühmte Athleten, Wissenschaftler, Sänger und Dichter mit Lorbeer und bildeten Götter und Staatsführer häufig mit Lorbeerkränzen ab.

Die Heimat des Lorbeerbaums ist Kleinasien, doch heute wächst er wild und kultiviert im ganzen Mittelmeerraum. Es ist ein stattlicher Strauch oder Baum, der über hundert Jahre alt werden kann. Die weißlichen Blüten bilden etwa Ende April büschelige Scheindolden oder kurze Rispen aus und reifen nach der Befruchtung zu eiförmigen Beeren, die bei voller Reife schwarz gefärbt sind. Auch die Beeren werden gelegentlich zum Würzen benutzt, doch seltener als die Blätter oder Triebspitzen.

Wer sich mit Lorbeer anfreunden möchte, der probiere zunächst eine kräftige Fleischbrühe damit zu würzen. Das Lorbeerblatt (eines genügt fast immer für ein Gericht) wird einfach mitgekocht und dann aus der Brühe genommen. Wem der Geschmack zusagt, der kann dann dazu übergehen, jeweils ein Blatt mit dem Kraut, dem Gemüse und auch den verschiedensten Eintöpfen mitzukochen. Dann folgen Soßen und Fischgerichte. Man kann weiterhin alle sonst gewohnten Gewürze verwenden, da sich der Lorbeergeschmack zumeist mit ihnen verträgt.

Fragt man nach dem gesundheitlichen Nutzen, so ist festzustellen, daß die Inhaltsstoffe der Lorbeerblätter die Verdauung fördern und in Suppen auch den Appetit anregen. Man sollte diese Gewürzblätter jedoch nicht überbewerten. Zum Schluß noch ein Tip: Gehen Sie mit Lorbeerblättern liebevoller um als oben beschrieben. Kaufen Sie dieses Gewürz stets als Ganzdroge und wenn irgend möglich im Glas, in dem es frisch und aromatisch bleibt. Verwenden Sie kein Lorbeerblattpulver, sondern nur ganze oder halbierte Blätter zum Kochen.

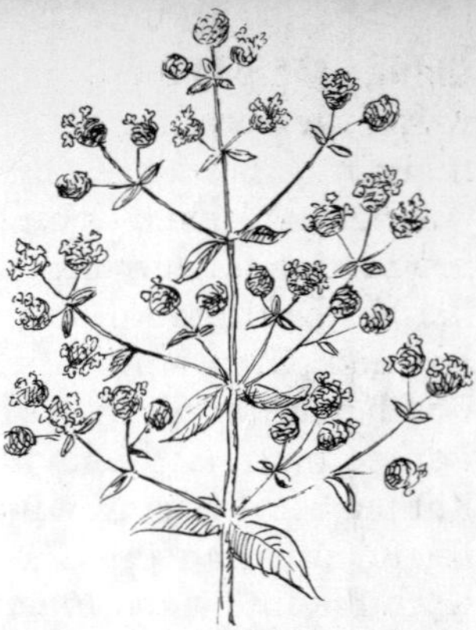

*Majoran**

Man nennt dieses Gewürz auch «Wurstkraut», weil es fette Wurst, besonders Landleberwurst, geschmacklich verbessert, sie aber vor allen Dingen bekömmlicher macht.

Es mutet ein wenig komisch an, daß man im Altertum das «Wurstkraut» gerade der Liebesgöttin Aphrodite weihte, doch damals würzte man nicht Würste mit Majoran, sondern den anregenden, schweren Wein zur Stärkung der Liebeskraft.

Bei uns in Mitteleuropa wurde der Majoran erst viel später bekannt – etwa im 16. Jahrhundert, und die ihm zugeschriebene Wirkung als Liebeskraut spielte hier nur eine ganz untergeordnete Rolle. Die Ärzte hingegen erkannten sehr bald seinen Einfluß auf Magen und Darm, seine verdauungsfördernde, windetreibende und krampflösende Wirkung.

Es sind das ätherische Öl, der Bitterstoff und in gewisser Beziehung auch der Gerbstoff, die für diese Wirkungen verantwortlich sind. Hinzu kommt noch eine andere Heilanzeige, nämlich die gegen Schnupfen. Nasensalben wurden mit Majoran versetzt, und feinstgepulvertes Kraut benutzte man als Schnupfenpulver auch gegen den so lästigen Heuschnupfen. Heute hält man nicht mehr viel davon, doch ganz ausgestorben ist in

---

* siehe auch Seite 12.

ländlichen Gegenden die *Unguentum majorani* (die Majoransalbe) gegen Schnupfen bei Säuglingen noch nicht. Auch reibt man vielerorts die Nabelgegend der Kinder damit ein, wenn sie unter Blähungen leiden.

Majoran kann man im eigenen Gewürzgarten anbauen, doch da das getrocknete Kraut, besonders die Blätter, ebenso würzig schmecken und genauso wirksam sind wie die frischen Blätter, verwendet man den Majoran zumeist getrocknet.

Wie schon gesagt, würzt man mit Majoran die Leberwurst, versetzt aber auch alle anderen fetten Braten ratsamerweise damit. Ein fetter Schweinebraten, den man vorher gründlich mit Majoran einreibt, eine fette Gans oder Ente duften und schmecken nicht nur besser, sondern sie werden wesentlich schneller und leichter verdaut. Besonders zu empfehlen ist dieses Gewürz auch für Suppen, speziell für Kartoffelsuppen, und für Gemüseeintöpfe mit einem großen Anteil an Hülsenfrüchten.

Wer es ausprobieren möchte, der beginne mit einer Kartoffelsuppe, der man zu den sonst gewohnten Zutaten ein wenig frisch zerriebenen Majoran beigibt. Wenn der Geschmack behagt, können Versuche mit Eintöpfen, Tomatensuppe und Fleischsoßen, die man gerne zu Spaghetti gibt, folgen. Danach wird man wohl kaum noch einen Braten ohne ein wenig Majoran bereiten. Majoran in Leberknödel zu geben, kann ebenfalls empfohlen werden.

Majoran verträgt sich mit Basilikum, Beifuß, wenig Thymian und ganz kleinen Mengen Rosmarin in einer selbst angeriebenen Gewürzmischung. Durch ihn wird alles abgerundet, kein Einzelgewürz schmeckt besonders ausgeprägt vor, das Ganze nur angenehm. Und das ist ja wohl der Sinn des rechten Würzens: es soll die Speisen bekömmlicher machen, den Wohlgeschmack anheben, ohne in irgendeiner Weise aufdringlich zu sein oder gar den Eigengeschmack des Gerichtes zu zerstören.

Experimentieren Sie mit Majoran!

Bittere Mandeln

Schon das Wort bittere Mandeln erinnert an Marzipan, und wenn man wissen möchte, wie mit diesem Gewürz verfeinerte Speisen schmecken, dann darf man sich ruhig einen zarten, ganz feinen Marzipangeschmack vorstellen. Mit bitteren Mandeln zu würzen ist nämlich nur dienlich, wenn man damit sehr sparsam umgeht. Zu empfehlen sind ganz fein gehackte oder, noch besser, geriebene (geraspelte) Mandeln.

Wegen des Blausäuregehaltes ist der Genuß größerer Mengen bitterer Mandeln gesundheitsschädlich. In ganz kleinen Mengen jedoch braucht niemand einen Schaden zu fürchten. Man kann sich natürlich fragen, ob es überhaupt sinnvoll ist, ein Gewürz zu verwenden, das auch nur *möglicherweise* schädlich sein könnte.

Anders verhält es sich mit den süßen Mandeln. Zwar ist ihre Würzkraft wegen des Fehlens der Blausäure nur sehr gering, doch zu gebackenem Fisch – beispielsweise zu einer Forelle – eignen sich süße Mandeln bestens. Die Heimat des Mandelbaums (Prunus amygdalus) ist Mittelasien, er wird aber schon seit unendlich langer Zeit besonders im Mittelmeerraum kultiviert. Auch in China und Amerika gibt es Mandelkulturen. Die Urform dieses 3 bis 8 Meter hoch werdenden Baumes oder Strauches mit den rosaroten bis weißen Blüten, die vor der Blattentwicklung erscheinen, ist dornig, und die Früchte liefern bittere Mandeln. Durch Mutationen entstanden daraus die süßen Mandeln, die sich nur durch das Fehlen des Amygdalins (des Blausäure abspaltenden Glykosids) von der bitteren Form unterscheiden. Erwähnenswert ist noch, daß die Kulturformen keine Dornen haben.

Die süße Mandel, die edlere Form, wird zwar in der Küche und zum Backen sehr viel gebraucht, doch als Gewürz im eigentlichen Sinn kann man sie nicht bezeichnen. Das schließt nicht aus, daß man sie – wie auch Nüsse – sehr vielseitig nutzt. Eine gebackene Forelle mit Mandeln schmeckt – wie bereits erwähnt – vorzüglich. Fruchtsalate mit kleingehackten süßen Mandeln oder Nüssen sind recht beliebt, und vielerlei Süßspeisen werden durch süße Mandeln verfeinert.

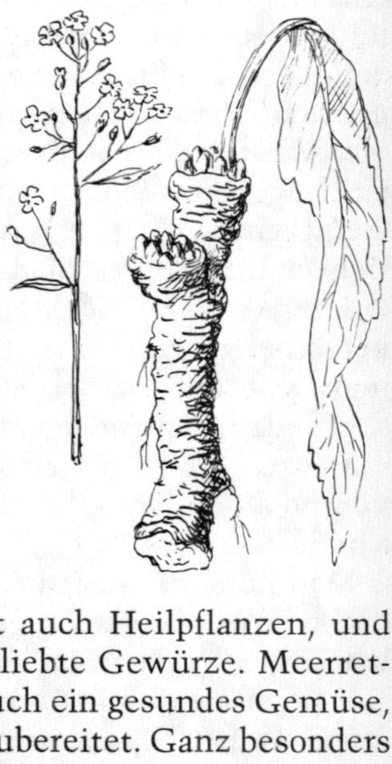

Meerrettich (Kren)

Gewürzpflanzen sind zumeist auch Heilpflanzen, und sehr viele Heilkräuter sind beliebte Gewürze. Meerrettich ist noch mehr, nämlich auch ein gesundes Gemüse, wenn man ihn entsprechend zubereitet. Ganz besonders schätzt man ihn als Gemüse in Franken, wo er zu Rindfleisch gereicht wird.

Seine Heimat ist Osteuropa. Mit den slawischen Völkern gelangte er im Mittelalter nach Westen. Die Bezeichnung Kren dürfte slawischen Ursprungs sein. Die Römer haben den Meerrettich wohl nicht gekannt, sonst würde man bei Plinius und Dioskurides etwas über ihn erfahren. Man verwendet den Meerrettich frisch gerieben als scharfes Gewürz zu Würstchen, Fleisch und Fisch und bereitet unter seiner Mithilfe pikante Soßen verschiedenster Art. Wer die Eigenart des Meerrettichs kennt und ihn richtig zu gebrauchen versteht, der «zaubert» wahre Köstlichkeiten auf den Tisch. Die Schärfe des geriebenen Meerrettichs kann man mildern, indem man ihn mit frisch geriebenem Apfel vermischt. Das sei auch mein Vorschlag für das erste Experiment.

Es gibt zwar vorzüglichen Meerrettich in Tuben und Gläsern, doch der frisch von der Stange geriebene Meerrettich ist nicht zu ersetzen. Diesen sollte man verwenden. Schon beim Reiben lernt man seine Schärfe kennen: Die Augen tränen, die Nase wird gereizt, und probiert man ihn, so beißt er auf der Zunge. Nur wenn das der Fall ist, so steht es schon in einem Kräuterbuch aus dem Jahre 1719, ist er gut. – Jetzt kann man ihn mit geriebenem Apfel vermengen, mit Zitronensaft beträufeln, etwas Salz und, wenn man will, sogar etwas Zukker hinzugeben, bis man die Schärfe erreicht hat, die man wünscht. Als Fleischbeilage lernt man ihn dann sehr schnell schätzen. Ganz besonders paßt ein so abgemilderter Meerrettich zu Geflügel, wenn man zusätzlich noch ein wenig abgeriebene Orangenschale daruntermischt.

Man hört oft, Meerrettich sei so scharf, daß man ihn nicht verwenden solle, weil er die Nieren reize. Natürlich ist allzuviel nicht anzuraten, doch ist es gerade seine Schärfe, die ihn so gesund macht. Seine scharfen Inhaltsstoffe (besonders Senföl) fördern die Durchblutung der Schleimhäute, reizen leicht und fördern dadurch die Absonderung von Verdauungssäften. Der Appetit wird angeregt, die aufgenommene Nahrung wird besser verdaut, Gärungs- und Fäulniserscheinungen im Darm werden verhindert oder beseitigt, und der Stuhlgang wird reguliert. Die Nierentätigkeit wird angeregt, und so ist er – falls man nicht zuviel davon nimmt – rundherum gesund.

Neuere wissenschaftliche Untersuchungen haben ergeben, daß Meerrettich antibiotisch wirkt, und in Amerika wird er sogar ärztlich verordnet. Er ist in der Lage, den Harn keimfrei zu machen, schädigt aber die normale Darmflora nicht. Auch schreibt man dem Meerrettich eine kreislaufanregende Wirkung zu. Das ist besonders bemerkenswert, da bei der Verdauung unserer Nahrung gerade der Kreislauf stark beansprucht wird.

Meerrettich ist eine ausdauernde Staude, die zu den Kreuzblütlern gehört. Seine Hauptwurzel ist stangenförmig und wird recht lang. Im Herbst wird sie geerntet und bis zum Verbrauch in Erde eingeschlagen.

*Melisse (Zitronenmelisse) – Pfefferminze**

Pfefferminze und Melisse sind als Tee bekannt. Wenn man Magenbeschwerden hat, der Appetit gestört ist, wenn es im Darm gurgelt, dann trinkt man einen Pfefferminztee oder einen Melissentee. Wenn man sich ab-

* siehe auch Seite 12.

gespannt fühlt, nervös und unzufrieden, dann greift man gern zum Melissengeist, und wenn man ein wenig Gartenland für Küchenkräuter zur Verfügung hat, dann fehlt die Melisse meist ebensowenig wie die Pfefferminze, wobei man nicht nur an ihre Verwendung in der Küche denkt, sondern oft sogar in erster Linie an die Hausapotheke.

In der Küche sollte man aber die Melisse fleißig verwenden, denn sie macht in frischem Zustand Salate, Soßen, Gemüse, Eintöpfe, Suppen aller Art bekömmlich und anregend. Es sind die ätherischen Öle, die diese Wirkung ausüben, und es sind auch die ätherischen Öle, die für das frische und angenehme Aroma der damit gewürzten Speisen sorgen.

Wer sich die Mühe macht, seinen Gewürzessig selber zu bereiten, der sollte auf keinen Fall vergessen, Zitronenmelisse hinzuzufügen. Und eine Bowle wird durch Melisse in jedem Fall bereichert.

Auch hier heißt es wieder die Menge herauszufinden, die man gebraucht, um nicht zu überwürzen. Klare Suppen eignen sich als Experimentierobjekt wieder besonders gut.

Behagt die Melisse geschmacklich, dann ist ihrer Verwendung keine Grenze gesteckt, und Streichkäse sind ebenso damit zu würzen wie Fisch und Geflügel. Solange man Melisse frisch bekommen kann, solange sollte man sie frisch verwenden. Was zum Trocknen vorbereitet wird, muß unbedingt vor der Blütezeit geerntet werden. Das Trocknen soll schnell geschehen, und die Aufbewahrung des Trockengutes muß in gut schließenden Gefäßen erfolgen, damit nicht die feinen Aromastoffe verlorengehen. Feuchtigkeit macht die beste Melisse schnell muffig. Übrigens: Vielerorts, wie etwa in der Schweiz, wird auch die Blüte gelegentlich zur Herstellung von Sirup verwendet.

Muskatnuß

Der erfahrenen Köchin sage ich bestimmt nichts Neues: Wer mit Muskat zu würzen versteht, verfeinert viele Gerichte, besonders solche, die als «ganz gewöhnlich» bezeichnet werden. Aber wehe dem, der des Guten zuviel tut, der glaubt, er könne, wenn er mehr als üblich verwende, noch mehr Bekömmlichkeit oder noch mehr Wohlgeschmack herausholen.

Die Muskatnuß sollte man ganz kaufen, um sie bei Bedarf auf einer Muskatreibe abzureiben, denn so ist sie immer gehaltvoll und frei von möglichen Verfälschungen.

Neben der Muskatnuß verwendet man noch die sogenannte Muskatblüte, die jedoch mit der Blüte dieser Gewürzpflanze nichts zu tun hat, sondern ein Gewebe ist, das den Samen umschließt. Man sollte besser vom Samenmantel sprechen oder die pharmazeutische Bezeichnung «Macis» verwenden. Macis ist noch feiner, weniger scharf und edler als die Muskatnuß, vorausgesetzt, man bekommt Macis von guter Qualität. Ob man sich beim Würzen für Macis oder Muskatnuß entscheidet, ist Geschmackssache.

Zunächst einige Experimente für alle die, die den Duft und Geschmack von Muskat noch nicht kennen:

Eine kräftige Bouillon, in der Grießklößchen schwimmen, eignet sich gut dafür. Man gebe in die noch sehr heiße Bouillon zunächst eine kleine Menge abgeriebener Muskatnuß und probiere nach einigen Minuten. Durch erneute Zugabe dieses Gewürzes findet man schnell heraus, wann die Grenze erreicht ist. Dann sollte man sein Glück mit den verschiedensten Reisgerichten probieren und edle Fische – gekocht oder gebraten – ganz leicht mit Muskat würzen, um schließlich Kartoffelsuppe, Kartoffelbrei und die verschiedensten Gemüse (vor allen Dingen auch Gemüseeintöpfe) damit zu veredeln.

Muskat ist in jedem Fall in der Diätküche erlaubt. Auch Galle- und Leberkranke vertragen es gut.

Der Muskatnußbaum ist immergrün, wird bis zu zwanzig Meter hoch und ist ein Gewächs der Tropengebiete. Seine Heimat dürfte Indonesien sein. Auf den Molukken, in Westindien und in Südafrika gibt es große Kulturen.

Der Baum zeichnet sich durch eine große, pyramidenförmige Krone, lange, ledrige Blätter und eingeschlechtliche Blüten aus, die an Maiglöckchenblüten erinnern. Aus den weiblichen Blüten entwickeln sich längliche, pfirsichähnliche Früchte mit je einem Samen. Bei der Reife springen die Früchte auf. Von der Blüte bis zur Fruchtreife dauert es etwa neun Monate. Erst wenn die Früchte aufplatzen, sind die Samen reif. In unreifem Zustand besitzen sie wenig Wert. Hat man das Fruchtfleisch entfernt, so sieht man den Samen, der mit einem leuchtendroten Samenmantel umgeben ist. Das ist Macis, die sogenannte Muskatblüte, die sorgfältig abgestreift und getrocknet wird, wobei sich die Farbe in Gelb verwandelt. Die vom Macis befreiten Samen werden alsdann über Holzkohlenfeuern getrocknet. Wenn der Samenkern in der sehr harten Schale zu klappern beginnt, ist der Trocknungsprozeß beendet. Erst dann schlägt man die Samenschale auf, um den Kern, die sogenannte Muskatnuß, zu entnehmen, die alsdann in

Kalkmilch getaucht wird, um erneut einem Trockenvorgang unterzogen zu werden.

In Europa kennt man die Muskatnuß etwa seit dem 9. Jahrhundert. Es waren die Araber, die sie nach Europa brachten. Zunächst war sie eine ganz besondere Kostbarkeit und galt als fürstliches Geschenk. Später jedoch, als der Seeweg nach Ostindien entdeckt war, wurde Muskat jedermann zugänglich. Wegen des Gehaltes an ätherischem Öl verwendete man Muskat als Arznei und als gesundes Gewürz. Die arzneiliche Anwendung ist heute verschwunden, doch die Beliebtheit von Muskat als Gewürz bis zum heutigen Tag geblieben.

In letzter Zeit machte Muskat als Rauschdroge von sich reden. Es hatte sich gezeigt, daß durch die Einnahme großer Mengen (etwa 3 bis 4 Muskatnüsse geraspelt) ein Rauschzustand erzeugt wird. Aber gefährlich wurde diese Anwendung nicht, denn wer einmal eine so große Menge Muskat zu sich genommen hat, bekommt einen solchen Widerwillen gegen diese Droge, daß es ihm unmöglich ist, sie noch einmal zu gebrauchen.

Oregano

Der robustere Bruder des Majoran, sowohl im Geschmack als auch im Duft, ist der Dost, wie man dieses Gewürzkraut auch nennt. Er stellt weder an den Boden noch an das Klima große Ansprüche und gedeiht in jedem Kräutergarten. Aber auch wild findet man ihn in Süddeutschland und Österreich reichlich an steinigen Hängen und Wegböschungen. Seine Heimat sind die Mittelmeerländer.

Kein Wunder also, daß er in der italienischen Küche eine wichtige Rolle spielt. Seit Deutsche und Schweizer in großer Zahl ihren Urlaub in Italien verbringen, seit überall auch bei uns italienische Restaurants eröffnet werden und nicht zuletzt so viele italienische Gastarbeiter bei uns leben, hat die italienische Küche wachsende Beliebtheit erlangt. Ganz hoch im Kurs stehen Spaghettigerichte und die verschiedensten Arten der Pizza. Und gerade diese Gerichte werden vornehmlich mit Oregano gewürzt. Dieses Gewürz gibt ja der echten Pizza das typische Aroma. Auch als Salatwürze ist Oregano geeignet, ebenso als Zusatz zu Tomatensoßen.

Übrigens kennt man auch in Mexiko den Dost, der dort aber noch würziger und kräftiger schmeckt.

Sieht man einmal von der Pizza ab, so sollte jeder, der sich für dieses Gewürz interessiert, erst einige Vorproben damit anstellen, denn es ist nicht jedermanns Sache, dieses für unsere Begriffe reichlich aufdringlich schmeckende Gewürz allgemein einzusetzen. Dafür eignet sich eine Tomatensuppe vorzüglich, bei deren Bereitung man frische oder getrocknete Oreganoblätter mitkocht. Dabei merkt man besonders deutlich, wie sich Geruch und Geschmack durchgreifend verändern. Hat man Gefallen daran gefunden, so ist der nächste Schritt Hackfleisch, das gebraten werden soll. Man knete vor dem Braten das Gewürz (zweckmäßigerweise die zerrebelten Blätter) unter das Hackfleisch und achte auf die Geschmacks- und Geruchsveränderung. Wenn auch hier beides als angenehm empfunden wird, dann ist der Weg zur Verwendung bei allen Grillgerichten nicht mehr weit, doch hier empfiehlt es sich, die gegrillten Fleischstücke, die ohnehin erst nach Beendigung des Grillvorgangs gewürzt werden, mit ganz fein zerriebenem Oregano zu bestreuen.

Mischungen mit Basilikum – um fast ganz auf Salz und Pfeffer zu verzichten – sind empfehlenswert.

Gesund ist das Gewürz auf jeden Fall, es sei denn, man nimmt zuviel davon, wovor allerdings sein kräftiger Geschmack bewahrt. Es ist vor allen Dingen das thymolreiche ätherische Öl, das für die Verdauung von besonderem Nutzen ist.

Grobe Gewürze – robuste Gewürze – derbe Gewürze – feine Gewürze – edle Gewürze

Ich nannte am Anfang des Kapitels den Oregano den robusteren Bruder des Majorans und gebrauchte an verschiedenen Stellen auch Eigenschaftswörter wie grob, fein und edel, um zum Ausdruck zu bringen, wie man sich die Würzkraft des betreffenden Gewürzes vorzustellen hat. Jetzt sehe ich aber doch, daß ich dadurch nicht sosehr erklärt als vielmehr bewertet habe, subjektiv bewertet, was mir aber gänzlich fernlag.

Es könnte ja sein, daß Ihnen, lieber Leser, vielleicht gerade ein Gewürz ganz besonders zugesagt hätte, von dessen Gebrauch ich abgeraten, das ich derb oder grob genannt habe, so daß Ihnen die Lust verging, damit zu experimentieren. Das darf nicht sein. Lassen Sie sich bitte nicht davon abhalten, alles auszuprobieren, um sich ein eigenes Urteil zu bilden. Wenn ein Gewürz zu einer Speise paßt, ist auch das «gewöhnlichste Kraut» ein edles Gewürz, wenn es den Geschmack verbessert, ist seine Verwendung angebracht, und da die Geschmäcker so unendlich verschieden sind, sind alle Hinweise eben nicht mehr als nur Hinweise. Im Vordergrund des eigenen Experimentierens sollte jedoch auch beim Würzen, oder gerade beim Würzen, der Gedanke an den gesundheitlichen Nutzen stehen. Und dafür gibt es nun doch Hinweise, die allgemeine Gültigkeit besitzen.

Wer zu intensiv würzt, kann, auch wenn er dieses Zuviel nicht als unangenehm empfindet, Schaden nehmen. Gewürze üben nämlich fast immer eine

Reizwirkung auf die Verdauungsdrüsen oder auf die Schleimhäute des Verdauungstraktes aus. Diese Reizwirkungen sind es ja, die den Erfolg verbürgen, die aber, wenn übertrieben wird, Schaden anrichten können. – Auch zuwenig ist schlecht, weil dann die Wirkung ausbleibt.

Fast möchte ich an dieser Stelle den Rat geben, auch beim Würzen größtmögliche Abwechslung anzustreben. Damit meine ich, nicht strikte nach einem bestimmten Rezept für ein Gericht zu verfahren, sondern das gleiche Gericht anders als beim letzten Mal zu würzen, jedoch unter sorgfältiger Auswahl der «Ersatzgewürze» nach dem verdauungsphysiologischen Nutzen. – Es gibt ja viele Gewürze, von denen ich gesagt habe, daß sie fette Speisen bekömmlicher machen. Auch wenn deren Inhaltsstoffe der gleichen Wirkstoffgruppe angehören, sind sie nicht nur in Duft und Geschmack verschieden, sondern vor allem in der Wirkung. Vielleicht sind es nur kleine Unterschiede, doch sie können dazu beitragen, unser ganzes Verdauungssystem «aktiv» zu halten – eben durch die unterschiedliche Anregung, die von den einzelnen Gewürzen ausgeht. – Ich bin sicher, daß ich mit diesem Hinweis Widerspruch herausfordere, womöglich mehr als Zustimmung. Vielleicht habe ich mehr Erfolg, wenn ich auf die Entdeckerfreuden hinweise, die das immer wieder Neue uns beschert.

*Paprika**

(siehe auch bei Chili auf Seite 39)

Paprika ist nicht nur das bekannteste, sondern auch das gesündeste Gewürz. Wenn es um die Bestätigung der Heilkraft eines Gewürzes geht, so zögert der Wissen-

---

* siehe auch Seite 12

schaftler zumeist ein wenig, doch im Falle des Paprikas sind sich alle einig: Paprika ist gesund!

Prof. Dr. Szent-Györgyi gewann aus Paprikafrüchten reine Ascorbinsäure – das Vitamin C also. Der gleiche Forscher fand das Citrin – auch Vitamin P genannt – ein Wirkstoff, der die Kapillarbrüchigkeit beeinflußt und kreislaufwirksam ist. In neuerer Zeit haben ungarische Forscher festgestellt, daß Personen, die regelmäßig Paprika essen, weniger leicht an Arteriosklerose erkranken als andere alte Menschen. Die gleiche Feststellung wurde von amerikanischen Wissenschaftlern gemacht, die sich mit der Gesundheit der Indianer im Südwesten der Vereinigten Staaten beschäftigten, und Prof. Dr. Glatzl vom Max-Planck-Institut konnte nachweisen, daß Paprika der Bildung von Blutgerinnsel entgegenwirkt. Daß mit Paprika gewürzte Speisen den Kreislauf, der durch den Verdauungsvorgang erheblich belastet wird, schonen, konnte ebenfalls von Prof. Glatzl nachgewiesen werden.

Abschließen möchte ich den Abschnitt über die gesundheitlichen Vorteile des Paprikas mit der Aufzählung weiterer nützlicher Eigenschaften, die wissenschaftlich erwiesen sind: Paprika steigert die Absonderung von Speichel, wodurch die Verdauung der Stärke erleichtert wird. Paprika regt die verschiedensten Sekretionen im Verdauungstrakt an und macht deshalb «schwere Kost» bekömmlicher. Paprika wirkt Durchfall entgegen, hemmt das Wachstum schädlicher Bakterien, regt die Nebenniere an und wirkt schweißtreibend. Der Gehalt an Kalium und Eisen ist bemerkenswert.

Nicht weniger interessant ist seine Geschichte. Man könnte glauben, diese Pflanze, die aus Ungarn und den Balkanländern nicht mehr wegzudenken ist, hätte auch dort ihre Urheimat. Doch das ist falsch. Noch keine 200 Jahre lang baut man in Ungarn Paprika an. Seine Urheimat ist Amerika. Von dort brachte ihn Kolumbus mit nach Spanien, wo er fleißig kultiviert wurde, doch zunächst keineswegs als Gewürz- oder Gemüsepflanze, sondern als Ziergewächs. Natürlich fand man sehr bald die Schärfe seiner Früchte heraus, und der Paprika bekam den Namen «Spanischer Pfeffer». Es wird behauptet, daß Paprika schon seit 1542 bei uns in Gärten gezogen wird, doch erst 300 Jahre später begann er seinen Siegeszug in Ungarn, wo man viele Varietäten, Abarten und Unterarten der Urform «Capsicum annuum» züchtete. Groß und dick, pausbäckig und schlank, grün, gelb, rosa, leuchtend hell- und dunkelrot, klein und riesengroß sind je nach Zuchtform seine Früchte, und mit deren Schärfe – für die das Capsaicin verantwortlich ist – verhält es sich ähnlich unterschiedlich. Werden vor dem Mahlen der getrockneten Früchte die Samen und Scheidewände entfernt, wird die jeweilige Sorte milder.

Die verschiedenen Gemüse-Paprika-Arten sind natürlich wenig scharf, ja sogar oft nur süß und aromatisch. Und der Gewürzpaprika ist in allen Schärfengraden zu haben.

Der Delikateßpaprika ist der wertvollste Gewürzpaprika. Von hellroter Farbe, würzt er mild und aromatisch und erfreut sich auch großer Beliebtheit bei der Bereitung von Tomatenketchup. Dunkler, etwas schärfer, doch immer noch recht mild und würzig, ist der sogenannte Edelsüßpaprika, der an Schärfe von dem Halbsüßpaprika und dem Rosenpaprika wiederum übertroffen wird. Der Scharfpaprika ist für unsere Zungen wenig geeignet, doch sollte man es dennoch mal mit ihm versuchen.

Und was würzt man mit Paprika?

Alles, was aromatische Schärfe verträgt, denn man hat die Möglichkeit, durch Auswahl verschiedener Sorten seinen eigenen Geschmack ganz zu berücksichtigen. Im Vordergrund steht natürlich das ungarische Gulasch, das ungarische Schnitzel, verschiedene Balkanspezialitäten und schwere Fleischspeisen. Aber Suppen, Saucen, Geflügel und selbst Fisch und Eierspeisen lassen sich mit Paprika ausgezeichnet würzen. Käse bekommt einen würzig-aromatischen Geschmack, und wer salzarm essen muß, ersetzt das Salz vorteilhaft durch Paprika.

Daß Paprika ein Bestandteil des Curry ist, wird kaum überraschen.

Für die Küche dürfte zu wissen wichtig sein, daß man Paprika niemals in siedendes Fett geben darf, da dann seine Zucker karamelisieren und einen unangenehmen Geschmack hinterlassen. Auch wird die appetitliche Farbe zerstört. Wer ein wenig Erfahrung hat, der wird wissen, daß Paprikapulver erst beim Abschmecken in das heiße Gericht gehört. Und schließlich sei die Lichtempfindlichkeit des gemahlenen Paprikas noch erwähnt. Es ist gut, ihn in braunen Glasgefäßen aufzubewahren und ihn in nicht zu großen Mengen vorrätig zu halten.

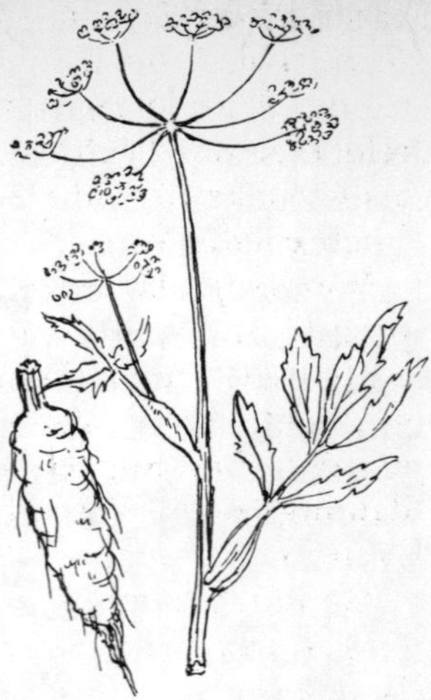

Pastinak

Sowohl als Gemüse wie auch als Gewürz ist der Pastinak aus der Mode gekommen. Schweizerische Funde aus Pfahlbauten am Bodensee beweisen, daß der Pastinak lange vor Christi Geburt bekannt war und als menschliches Nahrungsmittel sicher auch angebaut wurde. Es ging in erster Linie um die Wurzel, die als Gemüse gegessen wurde.

Pastinak kommt bei uns wild vor. Er wächst an Wegrändern, am Waldrand und auf Wiesen. Wegen der gelben Blüten, die er zum Unterschied von den sonst zumeist weißblühenden Doldengewächsen trägt, fällt er dem Naturfreund auf. Diese Wildform besitzt jedoch eine wenig kräftige Wurzel. Man darf mit Recht annehmen, daß der Gemüsepastinak früherer Zeiten kräftiger bewurzelt war.

Heute ist die Bedeutung des Pastinak – *Pastinaca sativa* – sehr gering. Aber in manchen Gegenden interessiert man sich wieder für ihn und baut ihn an, um ihn als Gemüse für Feinschmecker anzubieten.

Als Gewürz – und deshalb habe ich den Pastinak hier mit aufgenommen – dienen die Früchte des Pastinaks. Als Früchte eines Doldengewächses sind sie reich an ätherischem Öl und im weitesten Sinne mit Kümmel, Anis und Fenchel vergleichbar, wenn auch der Geschmack recht eigenartig und «besonders» ist. In Mitteldeutschland gebraucht man diese Früchte noch heute als Gewürz für Gemüse und Salate, etwa wie die Dillfrüchte dafür verwendet werden.

Wer es probieren will, der zerreibe einige Pastinakfrüchte und würze damit vorsichtig grünen Salat, Gurken- oder auch Tomatensalat, und wenn der Geschmack behagt, dann kann man Pastinak in Gemüseeintöpfe und Suppen aller Art geben zur besseren Verdauung, denn Pastinak hilft, blähendes Gemüse bekömmlicher zu machen.

Dennoch kann die Küche auf Pastinak verzichten, da es genügend andere Gewürze gibt, die ebenfalls «die Winde treiben», also Blähungen entgegenwirken.

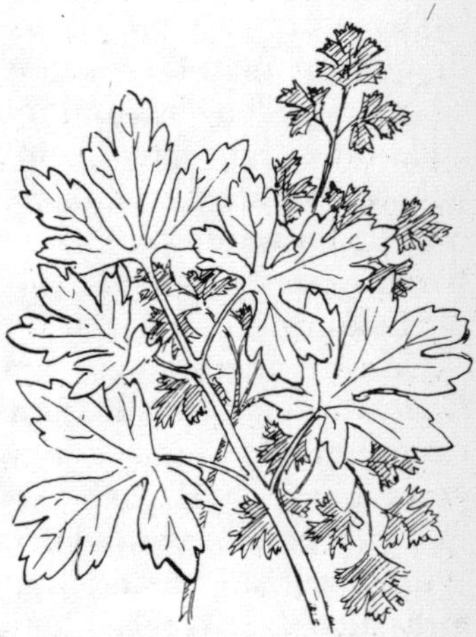

Petersilie

Diese Gewürzpflanze dürfte zu den ältesten Gewürzen der Welt gerechnet werden, denn seit mehr als 2000 Jahren kennt und verwendet man sie nicht nur, sondern baut sie auch an. Ihre Heimat ist das Mittelmeergebiet. Heute wächst sie wild in ganz Europa, doch vor allen Dingen als Anbaupflanze in Gärten. Aber nicht nur

Europa beherbergt Petersilie, auch in Australien, Amerika, in Japan, ja selbst auf Grönland kennt man sie.

Man kultiviert die Petersilie in zwei Arten: als Wurzelpetersilie und als Blattpetersilie, die es wiederum in verschiedenen Abarten gibt. Diese unterscheiden sich durch die Form der Blätter. Sie sind glatt, kraus oder mooskraus. Die beiden letzteren Arten sind auf Fleischplatten als «Dekorationsgrün» besonders geschätzt, während man die glattblättrige Form mehr als Suppengrün verwendet. Welche Art der Blattpetersilie man auch zur Hand hat, kleingehackt kann man sie eigentlich jeder Speise zugeben, denn ihr Geschmack verträgt sich mit allen Gewürzen. Wie auch andere Küchenkräuter, die man hauptsächlich zum Würzen in frischem Zustand gebraucht, darf man die Petersilienblätter nicht mitkochen. Man gibt sie stets nach der Bereitung den Speisen zu.

Der würzige Duft allein regt schon die Verdauungsdrüsen an und fördert den Appetit. Suppen aller Art, klar oder gebunden, bekommen durch Petersiliengrün erst Charakter. Eintöpfe, Gemüsegerichte und die verschiedensten Salate kann man mit Petersilie «aktivieren», und frisch unter Weichkäse gerührt, verbessert Petersiliengrün das Aussehen, den Geschmack, den Duft und die Bekömmlichkeit.

Quark eignet sich gut zum Ausprobieren, und wer den Duft warmer Petersilie kennenlernen möchte, der experimentiere mit einer klaren Suppe. – Der Duft stammt von einem ätherischen Öl, das zwar in der Hauptsache in den Früchten vorhanden ist, doch im Blatt und in der Wurzel gerade in der Menge, die unserer Gesundheit förderlich ist. Wegen der stark diuretischen Wirkung des Petersilienöls darf man davon nur wenig abbekommen, und genau diese Menge ist in den Blättern und Wurzeln enthalten.

Keinesfalls übersehen werden darf aber der Gehalt der Petersilie an Vitamin C und an Karotin, der Vorstufe des Vitamins A.

In der Blattpetersilie findet man in 100 Gramm im Durchschnitt über 7 mg Karotin, 160 mg Vitamin C und auch Vitamine der B-Gruppe. Der Gehalt an Kalium beträgt 1000 mg, an Calcium 41 mg, an Eisen 8 mg, an Phosphor 128 mg.

In der Petersilienwurzel sind in 100 Gramm im Durchschnitt 41 mg Vitamin C, 0,03 mg Karotin, Vitamine der B-Gruppe und 56 mg Phosphor enthalten.

Die Wurzelpetersilie, die ebenfalls als Gewürz recht häufig gebraucht wird, wird im Gegensatz zur Blattpetersilie bei der Bereitung der Speisen mitgekocht. Für Suppen und Soßen wird sie gerne verwendet, und in Gemüseeintöpfen ist die Petersilienwurzel oft auch ein Gemüsebestandteil, der das ganze Gericht angenehm würzt.

Petersilie ist in der Diätküche erlaubt. Sie wird auch von Galle- und Leberkranken gut vertragen.

Was P. A. Matthiolus in seinem im Jahre 1563 erschienenen Kräuterbuch über die Petersilie – Petersilg, Garteneppich – zu berichten weiß, hört sich so an:

> Alle Geschlecht des Eppichs treiben den harn stein
> vnd frawenzeit. Öffnen die jnnerliche verstopffung
> dienen derhalben wider die geelsucht
> vnd wasserseuch. Sie zertreiben auch die winde.
> Der samen hat mehr krafft dann die wurtzel. Petersilien wurtzel vnd kraut sindt jnsonderheit
> nutz vnd gutt in aller speiss
> dann sie drucken nider die auffblähung des magens vnd helffen wider obgenandte gebresten.
> Ettliche schreiben
> das Petersilgkraut mit frischem Semmelbrot zerknitschet
> vnd vber die hitzige geschwollene augen gelegt
> zerteyle die geschwulst
> mit hinlegung der entzündung. Allso gebraucht
> sey es gutt für das rotlauffen

oder wilder fewer
vnd vber den hitzigen magen gelegt
es miltere den schmerzen
vnd lesche den brandt
das soll offtmals warhafftig erfunden sein –.

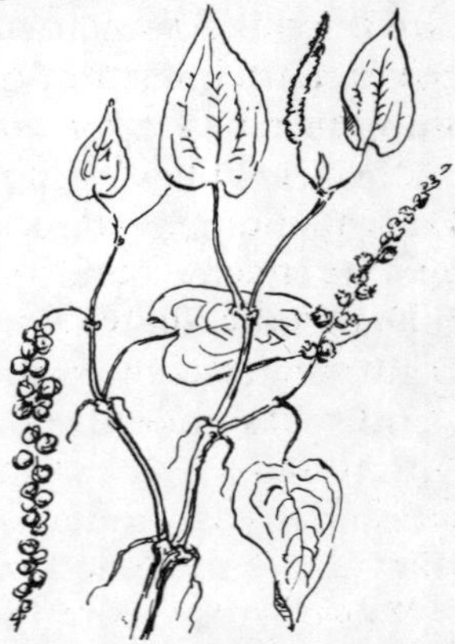

*Pfeffer**

Wer den Versuch unternimmt, alles über den Pfeffer zu schreiben, der wird bald scheitern, denn der Pfeffer hat eine so bewegte Geschichte, daß sie allein ein Buch füllen könnte. So bleibt auch mir nichts anderes übrig, als das herauszufischen, was mir wichtig erscheint.

Piper nigrum ist die botanische Bezeichnung des Pfefferstrauchs. Er gehört zur Gattung Piper (die einige hundert Arten umfaßt), die die Gewürz- und Arzneidroge Pfeffer (Fructus Piperis nigri) hervorbringt. Es ist die gleiche Pflanze, die uns den schwarzen und den weißen Pfeffer liefert, nur Ernte und Aufbereitung sind verschieden.

Indien und die angrenzenden tropischen Gebiete sind die Heimat des Pfeffers, eines Kletterstrauches, der bis zu 15 Meter hoch werden kann. Heute wird er in den meisten tropischen Gebieten kultiviert, wobei man bedacht ist, ihn nicht höher als 5 Meter werden zu lassen. Man zieht ihn, wie bei uns den Hopfen, an Stangen

* siehe auch Seite 12.

hoch. Nach drei Jahren beginnen die Pfeffersträucher Früchte zu tragen, und dann kann man die Kultur etwa 15 bis 20 Jahre lang nutzen. Die Blütenstände treiben aus den Achseln der oft handgroßen, fast herzförmigen Blätter aus und entwickeln die kugeligen Früchte, die unreif grün, später rot aussehen. Sobald sich auf den grünen Früchten der erste Anflug von Rot zeigt, werden sie geerntet und getrocknet. Das geschieht zumeist an der Sonne. Durch Phlobaphenbildung bekommen die Früchte die schwarze Farbe. Die Außenschicht trocknet ein und macht die schwarzen Pfefferkörner runzelig.

Der weiße Pfeffer stammt von vollreifen Früchten, die erst dann geerntet werden, wenn die Früchte dunkelrot gefärbt sind. Nach dem Trocknen sehen sie braun aus. Alsdann wird die dünne Außenhülle abgerieben, und das Endprodukt ist der weiße Pfeffer, der milder, aromatischer und folglich wertvoller ist.

Wer meint, Pfeffer schmecke nur scharf und beißend, der hat noch nie edlen Pfeffer gekostet, denn das Besondere an ihm ist neben seiner Schärfe das Aroma, das seine ätherischen Öle liefern.

Für die Schärfe des Pfeffers ist das Piperin verantwortlich. Ätherische Öle sind flüchtig, das wurde schon mehrmals bemerkt. Wenn es hier wiederholt wird, so deshalb, weil wohl nirgendwo die Bedeutung des ätherischen Öls so wichtig ist wie gerade beim Pfeffer. Fehlt es infolge zu langer oder unsachgemäßer Lagerung des schon gemahlenen oder gebrochenen Pfeffers, so ist dieser nur noch scharf, denn die Schärfe erfährt keinen mildernden Ausgleich mehr. Das bedeutet, daß all das, was am Pfeffer gesundheitlich von Nutzen ist, gar nicht oder verfälscht zur Wirkung kommt. Es ist daher sehr wichtig, den Pfeffer *ganz* zu lagern, um ihn erst bei Bedarf zu zerstoßen oder zu mahlen. Wie wichtig es den Feinschmeckern zu allen Zeiten war, das zeigen die vielen Pfeffermühlen, die es gab und die es gottlob auch heute noch gibt. Pulverpfeffer im Pfefferstreuer ist für mich kein Pfeffer mehr.

Was der Pfeffer als gesundheitsförderndes Gewürz bewirkt, ist mit wenigen Worten zu sagen. Sein Aroma und seine Schärfe – sein ätherisches Öl und das Piperin also – regen die Verdauungssaftdrüsen zum Arbeiten an. Es wird genügend Ferment geliefert und die Verdauung erleichtert. Nur wer es wie die alten Römer macht, die mit vollen Händen Pfeffer über alle Gerichte streuten, muß damit rechnen, daß er Schaden anrichten kann und seiner Gesundheit nicht mehr nützt.

Die vielfach vertretene Meinung, daß ältere Menschen besser ohne Pfeffer lebten, ist nicht mehr haltbar, denn es hat sich herausgestellt, daß gerade älteren Menschen «herzhaft» gewürzte Speisen besser bekommen als die «milde» Altenkost. Kreislaufgestörten Patienten den Pfeffer zu verbieten ist ebenfalls überholt, denn gerade scharfe Gewürze entlasten den Kreislauf, wenn er – wie wir bereits wissen – durch den Verdauungsprozeß besonders belastet wird.

Was aber ebenfalls noch bemerkt werden muß, ist die Tatsache, daß Pfeffer die Beweglichkeit der Darmzotten erhöht, wodurch wiederum die Ausnutzung der Nahrung gefördert wird, denn die Bewegung der Darmzotten steht in engem Zusammenhang mit der Resorptionsgeschwindigkeit.

Es gibt viele Pfeffersorten im Handel. Natürlich sind sie qualitativ nicht alle gleich gut, doch generell zu sagen, Javapfeffer sei besser als Malabarpfeffer, ist falsch. Wer ein wenig kritisch ist, der wird bald selbst herausfinden, wo er guten Pfeffer bekommt. In der Apotheke ganz bestimmt.

Was man mit Pfeffer alles würzen kann, das weiß jede Hausfrau bestimmt, und genaugenommen schadet er nirgendwo.

Immer sollte man jedoch daran denken, wenn man die Pfeffermühle in die Hand nimmt, daß mit wenig Pfeffer mehr Wohlgeschmack und größere Bekömmlichkeit der Speisen erzielt wird als mit einer übertrieben großen Menge.

Man schätzt, daß jährlich 30 Millionen Kilogramm Pfeffer zum Würzen von Speisen verwendet werden. Die Hälfte würde auch ausreichen, doch den meisten Menschen fehlt immer noch das rechte Gefühl für die rechte Menge.

Übrigens: Die Chinesen, deren Küche wohl mit Recht die eleganteste, die raffinierteste, die differenzierteste genannt wird, verwenden fast keinen Pfeffer. Sie zaubern auf andere Weise Abwechslung und Vielfalt in die Speisen.

Neuerdings erfreut sich der *grüne Pfeffer* größter Beliebtheit. Er übertrifft sowohl den weißen als auch den schwarzen Pfeffer an dem so wichtigen Aroma, denn guter Pfeffer soll nicht nur scharf, sondern vor allen Dingen aromatisch sein. Zur Bereitung nimmt man die unreifen grünen Beeren des «schwarzen Pfeffers» und gibt sie an Ort und Stelle zunächst in eine Salzlake, woraus sie nach einiger Zeit umgefüllt und mit Essig übergossen werden.

Diese grünen Pfefferkörner lassen sich im Gegensatz zu den anderen Pfefferarten leicht zerdrücken und sollten in diesem Zustand auch zum Würzen der Speisen verwendet werden. Recht apart ist es, wenn man grünen Pfeffer zu gleichen Teilen mit Kapern gemischt verwendet. Beide vertragen sich ausgezeichnet und ergänzen einander wesentlich. Um es auszuprobieren, sollte man ein Tatar wählen oder beide zum Würzen eines Hackbratens nehmen. Das Ergebnis wird überraschen. Wer Zwiebeln schätzt, darf auch diese als dritten Würzbestandteil beifügen.

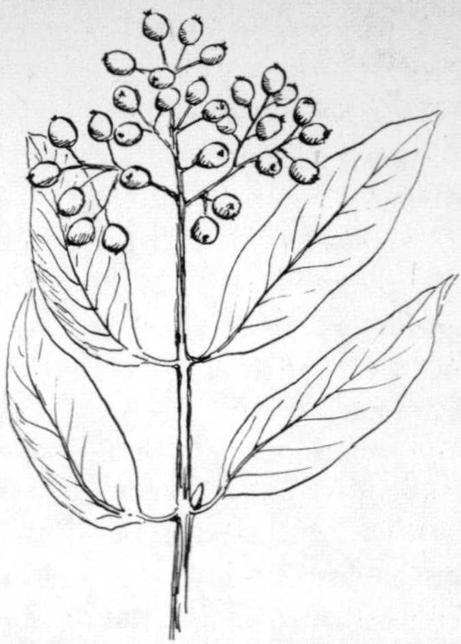

Piment

Bemerkenswert zahlreich sind die Namen, unter denen man dieses Gewürz heute kennt: Nelkenpfeffer, Jamaikapfeffer, Gewürzkörner, Allerleigewürz, Neugewürz, Englischgewürz. Wenn man daran riecht, so duftet Piment nach Zimt, Pfeffer, Muskat und Nelken.

Botanisch handelt es sich um die Früchte des Nelkenpfefferbaumes, *Pimenta officinalis,* eines holzigen Myrtengewächses Westindiens, Mittel- und Südamerikas. Europa kennt diese Droge seit Kolumbus, und das ist der Grund, warum Piment auch «Neugewürz» genannt wird, denn die meisten Gewürzdrogen aus dem Osten waren schon längst vorher bekannt und im Handel. Man schätzt Piment wegen des etwas scharfen, würzigaromatischen Geschmacks und des angenehmen Duftes. Besonders in der Einmachzeit wird Piment viel benutzt, doch sollte man dieses Gewürz auch als Direktwürze für Fleisch, Fisch und Soßen nutzen, weil es die Speisen nicht nur würzt, sondern auch bekömmlich macht.

Da Piment sehr stark würzt, ist es ratsam, die Körner entweder ganz oder nur zerdrückt zu verwenden. Nach dem Schmoren des Fleisches tut man gut daran, sie aus der Soße zu entfernen.

Wer in diesem Buch bisher fleißig gelesen hat, der weiß bereits, daß es kein Gewürz gibt, das alle Menschen gleichermaßen mögen, weiß aber auch, daß es sich immer lohnt, mit Gewürzen ein wenig zu experimentieren, um für sich herauszufinden, welches wo besonders behagt. Deswegen scheint mir der Name «Allgewürz» oder «Allerleigewürz» für Piment gar nicht angebracht. Es paßt nicht überall, doch es paßt oft da, wo man es nicht für möglich hält.

Haben Sie schon einmal Spinat mit Piment gewürzt? Haben Sie schon einmal Piment zu einem Gemüseeintopf gegeben? Sie sollten es versuchen, vorsichtig zunächst, mit nur wenigen Körnern, stärker vielleicht, wenn Ihnen der Geschmack zusagt, aber niemals so viel davon, daß es mehr als eine Geschmacksbereicherung wird. Dominiert der Pimentgeschmack, so war es bereits zuviel. Auch in Suppen – klar oder gebunden – ist Piment wohlgelitten, doch, um es noch einmal zu betonen: nur in geringer Menge. Fisch und Wild bieten sich an, und alle dunklen Soßen erfahren durch Piment eine Bereicherung.

Eine Pimentsoße besonderer Art sei hier vorgestellt. Man kann sie zu Fischgerichten und Fleischspeisen servieren und selbst zu kaltem Braten reichen.
Man macht sie so:

Noch nicht ganz reife Beeren aus dem Garten – welche, das ist Geschmackssache, doch ich rate zu Stachelbeeren! – werden langsam mit wenig Wasser gar gekocht, durch ein Sieb geschlagen und dann mit Dosenmilch und etwas Bindemittel aufgekocht. Während dieses kurzen Kochvorganges versetzt man mit einigen zerdrückten Pimentkörnern, wobei man in kurzen Abständen immer wieder probiert, um die Pimentwürze rechtzeitig zu entfernen. Dann wird mit Salz und Pfeffer abgerundet.

PS: Wer unter Blähungen leidet, der sollte Piment sooft als möglich verwenden!

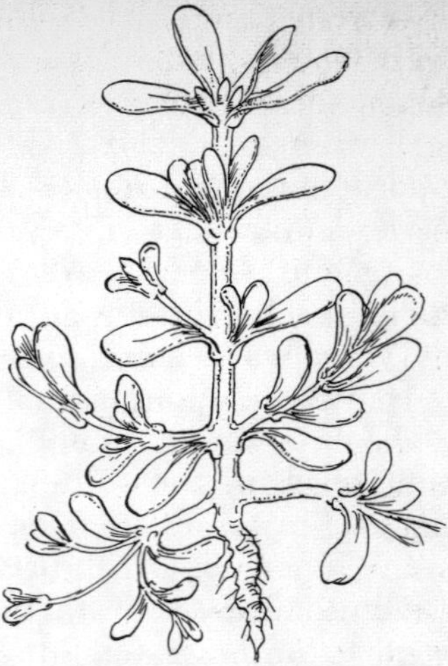

Portulak

Würde man in einem Gewürzbuch Portulak übergehen, so müßte man sich dann doch sagen lassen, daß man Wichtiges vergessen habe. Wenn man aber gefragt wird, wer Portulak heute noch verwendet, so lautet die Antwort: kaum jemand. Diesen Widerspruch klärt man leicht auf, wenn man der Sache auf den Grund geht. Es gibt nur noch ganz wenige Menschen, die mit Portulak würzen, doch diese wenigen sind ihm so treu, daß sie empört wären, wenn sie «ihr» Gewürz in einem neuen Gewürzbuch nicht fänden.

Sie wollen meine Meinung dazu hören? Ich finde, man sollte sich auch um diese alte Gemüse-, Salat- und Gewürzpflanze wieder mehr kümmern, gibt es doch viele Gerichte, die sich damit hervorragend würzen lassen, und gesunde Abwechslung ist immer von Nutzen. Allen Suppen und Gemüsen, allen Eintöpfen und auch dem Spinat verleiht Portulak einen angenehmen, würzigen Geschmack, und ich bin sicher, daß man, wenn man ihn – frisch aus dem Garten – zu Quark, Tomaten und Salaten serviert, damit Anklang findet.

Portulaca oleracea – so lautet der botanische Name – ist eine einjährige Pflanze mit spindelförmigen, verzweigten Wurzeln. Die Stengel sind fleischig und tragen dicke, verkehrt-eiförmige Blätter. Zwischen den Gabelästen sitzen kleine, gelbe Blüten zu zweit oder dritt angeordnet.

Von dieser aus Westasien stammenden Pflanze gibt es etliche Kulturformen, die sich durch Blattform, Wuchs und Farbe voneinander unterscheiden.

Schon im alten Ägypten kannte und schätzte man Portulak als Gemüse- und Gewürzpflanze, womit bewiesen ist, daß er zu den ältesten Kulturpflanzen gehört.

Die Volksmedizin verwendet immer noch die Blätter als Heilmittel gegen Blasen- und Nierenbeschwerden, und wer an Schlafstörungen leidet, dem wird Portulak ebenfalls empfohlen. Für uns ist jedoch interessant, daß diese Pflanze sehr reich an den verschiedensten Vitaminen ist, die in jedem Fall unserer Gesundheit nützen.

Hier zwei Rezepte zum besseren Kennenlernen des Portulaks: Um ihm die Bitterkeit ein wenig zu nehmen, wird er kurz blanchiert. Danach kocht man ihn in sprudelndem Salzwasser. Nach dem Abtropfen gibt man ihn in eine Pfanne, in der sich bereits etwas Olivenöl befindet, in dem eine zerhackte Knoblauchzehe gedämpft wurde, und fügt zwei geschlagene Eier hinzu. Bestreut man das Gericht noch in der Pfanne mit geriebenem Käse, so bekommt es zusätzlich eine angenehme Geschmacksnuance. Zu Weißbrot gegessen, schmeckt der so zubereitete Portulak ganz besonders gut.

Portulak, grüne Bohnen fein geschnitzelt, junge Erbsen, jeweils zwei gehäufte Eßlöffel voll, eine feingehackte Zwiebel und ein Teelöffel Zucker werden in einer Fleischbrühe fünfzehn Minuten lang gekocht. Die heiße Suppe wird über in Butter geröstete Brotstücke gegeben und mit frischem Kerbel oder einem anderen Suppengrün bestreut.

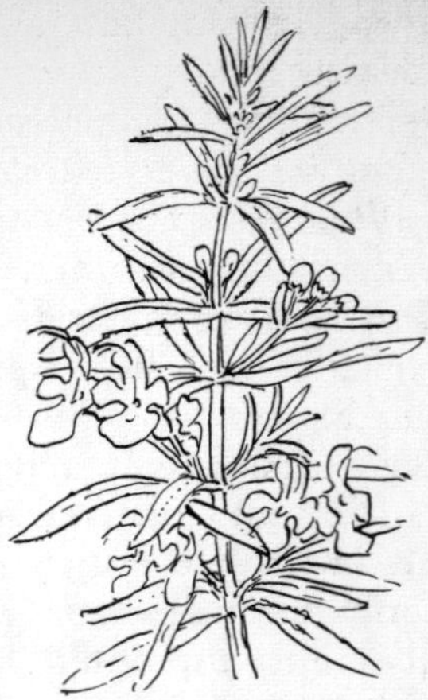

Rosmarin

Das ist ein Gewürz, vor dem man den Anfänger gründlich warnen muß, denn es gehört schon Erfahrung im Umgang mit Gewürzen dazu, wenn man Rosmarin richtig verwenden will. Man kann gerade damit sehr viele Fehler machen. Es beginnt schon beim Einkauf. Der Laie meint, daß ein so «derbes», kleines Gewürzblatt schon Nachlässigkeit in der Behandlung verträgt, und ist oft damit zufrieden, wenn er es im Gewürzladen in Tüten ersteht. Wenn der Händler nur so viele Tüten abpacken läßt, als er an einem Tag verkauft, wenn er seinen Übervorrat in geschlossenen Gefäßen aufbewahrt und wenn er die Tüten so lagert, daß fremde Gerüche nicht an den Rosmarin gelangen können, dann ist auch dagegen nicht viel zu sagen – doch wer kann das kontrollieren? Wer jedoch Gewürze in Tüten mit nach Hause nimmt, der wird sie möglicherweise auch daheim in Tüten aufbewahren. Das aber ist falsch, nicht nur für den Rosmarin, sondern für alle Gewürze. Wenn ich nun gerade beim Rosmarin wiederhole, was ja schon im allgemeinen Teil gesagt wurde, so deswegen, weil Rosmarin nur dann alles herzugeben vermag, an Köstlichkeit im Duft, an Nützlichkeit in seiner Wirkung, wenn man sorgfältig mit ihm umgeht.

Rosmarin sollte man immer ganz und in Gläsern kaufen. Die Rosmarinblätter dürfen nicht zu stark getrocknet sein, da sich sonst das empfindliche ätherische Öl schon beim Trocknen verändert. Sie müssen sich zwar brechen lassen, doch wenn man sie in der Hand «zerbröseln» kann, so sind sie nicht zu empfehlen.

Hat man nun guten, einwandfreien und hocharomatischen Rosmarin zur Hand, so ist der nächste Fehler oft der, daß man mit Rosmarin überwürzt, was zwar der Gesundheit nicht schadet, wohl aber der empfindlichen Zunge und dem Gaumen des Feinschmeckers. Für den Anfänger: Die Hälfte reicht immer noch! Das hörte ich von einem Küchenchef, der es seinem Stift sagte. Dort, wo man Soßen siebt, sollte Rosmarin bei der Zubereitung ganz beigegeben werden, sonst, das rate ich, sollte Rosmarin vor der Verwendung in einer Apothekerreibschale fein verrieben werden. Das ist durchaus nicht einfach, da die Mittelrippe des eingerollten Blattes zumeist erheblichen Widerstand leistet. Eine angerauhte Reibscheibe ist daher von Vorteil. Das Endprodukt dann noch zu sieben ist empfehlenswert. Auch verreibt sich Rosmarin besser, wenn man ein wenig Salz hinzugibt. – Es scheint mir wichtig, keine Blattstücke zu verwenden, wenn die Möglichkeit besteht, daß man darauf beißt. So gesund dieses Gewürz auch ist, in konzentrierter Form beeinträchtigt es den Geschmack.

Verwundert es jetzt noch, daß ich für Rosmarin das Kräutersäckchen empfehle? Denn im Kraut ist Rosmarin ein willkommenes Gewürz, ebenso wie Kümmel, Anis, Fenchel oder Wacholder, und es schadet den anderen Gewürzen nicht, doch wenn man beim Essen auf ein Rosmarinblattstück beißt, so stört das ebenso, wie wenn man auf Kümmel beißt. Mit einem Gewürzsäckchen ist die Gefahr gebannt.

Rosmarin paßt zu allen Gemüsesuppen, Gemüse- und Fleischeintöpfen, zu den verschiedensten Braten, auch zu Geflügel und besonders zu Pilzen. Innereien vertragen dieses köstliche Gewürz ebenso wie gekochter

Fisch. Vom Kraut (weiß oder rot) sprach ich schon, doch der Käse darf nicht vergessen werden. Angemacht mit Thymian und Rosmarin, wird jeder Weichkäse bekömmlicher und schmackhafter.

Schnittkäse wird gern mit Paprika, Pfeffer und Salz bestreut. Das ist aber gar nicht so besonders gut. Eine Mischung aus Salz, Thymian, Rosmarin und Cayennepfeffer hingegen schmeckt ausgezeichnet. Aber bitte nur sehr wenig davon verwenden und nur als feinstverriebene Gewürzmischung.

Der gesundheitliche Wert des Rosmarins ist beachtlich, und in der Apotheke gibt es viele Präparate, die die Heilkraft dieser Pflanze nutzbar machen. Die wirksamen Bestandteile sind neben dem ätherischen Öl, das kampferähnliche Substanzen enthält, Harze, Bitterstoffe und Gerbstoffe. Besonders Pfarrer Kneipp rühmte die Heilkraft des Rosmarins und verordnete Rosmarinbäder, Einreibungen mit Rosmarinöl sowie den Rosmarinwein zur Kräftigung und Stärkung der Nerven und zur Tonisierung der Gefäße. Niedriger Blutdruck, Erschöpfungszustände, Nervosität, Nachlassen der allgemeinen Spannkraft und Potenzschwäche sind die wichtigsten Heilanzeigen des Rosmarins besonders in der Volksmedizin. Auch Rheumaeinreibungen enthalten oftmals Rosmarinöl.

An dieser Stelle, da Rosmarin als Gewürz behandelt wird, interessiert natürlich in erster Linie die Wirkung des Rosmarins auf die Verdauung. Es beginnt schon mit dem aromatischen Duft, den eine mit Rosmarin gewürzte Speise verbreitet, wodurch die Magensaftsekretion angeregt wird. Die Reizwirkung des ätherischen Öls führt auch zu einer besseren Verdauung der Nahrung im Darm und erhöht die Aufnahmefähigkeit für Nahrung. Hinzu kommt noch, daß die Gerbstoffe und die Bitterstoffe ebenfalls ihre Wirkung entfalten, so daß man sagen kann: Mit Rosmarin gewürzte Speisen werden magen- und darmfreundlich, belasten den Kreislauf nicht und sind deshalb gesund.

Einen guten Rosmarinwein kann man sich leicht selber bereiten. Er kann als Aperitif oder aber auch zur Herzstärkung und allgemeinen Tonisierung getrunken werden.

Auf einen Liter guten Weißwein gibt man 40 Gramm Rosmarin. Dieser Ansatz bleibt 14 Tage in der verschlossenen Flasche stehen. Tägliches leichtes Umschütteln ist von Vorteil. Nach dieser Zeit wird abfiltriert. Täglich zwei- bis dreimal ein Glas davon zu trinken ist bekömmlich und gesund.

Auch empfiehlt die Naturheilkunde all denen Vollbäder in Rosmarin, die sich abgespannt und schlapp fühlen. Man gibt etwa 100 Gramm Rosmarinblätter in ein Vollbad, das man zum besseren Ausziehen der Blätter zunächst etwa 60 Grad heiß ansetzt und in das man dann, wenn es durch Abkühlung die rechte Badetemperatur erreicht hat, steigt, um 20 Minuten darin zu bleiben.

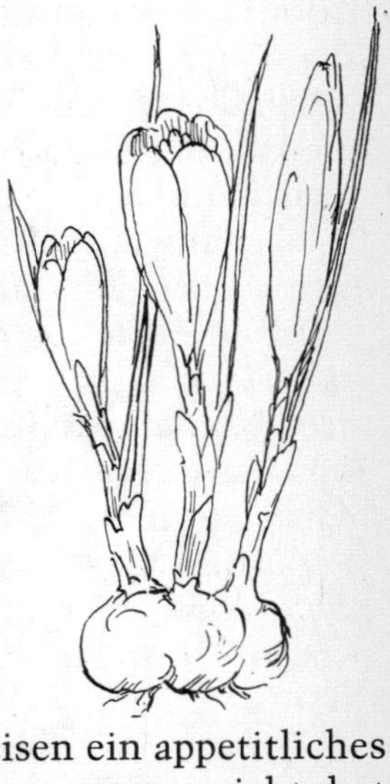

Safran

Würzen hat auch die Aufgabe, Speisen ein appetitliches Aussehen zu verleihen. Und wenn man es so sieht, hat auch der Safran seine Bedeutung, da seine gelbe Farbe helle Suppen erfrischend färbt. Blumenkohlsuppe, Spargelsuppe und sehr helle klare Suppen werden durch Safran in diesem Sinne verbessert. Auch im Reis ist Safran eine Bereicherung.

Dennoch: Ich für mein Teil halte nicht viel von «Gewürzen», die allein durch das Anfärben «wirksam» werden. Und viel mehr ist für mich am Safran nicht dran, wenn ich mich auch gegenteiligen Ansichten nicht ganz verschließen will. Es wird nämlich behauptet, der intensiv bittere Geschmack sei gut für Magen und Darm, fördere die Potenz und sei daher sehr zu empfehlen.

Von alledem will jedoch die Wissenschaft nicht viel wissen. Die Stammpflanze des Safrans ist der Krokus, das heißt eine bestimmte Krokusart, die in der Botanik *Crocus sativus* heißt. Sie ist in Kleinasien, Vorderasien und Indien beheimatet und wird zur Safrangewinnung im Mittelmeerraum, besonders in Spanien, aber auch auf der Krim angebaut.

Safran sind nun die getrockneten Narbenschenkel dieser Pflanze, von denen etwa 80000 Stück erst ein Kilogramm liefern. Zumeist werden sie von Hand geerntet. Das erklärt den hohen Preis dieses Gewürzes und auch die Tatsache, daß man oft mit Verfälschungen rechnen muß.

Nur sehr wenige Köche und noch weniger Hausfrauen würzen noch mit Safran, denn färben kann man heute einfacher, und die bitteren Bestandteile treten doch wohl stark in den Hintergrund. Feinschmecker sagen hingegen, daß der Koch, der mit Safran richtig würzt, einen Orden verdiene.

Wer es probieren möchte, dem sei geraten, Safran sparsam zu verwenden, denn allzuleicht wird das Gericht zu gelb und ebensoleicht auch zu bitter.

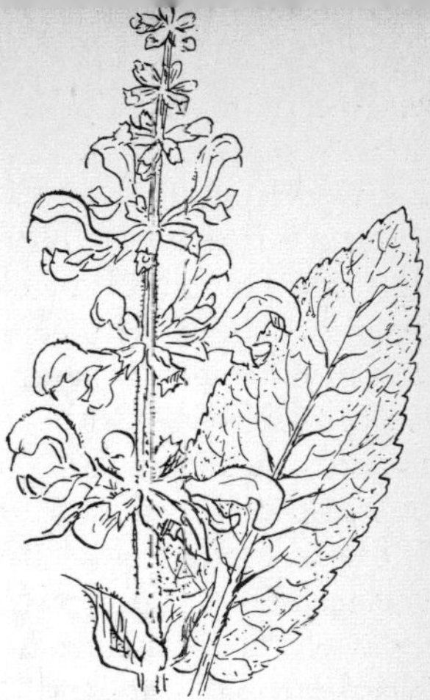

*Salbei**

Bei Gewürz- und Heilkräutern fragt man sich oft, ob sie in der einen oder anderen Eigenschaft den Vorrang verdienen. Was den Salbei angeht, so zählt er zu den Heilpflanzen, die sich immer noch großer Beliebtheit erfreuen. Mit Erfolg gurgelt man bei Halsentzündung mit einer Salbeiabkochung, mit Erfolg bekämpft man mit Salbeipräparaten übermäßige Wasserausscheidung durch die Haut (Schwitzen), mit Erfolg erleichtert man das Abstillen und mit nicht weniger Erfolg verwendet man Salbei als Magenmittel und zur Verdauungsförderung. Und da sind wir bei unserem Thema. Ein Mittel, das wohltuend Verdauungsbeschwerden beeinflußt und kräftigend auf Magen und Darm zu wirken vermag, ist ein hervorragendes Gewürz, wenn sein Geschmack und sein Duft zugleich Speisen verfeinern können. Das ist beim Salbei der Fall, und deshalb lohnt es sich, mit diesem Kraut zu würzen.

Natürlich sollte man die frischen Blätter bevorzugen, doch auch in getrocknetem Zustand sind sie nicht zu verachten. Es gibt viele Arten von Salbei, und viele wachsen wild bei uns. Man sollte jedoch als Salbeigewürz die arzneilich verwendete Salbeiart bevorzugen.

* siehe auch Seite 12.

Salvia officinalis ist ihr botanischer Name. Sie gehört zu den Lippenblütlern und ist im Mittelmeergebiet heimisch. Dort wächst sie wild, wird aber auch in großem Ausmaß kultiviert. Von den vielen Unterarten werden drei als Arzneipflanze akzeptiert, und diese drei sind auch für die Küche geeignet. Verwendet werden die filzigen Blätter, die viel ätherisches Öl enthalten, aber auch reichlich Gerbbitterstoff. In guten Würsten, im Hackbraten und auf besonderen Grillspießchen darf Salbei nicht fehlen, Hühnerleber mit Salbei ist eine besondere Delikatesse, und in Suppen, Eintöpfen, Gemüsen und Bratenfüllungen ist Salbei wohlgelitten.

Es waren wohl die Benediktiner, die den Salbei nach Nordeuropa brachten, denn schon in dem Kapitulare Karls des Großen ist die Rede von ihm, und in späteren Büchern fehlt er nie mehr.

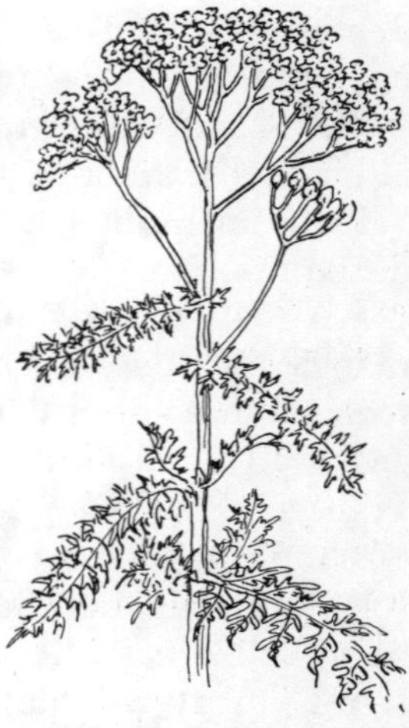

Schafgarbe

Wenn es darum geht, gesund zu essen und durch die rechte Wahl der Gewürze mit dazu beizutragen, so ist nicht zu verstehen, warum die Schafgarbe immer übersehen wird. Ihr ätherisches Öl und ihre Bitterstoffe sind wirksam bei Magenbeschwerden, Blähungen und Gallebeschwerden. Das bedeutet, daß viele Speisen dadurch bekömmlicher werden. In letzter Zeit mehren sich

Stimmen, die der Schafgarbe eine wohltuende Wirkung auf Herz und Kreislauf zuschreiben, was wiederum für sie als Gewürz spricht, denn bei der Verdauung wird – wie wir schon wissen – der Kreislauf besonders stark belastet.

Da man im Gewürzhandel kaum Schafgarbe bekommt, so muß man sich an den Apotheker wenden, der diese Droge als altbewährtes Hausmittel vorrätig hält. Zum Würzen verwendet man zweckmäßigerweise die getrockneten Blüten oder die Blätter, doch nicht die festen Stiele. Der gewöhnliche Schafgarbentee der Apotheke besteht aus Blättern, Stengeln und Blüten. Es ist daher wichtig, Schafgarbenblüten oder Schafgarbenblätter zu verlangen. Sollte es aber nur *Herba millefolii* (also das Kraut) geben, so ist auch das kein Unglück. Die bewährte Reibschale sorgt dafür, daß man ein mittelgrobes Pulver bereiten kann, mit dem man die Speisen würzt. Der Geschmack ist angenehm aromatisch, vielleicht etwas derb, doch für Eintöpfe aller Art, Gemüsesuppen und fette Hausmannskost gerade recht.

Probieren geht über Studieren – das gilt für dieses nicht alltägliche Gewürz besonders. Gesund ist es auf jeden Fall!

Beginnen Sie das Experiment mit einer Kartoffelsuppe, zu der Sie vielleicht Würstchen essen, und gehen Sie dann zu Gemüsesuppen, Gemüseeintöpfen und Gulasch über. Der nächste Schritt ist der Versuch, dunkle Soßen damit zu «beleben». Wer vorsichtig beginnt, wird angenehm überrascht sein. Auch frische Schafgarbenblätter in jungem Zustand eignen sich als Suppengrün und als Beimengung zu Streichkäsen neben Schnittlauch und Zwiebeln.

Sellerie

Hier stellt sich wieder die Frage, ob die Sellerie ein Gewürz oder ein Gemüse ist. Ein sehr würzhaftes Gemüse, würde ich sagen, denn die Verwendung der Sellerie (auch der Knollensellerie) in der Küche ist in erster Linie wegen der angenehmen Würzkraft so beliebt.

Sellerie ist ein fester Bestandteil des Suppengrüns, ohne das eine Suppe nicht bestehen kann; und alle Gemüsegerichte sollten unbedingt ein wenig feingehackte Sellerieblätter enthalten oder mit kleingewürfelter Sellerieknolle versetzt werden. Eingemachte Sellerie als Beilage oder als Selleriesalat ist sehr gesund, denn sie regt die Verdauung an. Daß Sellerie als Gewürz und Gemüse, sparsam genossen, harntreibend wirkt, darf nicht verschwiegen werden. Nierenkranke sollten deshalb immer erst ihren Arzt fragen, ob er ihnen Sellerie als Gewürz erlaubt. Im Altertum galt Sellerie als probates Aphrodisiakum, und auch heute noch glaubt man, Sellerie steigere die Potenz. Mit Recht aber empfiehlt die Volksmedizin Sellerie oder Selleriesaft bei Gicht und Rheuma. Sie trägt mit dazu bei, die Harnsäure aus dem Körper auszuschwemmen. Gegen nervöse Unruhe und Erschöpfungszustände soll Sellerie ebenfalls wirksam sein.

In der Literatur findet man erschöpfende Angaben über die Inhaltsstoffe der Sellerieknolle. Einige Zahlen dürften auch hier durchaus interessant sein. So sind beispielsweise in 100 Gramm Sellerieknolle (gemeint ist der verwertbare Anteil) 320 mg Kalium, 9 mg Magnesium, 68 mg Calcium, 0,15 mg Mangan, 0,53 mg Eisen, 0,31 mg Zink und 80 mg Phospor enthalten.

Auch die Vitamine sind bemerkenswert. Vitamine der B-Gruppe, Vitamin K, Vitamin E, das Provitamin A und Vitamin C sind darin zu finden, wenn auch nicht in besonders großer Menge.

Die Sellerie, die botanisch mit der Petersilie verwandt ist, ist in Europa sehr häufig verwildert anzutreffen. Man nimmt an, daß sie hier auch heimisch ist. Aus den Wildformen hat man dann die verschiedensten Formen und Arten gezogen, die in drei große Gruppen einzuteilen sind: Knollensellerie, Staudensellerie (die Stengel werden roh gegessen) und Blattsellerie.

Zum Schluß soll noch auf das Selleriesalz hingewiesen werden, das gern zum Würzen verwendet wird, weil es recht aromatisch ist. Es handelt sich dabei um eine Mischung von Salz und ein wenig Sellerie. Die neuerdings im Handel befindlichen Sellerieflocken eignen sich als Würze für Suppen, Soßen, Gemüse und auch für Fleisch.

Senf

«Nur wer nicht richtig würzen kann, der greift zum Senf!» Das sagte vielleicht noch die Großmutter, die denn auch den Kindern den Senftopf aus der Hand nahm, mit dem Bemerken, das sei doch nun viel zu scharf und für Kinder und ältere Leute gewiß kein Gewürz. Allenfalls ließ es die Oma noch zu, daß zu ganz fetten Gerichten, zu fetten Schweinswürstchen etwa, ein wenig Senf gereicht wurde, doch ansonsten wollte sie nichts davon wissen.

Wie sehr sich die Zeiten ändern, kann man hier auch wieder einmal feststellen, denn neuere Untersuchungen haben ergeben, daß Senf eines der gesündesten Gewürze überhaupt ist: Es fördert die Verdauung vorzüglich, macht alle fetten Gerichte verträglicher, und selbst in Fleisch-Gemüse-Eintöpfen ist Senf eine ausgezeichnete Verdauungshilfe.

Professor Glatzel hat sich viel mit dem Senf beschäftigt. Er hat im Röntgenbild festgestellt, daß z.B. fettreiche Schweinshaxe viel schneller und gründlicher verdaut wird, wenn man Senf dazu reicht, daß fette Nahrung Magen und Darm schneller passiert und nicht «wie Blei» im Magen liegenbleibt. Bei älteren Menschen entlastet Senf den Kreislauf während des Verdauungsprozesses erheblich. All das Böse, das man dem

Senf zugeschrieben hat – daß er Magengeschwüre provoziere, zu Magenschleimhautentzündungen führe, Sodbrennen verursache –, ist nicht haltbar, und wer Kindern den Senftopf verweigert, der wird feststellen, daß diese Kinder viel weniger Appetit haben und viel weniger gut essen.

Sicherlich stimmt Omas eingangs zitierter Satz in gewissem Sinne dennoch, denn es genügt nicht, sich beim Würzen allein auf Senf zu verlassen. Senf duldet nämlich auch noch «andere Götter neben sich».

Nun will ich aber zuerst einmal definieren, was man unter Senf überhaupt versteht. Im wesentlichen sind es die vielen Senfzubereitungen – es soll mehr als hundert Varianten im Handel geben –, die man in Nordostdeutschland nur Mostrich nannte, die hell bis dunkelbraun aussehen, pastenförmig in Tuben oder Glasgefäßen angeboten werden, mal scharf, mal mild, mal beißend, mal süßlich schmecken, in den sogenannten Senffabriken hergestellt werden und entsprechend ihrer hauptsächlichen Verwendung (z.B. Weißwurstsenf in Bayern) oder ihrem Schärfegrad (Düsseldorfer Löwensenf) die verschiedensten Bezeichnungen tragen.

Der Apotheker hingegen versteht unter Senf die Senfkörner, die Samen, aus denen man Speisesenf macht, aus denen man die verschiedensten Arzneien bereitet und die auch die Hersteller des Speisesenfs als Ausgangsmaterial benutzen.

Die Stammpflanze des schwarzen Senfs – *Semen Sinapis* nennt ihn der Apotheker – ist *Brassica nigra*, die wohl aus dem Mittelmeerraum stammt, heute jedoch in fast allen europäischen Ländern angebaut wird. Die Senfpflanze ist ein Kreuzblütler, eine einjährige Pflanze, die bis zu einem Meter hoch wird. Der Stengel ist ästig und trägt gestielte Blätter, die unten leierförmig, oben einfacher gestaltet sind. Die gelben Blüten stehen in lockeren Doldentrauben. Daraus entwickeln sich aufrechte Schotenfrüchte, die zur Reifezeit schwarze Samen enthalten.

Eine andere Art, *Brassica alba,* bildet hellgelbe Früchte, den weißen Senf, aus, der milder und eleganter schmeckt. Beide Arten werden zu Speisesenf verarbeitet.

Die Senfsamen sind geruchlos und enthalten viel fettes Öl, Eiweiß und Schleimstoffe. Der wirksame Bestandteil jedoch ist das Glykosid Sinigrin, ein Kaliumsalz der Myronsäure.

Dieses Sinigrin wird nun bei Anwesenheit von Wasser durch das Ferment Myrosin – es ist auch in den Senfkörnern enthalten – aufgespalten, und zwar in Traubenzucker und Allylsenföl. Dieses Allylsenföl ist für den Geschmack und die Wirkung des Senfs als Gewürz und Arzneimittel verantwortlich.

Nun wird verständlich, daß es ein Unterschied ist, ob man mit Senfkörnern würzt oder mit dem sogenannten Speisesenf, den fertigen Zubereitungen. In diesen erst ist der Wirkstoff vorhanden, da er bei der Bereitung aufgeschlossen und freigesetzt wird. Senfkörner über die Speisen zu streuen hat kaum eine Wirkung. Senfkörner jedoch einzunehmen, wie das mit weißem Senf bei Stuhlträgheit geschieht, ist etwas anderes. Hier werden auch die Fette und Schleimstoffe wirksam, und bei der Verdauung wird Allylsenföl freigesetzt.

Gehörten Sie bisher auch zu den Menschen, die Senf nur bei ganz fetten Würstchen genehmigten, so tut sich jetzt ein großes Experimentierfeld vor Ihnen auf. Und Sie sollten es mit Senf versuchen, Ihrer Gesundheit zuliebe.

Zunächst einmal zu den Senfkörnern. Für die Bereitung der Senfgurken sind sie Ihnen schon bekannt, und andere eingemachte Sauerfrüchte vertragen ebenfalls eine kleine Senfbeigabe.

Aber mit den Körnern kann man auch würzen, wenn man sie vorher zerstößt und Gerichten beigibt, die gekocht werden, denn auch dabei wird das wirksame Allylsenföl frei. Gemüseeintöpfe, weiße Bohnen und besonders Rosenkohl sind für das Würzen mit Senfkörnern (zerdrückt) geeignet. In Fleischfüllungen und Mayonnaisen erfüllen die Senfkörner ebenfalls ihre Aufgabe, und wer ein wenig Senfkörner in Suppen mitkocht, der wird angenehm überrascht sein. Ein gewohntes Stammgewürz oder die üblichen anderen Gewürze braucht man deswegen nicht wegzulassen.

Einfacher ist das Würzen mit dem sogenannten fertigen Speisesenf, den es in so vielen aparten Nuancen gibt, daß jeder die ihm zusagende Sorte finden kann.

Alle fetten Gerichte kann man damit würzen. Man kann den Speisesenf direkt hinzugeben, ihn also schon bei der Bereitung mit einbeziehen, man kann aber auch erst am Tisch würzen. Ich selber habe auf folgende Weise beste Erfolge erzielt, obgleich meine Frau immer noch von einer Unart meinerseits spricht. Bekomme ich einen Eintopf mit reichlich fettem Fleisch, so nehme ich zunächst ein wenig davon auf meinen Teller, um zu schmecken, was er an Eigenarten und eigenen Geschmacksrichtungen zu bieten hat, dann rühre ich den Speisesenf darunter, schmecke bei Tisch meine eigene Portion ab, um sie dann mit weiterem Eintopf aufzufüllen. Wer diese Unart nicht übernehmen möchte, dem rate ich jedoch, es *vor* dem Servieren so zu tun. Ein weiteres Experimentierfeld sind die Salate. In Salatsoßen mit einbezogen, würzt Senf vorzüglich und hilft die Gerichte verdaulicher zu machen, zu denen der Salat gereicht wird.

Wußten Sie eigentlich, daß man aus den jungen Blättern der Senfpflanze vorzüglichen Salat bereiten kann? Ein wenig Senfblätter unter den Spinat gegeben bereichern ihn ohne Zweifel, und sie kleingehackt fertigen Suppen beizugeben oder unter Streichkäse zu rühren ist ebenfalls empfehlenswert.

> «Senff-Sinapi in der speiss genossen, ist gutt dem magen
> zerteylt die groben speiss
> vnnd verzeret die vberflüssige feuchttigkeit darinnen

fürdert den harn
vnd die frawenzeit
reumpt die brust
macht wol aussreuspern
ist derhalben gutt denen
welche den athem schwerlich auss vnd einziehen.
Senft mit essig getruncken
zertreibt den stein. Im warmen weissen wein genossen
dient er wider das alltägige feber
quotidiana genandt.»

(P. A. Matthioulus, 1563)

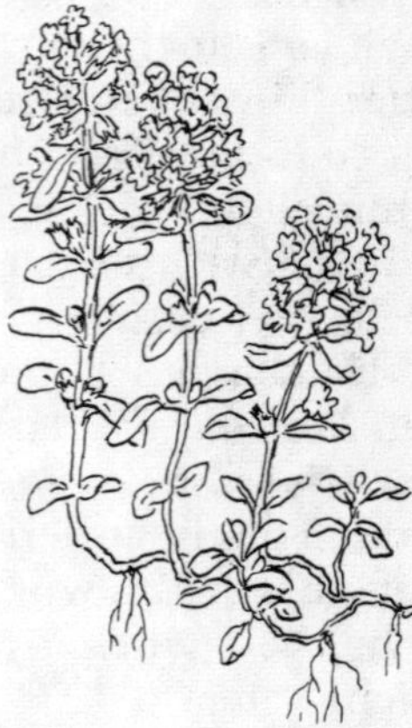

*Thymian**

Thymus vulgaris ist die Stammpflanze des arzneilichen und des Küchenthymians, der so vorzüglich aromatisch würzt, in Speisen so angenehm schmeckt und soviel für die rechte Verdauung zu tun in der Lage ist, denn seine Inhaltsstoffe sind ätherische Öle, die Gärungsvorgänge im Darm stoppen, Blähungen verhindern und ein noch so fettes Essen auch für sehr empfindliche Menschen verträglich machen. Thymian ist neben dem Rosmarin eines meiner liebsten Gewürze.

---

* siehe auch Seite 12.

In meiner Heimat – Ostpommern – bereitete man aus rohem Gänsefett, das wegen der dort betriebenen Mastgänsezucht überreichlich anfiel, durch Schaumigrühren mit Äpfeln und Zwiebeln einen Brotaufstrich, der mit Thymian gewürzt wurde. Jeder weiß, daß Gänsefett nicht gerade leicht verdaut wird, doch mit Thymian war das kein Problem. Alles, was fett ist, verträgt Thymian. Es geht dabei nicht nur um fettes Fleisch, nein, auch fette Bratkartoffeln, Rühreier mit fettem Speck, fette Fleischeintöpfe und kräftige Suppen sollten immer ein wenig Thymian enthalten.

Thymian sind die abgestreiften Blätter der Stammpflanze, die getrocknet worden sind. Sie lassen sich leicht zwischen den Fingern «zerbröseln», wozu ich dringend rate, denn die vielfach geübte Methode, die Blätter so, wie sie aus dem Vorratsgefäß kommen, in die Speisen zu tun, verhindert die feine Dosierung. Es ist nämlich nicht ganz einfach, die rechte Menge zu erwischen. Wer mit Thymian überwürzt, verschenkt geschmacklich die Besonderheit dieses Gewürzes.

Angemachte Käse eignen sich sehr gut für erste Experimente mit Thymian, wobei ich auch auf das Kapitel über Rosmarin verweise, der gerade hier eine wunderbare Ergänzung zum Thymian ist.

Die Heimat des Thymians ist das Mittelmeergebiet, von wo er schon sehr früh den Weg über die Alpen gefunden hat – vermutlich im 11. Jahrhundert. In der «Physika» der Äbtissin Hildegard und bei Albertus Magnus ist nämlich schon über ihn zu lesen.

Neben dem Küchenthymian gibt es noch den wilden Thymian, den man auch «Quendel» oder Feldthymian nennt.

Auch er ist reich an ätherischem Öl und in seiner Wirkung dem echten Thymian sehr ähnlich. Er wächst im Bergland an sonnigen Hängen und stellt keine hohen Ansprüche an den Boden, verträgt längere Trockenheit und verbreitet sich schnell. Manche Arten – oder besser Abarten – des wilden Thymians duften sehr intensiv nach Zitrone, doch allgemein kann man sagen, daß der Küchenthymian intensiver würzt.

Überall da, wo man den echten Thymian einsetzen kann, paßt auch der Quendel hin, und sein «besonderes Aroma» ist eine nette Abwechslung.

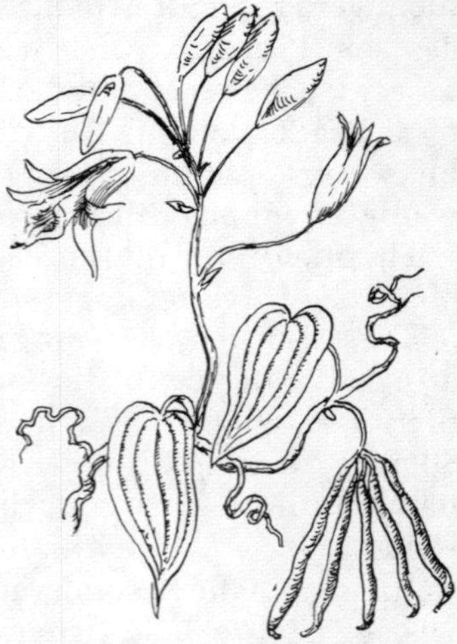

Vanille

Nur wenige Menschen wissen, daß die Vanille die Frucht einer tropischen Orchidee ist. Ihre Heimat ist Mexiko, und als die Spanier das Land eroberten, brachten sie diese Frucht mit nach Europa.

Sehr bald lernte man, die Vanille als Gewürz für Süßspeisen zu verwenden, und bis heute sind vanillegewürzte Süßspeisen und Leckereien sehr begehrt. Der Vanillepudding steht wohl an erster Stelle.

Die Schoten werden unreif geerntet und entfalten ihr Aroma erst nach einer besonderen Behandlung.

In den Handel kommen die Vanilleschoten zumeist in Glasröhrchen. Der Duft ist an das darin enthaltene Vanillin gebunden. Diese Substanz läßt sich auch synthetisch herstellen, so daß Vanillearoma sehr oft künstlichen Ursprungs ist.

Vanill*in*zucker beispielsweise enthält synthetisches Vanillin, während Vanill*e*zucker echte Vanille enthält.

Wacholderbeeren

Ein altes Heilmittel und ein beliebtes Gewürz sind die Beerenzapfen des Wacholderstrauches. Sie sind so gesund, daß man beinahe mehr von einem Heilmittel als von einem Gewürz reden sollte. Das ätherische Öl, das in guter Ware zu mindestens 1 Prozent enthalten ist, wirkt leicht harntreibend, regt die Galle an und fördert die Bildung der Verdauungssäfte. Es wirkt desinfizierend und beseitigt unerwünschte Darmbakterien. Übelriechenden Durchfällen und Blähungen kann man mit Wacholderbeeren abhelfen.

Kein Wunder, daß ein solches Gewürz viele Speisen gut verdaulich und bekömmlich macht. Das an sich schon sehr gesunde Sauerkraut erfährt durch Wacholderbeerwürze eine hervorragende Bereicherung, und nicht nur alle dunklen Soßen und viele Fleischgerichte lassen sich durch Wacholderbeeren bekömmlich würzen und verfeinern. Man kann die ganzen Beeren bei der Bereitung der Gerichte mitkochen, man kann sie auch zerdrückt beigeben oder sie im Kraut beispielsweise in einem Kräutersäckchen mitkochen, das man allerdings des öfteren umbetten sollte.

Die Volksmedizin benutzt die Beeren, den daraus bereiteten Saft oder Wein, als Heilmittel bei Rheuma, Gicht, Husten, Magen- und Gallebeschwerden verschiedenster Ursache. Es darf auch nicht vergessen werden, daß die wohltuende Wirkung der Wacholderschnäpse nicht nur dem Alkohol zuzuschreiben ist, denn bei der Herstellung geht viel ätherisches Öl in das Destillat über.

Neben der Linde, dem Holunder, dem Rosmarin und der Birke gehört der Wacholder zu den Pflanzen, die im Aberglauben unseres Volkes eine große Rolle spielten – und mancherorts noch heute spielen.

Den Wacholderstrauch zu beschreiben, kann ich mir wohl ersparen, denn ihn kennt bestimmt jeder. Er ist überall in der gemäßigten und kalten Zone der nördlichen Halbkugel zu Hause, findet sich bei uns auf Heideland, in Mooren, auf Weideflächen und als Unterholz in lichten Nadelwäldern, bis hinauf in die Hochalpen. Seine Größe schwankt zwischen 50 Zentimeter und 11 Meter. Seine Scheinbeeren – botanisch handelt es sich nämlich um Zapfen – bilden sich in drei Jahren bis zur Reife aus. Das erste Jahr ist das Blühjahr, das zweite das Befruchtungsjahr und das dritte Jahr das Reifejahr. Nur die ganz reifen, dunkelblauschwarzen, oft heller bereiften Beeren sind als Gewürz verwendbar.

Wie mit allen Gewürzen, so soll man auch mit Wacholder nicht überwürzen. Pro Person sollten zwei Beeren in einem Gericht ausreichen, wenn man sie zerdrückt verwendet, und die Anzahl von drei Beeren nicht überschritten werden, wenn sie als ganze Beeren mitgekocht werden.

Der Wasser- und Kräuterpfarrer Kneipp schätzte die reifen Wacholderbeeren sehr. Er empfahl sie als Kur bei Appetitlosigkeit und Magenbeschwerden. Der Patient sollte mit 4 bis 5 Beeren täglich beginnen und täglich eine Beere mehr einnehmen, bis er bei fünfzehn Beeren pro Tag angelangt war. Dann wurde täglich um eine Beere reduziert, bis man wieder bei Null angelangt war. Um die Nieren nicht zu schädigen, durfte die Kur nicht so schnell wiederholt werden, was aber auch nicht nötig war, denn die Beschwerden waren – so Kneipp – beseitigt.

Ysop

Man trifft diesen purpurrot blühenden Lippenblütler in Gärten als Zierpflanze, als Bienenfutterpflanze und als Duftpflanze häufiger, als man glaubt, und nur wenige wissen, daß man die Blätter als vorzügliches Gewürz verwenden kann. Reichlich ätherisches Öl, Gerb- und Bitterstoffe wirken anregend auf die Verdauung und machen Speisen bekömmlicher. Seit dem frühen Mittelalter blüht Ysop in europäischen Gärten. Früher erfreute er sich größerer Beliebtheit als heute und wurde mit Vorliebe als Stärkungsmittel für entzündete und tränende Augen genutzt.

Die Verwendung als Gewürz ist zu empfehlen. Besonders zarter Kalbsbraten, dem es oft an der würzigen Herbheit fehlt, läßt sich mit Ysop verbessern.

Zu Bohnengerichten, zu Eintöpfen und auch zu Suppen paßt Ysop gut. Alle frischen Salate mit Gurken, Tomaten usw. lassen sich durch Ysop geschmacklich pikant verändern. Und wer gern Quark ißt, der sollte einmal feingehackte Ysopblätter darüberstreuen oder daruntermischen.

Verwendet man gleichzeitig mit Ysop auch Glutamat, so erreicht man damit ganz besonderen Wohlgeschmack.

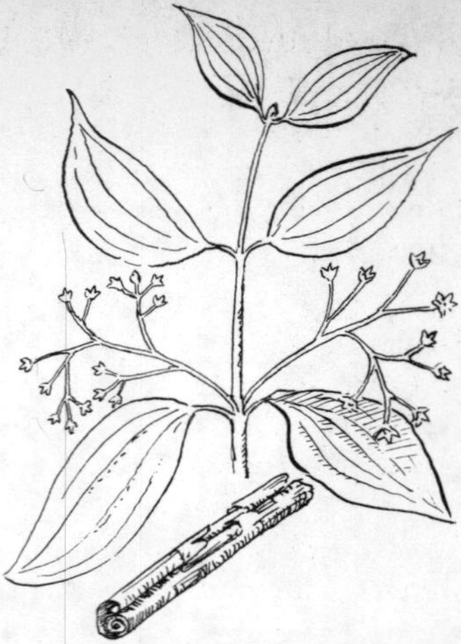

Zimt

Über den Zimt und seine Geschichte gibt es viel zu erzählen. Wo also beginnen? Am besten wohl in der Küche. Sieht man von der Weihnachtsbäckerei ab, läßt man seine Verwendung bei der Glühwein- und Punschbereitung einmal außer acht, so kennt wohl jeder den Zimt als Pulver, mit Zucker gemischt zum Würzen von Milchreis, der damit überpudert und dann von jedermann gern gegessen wird.

Aber Zimt als Würze eignet sich auch für Geflügel, besonders für Gänse- und Entenbraten. Man würzt damit – sparsam zwar – die Füllung und fördert auf diese Weise Duft und Geschmack des ganzen Bratens.

Bepudert man ganz sparsam Schinken, Koteletts (besonders vom Lamm) und Schnitzel vor dem Braten mit ein wenig Zimtpulver, so entfaltet sich dieses Gewürz in geradezu erstaunlicher Weise. – Zu gekochtem Fisch und gekochtem Schweinebraten oder zu gekochtem Rindfleisch gegeben, würzt Zimt vorzüglich. Dennoch ist seine Domäne die Süßspeise und das Kompott. Daß Zimtrinde fast in allen Currymischungen vorhanden ist, wurde in dem Abschnitt über Curry schon gesagt. Hier sei aber in diesem Zusammenhang erwähnt, daß Zimt sich folglich mit den verschiedensten Gewürzen, besonders den scharfen und bitterstoffreichen, gut verträgt.

Was den gesundheitlichen Nutzen dieses duftenden Gewürzes angeht, so wird er bestimmt durch den Gehalt an ätherischem Öl, der in guter Ware etwa 1 Prozent beträgt.

Interessant ist die Gewinnung der Droge. Es ist die Rinde des Zimtbaumes, eines Gewächses aus der Familie der Lorbeergewächse, der auf Ceylon seine Heimat hat. Hauptsächlich auf Ceylon, jedoch auch auf Java und in Brasilien wird dieser Baum sehr viel gezüchtet. In den Kulturen wird er strauchig gehalten. Die zylindrischen Zweige tragen große, gegenständige, ovale, kurzgestielte Blätter, die nach Nelken duften. Die rispigen Blütenstände sind armblütig, die Blüten weißlichgrün und unscheinbar.

Die Kulturen werden in der Nähe von Gewässern angelegt, da die Pflanzen genügend Grundwasser brauchen. Nach einigen Jahren ungestörter Entwicklung schlägt man die Stämmchen ab, damit sich an den Stümpfen Schößlinge bilden können. Nach etwa zwei Jahren werden diese Schößlinge zur Gewinnung der Droge abgeschnitten und von den Blättern befreit. In Abständen von zwanzig Zentimetern schneidet man rundherum ein und verbindet die Einschnitte mit Längsschnitten.

Mit falzbeinartigen Messern wird die Rinde abgelöst. Zum Schälen zieht man sie über einen Stock aus Zimtholz und schabt sie mit einem stumpfen Schälmesser ab. Mehrere abgeschabte Rindenstücke steckt man ineinander und hängt sie zum Trocknen auf. Nach dem Trocknen, das zumeist im Freien an der Sonne geschieht, wird sortiert, und die Rinde ist fertig zum Versand.

Ceylon- oder Javazimt ist von guter Qualität. Hingegen ist der Cassiazimt, der dicker, dunkler, im Geschmack schärfer und oftmals tiefrot gefärbt ist, wohl die minderwertige Sorte.

Zimt kannte man schon im alten Rom, und er galt dort als große Kostbarkeit, doch erst im Mittelalter gelangte Ceylonzimt nach Europa. Viel Streit gab es im Laufe der Geschichte um diesen kostbaren Handelsartikel. Zuerst waren es die Eingeborenen, die das Monopol für sich in Anspruch nahmen. Im Jahre 1505 entdeckten die Portugiesen das Gebiet und diktierten die Handelsbedingungen, bis dann die Holländer den Portugiesen die Insel Ceylon abnahmen und ihrerseits das Monopol innehatten. Sie sorgten dafür, daß Zimt eine Seltenheit blieb, und stoppten den Anbau. Von 1795 an war Ceylon englischer Besitz, bis endlich in der Mitte des 19. Jahrhunderts das Zimtmonopol zusammenfiel, da auch auf Java, Borneo, Sumatra, Mauritius und in Brasilien Zimt angebaut wurde.

Zwiebel

Was der Leser an dieser Stelle von mir erwartet, ist wohl kaum eine Information über die Verwendung der Zwiebel in der Küche, denn da hat sie – und zwar überall – ihren festen Platz. Bleibt mir also nur noch, die Würz- und Heilwirkung dieses so beliebten Gewächses zu unterstreichen und ein wenig über die Geschichte der Zwiebel zu plaudern, die bewegt und interessant genug ist.

Zwiebeln sind im Hinblick auf ihre wirksamen Inhaltsstoffe dem Knoblauch (siehe auch dieses Kapitel) sehr ähnlich, was auch nicht verwunderlich ist, denn der Knoblauch ist botanisch mit der Zwiebel auf das engste verwandt. Das schwefelhaltige ätherische Öl wirkt durchblutungsfördernd und leicht hautreizend. Natürlich übt es auch einen Reiz auf die Schleimhäute im Magen und Darm aus, was zur Anregung der Saftproduktion führt. Darüber hinaus sind die Inhaltsstoffe der Zwiebel antiseptisch zu nennen. Sie töten «fremde» Darmbakterien ab und verhindern die so lästige Gärung im Darm, die zu unangenehmen Blähungserscheinungen führt. Auf die Nierentätigkeit üben Zwiebeln ebenfalls einen sehr günstigen Einfluß aus, und sie wirken auch leicht blutdrucksenkend. Man tut also gut daran, reichlich mit Zwiebeln zu würzen oder sie, wo es nur geht, in der Küche zu verwenden. Ob roh, geröstet oder gekocht, ob in Scheiben oder fein zerkleinert, ob in Soßen, an Braten, im Schmalz oder am Salat – Zwiebeln passen überallhin und verfeinern und verbessern das Gericht.

Selbst in Form des Zwiebelpulvers, der «flüssigen Zwiebeln», der Zwiebelflocken oder der Röstzwiebeln als Dauerware sind sie gesund, doch *die frische Zwiebel ist unübertroffen!*

Die Heimat der Zwiebel muß man wohl in den Steppen Innerasiens suchen. Diese Form, von der man annimmt, daß sie unendlich viel schärfer als unsere heutige Küchenzwiebel war, gibt es nicht mehr, denn durch den Anbau über Tausende von Jahren, durch die Vermischung mit Abarten und Verwandten hat sie sich verändert.

Wir unterscheiden heute zwischen der Sommerzwiebel und der Winterzwiebel. Erstere stammt wahrscheinlich aus dem westlichen Asien. Die Römer brachten sie nach Mitteleuropa, wo sie sich schnell einbürgerte. In den Balkanländern und im Orient ist sie – weit mehr als bei uns – eine wichtige Gemüsepflanze. Die Winterzwiebel soll aus dem südlichen Sibirien stammen. Sie ist im Gegensatz zur Sommerzwiebel nicht frostempfindlich und kann auch im Freien überwintern. Im Geschmack ist sie milder.

Von diesen beiden Hauptarten leiten sich all die vielen Zwiebelsorten ab, die sich in Farbe, Größe und Geschmack voneinander unterscheiden. Sehr beliebt sind die *Perlzwiebeln,* die, klein und mild, eingemacht sehr gut schmecken und als Beilage zu vielerlei Gerichten verwendbar sind. Selbst zum Butter- oder Schmalzbrot sind sie eine vorzügliche Ergänzung. Man nennt sie auch *Schalotten.*

Wenn von Zwiebeln die Rede ist, so darf der *Schnittlauch* nicht übergangen werden. Ihn baut man zwar wegen seiner «Blätter» und nicht wegen der Zwiebeln an, doch gehört er in die gleiche Pflanzengattung wie die Küchenzwiebel. Schnittlauch ist überaus gesund und vielseitig verwendbar. Im kleinsten Garten oder im Blumenkasten vor dem Küchenfenster gedeiht er und beschert uns Frische, Wohlgeschmack und reichlich Vitamin C. In 100 Gramm Schnittlauch sind bis zu 75 mg Vitamin C enthalten. In Suppen und Eintopfgerichten, zu Quark und anderen Weichkäsen paßt Schnittlauch ebenso wie zu frischen Tomaten und Gurken. Kinder lieben es, wenn die Mutti das Butterbrot dick mit Schnittlauch bestreut, und essen Rühreier noch lieber, wenn feingehackter Schnittlauch kurz vor dem Servieren darübergestreut wird.

Pilze, Wildfrüchte (Beeren), Wein und Sherry als gesunde Gewürze

Pilze

Pilze ganz allgemein sind in ihrem Nährwert den edlen Gemüsen gleichzusetzen. Was sie aber besonders auszeichnet, sind ihre feinen Aromastoffe, die alle Feinschmecker immer aufs neue begeistern und die in erster Linie die Pilze zu Gewürzen machen. Auch darf man nicht übersehen, daß uns Pilze eine Menge wertvoller Mineralien liefern. Ihr Vitamingehalt ist nur gering. Zu nennen sind Vitamine der B-Gruppe und das Vitamin D. Das alles rechtfertigt ihre Verwendung als gesunde und würzhafte Beilage, zumal die Behauptung, Pilzeiweiß sei allgemein schwer verdaulich, nicht aufrechtzuerhalten ist. Bei manchen Pilzarten ist sogar das Gegenteil der Fall.

Daß es Menschen gibt, die überhaupt keine Pilze vertragen, stimmt leider. Es gibt aber keinen Grund, Pilze aus der Diätküche zu verbannen, denn sie schaden nicht. Besonders Diabetikern können sie sehr empfohlen werden, da sie den Diätzettel bereichern, wobei sie wegen ihrer Kohlenhydratarmut nicht besonders angerechnet werden müssen.

Ich meine, daß sich grundsätzlich *alle* Speisepilze zum Würzen – als würzhafte Beilage – eignen. Jede Soße, die für Wildgerichte gebraucht wird, wird feiner, wenn genügend Mischpilze beigegeben werden. Dennoch gibt es viele Pilze, die den Ruf haben, besondere Würzpilze zu sein. Zumeist sind sie herb oder besonders scharf im Geschmack, oder es haftet ihnen, wie z.B dem

Knoblauchschwindling, ein besonderer Duft an, der sich beim Trocknen noch verstärkt.

Man mag darüber denken, wie man will. Ich persönlich kann die sogenannten Würzpilze nicht empfehlen. Das hat zwei Gründe. Erstens werde ich den Verdacht nicht los, daß die Würzstoffe zumeist starke Reizstoffe sind, über die man viel zuwenig weiß, und zweitens braucht man umfassende Pilzkenntnisse, um Würzpilze selber zu sammeln. Allzuleicht erwischt man dabei Pilze, die bedenklich, um nicht zu sagen giftig sind. Nur wirkliche Pilzkenner können sich trauen, Würzpilze zu sammeln. Alle anderen sollten die Finger davon lassen. Diese Erkenntnis habe ich in meiner Eigenschaft als langjähriger Pilzberater gewonnen.

Wer aber dennoch eigene Erfahrungen mit Würzpilzen sammeln möchte, der kaufe sie als Würzpulver.

Speisepilze hingegen, frisch oder aus der Dose, den Speisen beizugeben, kann ich wärmstens empfehlen. Wer Freude daran hat, der kann auch frisch gesammelte Pilze trocknen oder daraus einen Pilzextrakt bereiten, um Pilzwürze immer griffbereit zu haben.

Nicht jeder Pilz eignet sich zum Trocknen. Pilze, die schon in jungem Zustand schwammig und weich sind, oder solche, die eine schmierige Haut haben, scheiden von vornherein aus. Pilze, die man trocknen möchte, müssen jung sein und dürfen nur an sonnigen Tagen gesammelt werden. Bei Nebel oder gar bei Regen bergen sie so viel Feuchtigkeit in sich, daß der Trocknungsprozeß zu lange dauert und dadurch die wertvollen Aromastoffe verlorengehen. Steinpilze, Rotkappen und Pfifferlinge zu gleichen Teilen, versetzt mit einigen Exemplaren Stockschwämmchen, geben getrocknet eine feine Pilzwürzmischung, die vielseitig verwendet werden kann.

Und so werden Pilze getrocknet:

Zuerst muß man die Pilze gut säubern, ohne sie jedoch zu waschen oder unter fließendem Wasser zu spülen. Gleich danach werden sie in dünne Scheiben geschnitten, die man auf luftige, weitmaschige Darren legt oder auf Schnüre zieht. Bei etwa 60 Grad sollen sie dann schnell getrocknet werden. Gegen Ende des Trokkenprozesses kann die Temperatur auf 80 Grad erhöht, um dann langsam, stufenweise wieder gesenkt zu werden. Das Trocknen ist dann beendet, wenn sich die Pilzscheiben in Stücke brechen lassen. Nach dem Trocknen müssen die Pilzscheiben sofort in gut schließende Gefäße gelegt werden, da sie aus der Luft sonst wieder Feuchtigkeit anziehen. Wer ein Pilzwürzpulver wünscht, der muß die Pilzscheiben sofort nach dem Trocknen fein verreiben oder mahlen. –

Pilzpulver ist besonders feuchtigkeitsempfindlich. Es verdirbt, wenn auch nur die geringste Feuchtigkeit in das Vorratsgefäß gelangt.

Einen Pilzwürzextrakt kann man sich auf folgende Weise bereiten: Nur beste, junge und gesunde Speisepilze sammeln und sofort putzen. Pilze sehr fein wiegen oder schneiden. Lagenweise in einem Glas- oder Steingutgefäß mit Salz überschichten. Etwa vier Tage lang stehenlassen und dann den ganzen Saft abgießen. Pilzrückstand gut auspressen und die Flüssigkeit mit dem abgegossenen Saft vermischen. Auf ganz kleiner Flamme den Saft vorsichtig bis zur Sirupdicke unter ständigem Umrühren einkochen. In gut schließenden, nicht zu großen Gefäßen aufbewahren.

Diesen Pilzextrakt kann man, zumal wenn er aus vielerlei Pilzen bereitet worden ist, zum Würzen aller dunklen Soßen, besonders für Braten, vorteilhaft verwenden. Er schmeckt sehr aromatisch, salzig und bitter.

Zum Abschluß dieses Kapitels sei noch ein Würzpilz erwähnt, der wohl unverwechselbar ist, wenn man auf seinen Geruch und sein Aussehen gleichermaßen achtet. Er wächst mitunter massenhaft in Nadelwäldern, riecht – besonders nach dem Zerreiben zwischen den Fingern – stark nach Knoblauch und ist als *Musseron* (Küchenschwindling) bekannt. Besonders Hammelfleisch läßt sich damit vorzüglich würzen. Der mittelgroße Pilz trägt auf dünnem, hohlem, zähem Stiel einen 1 bis 3 Zentimer breiten Hut von anfangs bräunlichem, später lehmfarbenem Aussehen. In jungem Zustand ist der Hut halbkugelförmig, später ausgebreitet. Die Lamellen sind weißlich. Sein Stiel ist unten braunschwarz, oben heller und feinfilzig. Gräbt man ein wenig nach, so stößt man auf Reisig oder auf tief im Boden liegende Holzteile.

Der «künstliche Würzpilz»

Zweifellos ist der Champignon der Pilz, der am häufigsten als Beilage verwendet wird, weil er immer zur Hand ist: Als Konserve bekommt man ihn in allen Größen, ganz oder geschnitten, in fast jedem Lebensmittel- oder Feinkostgeschäft.

Champignons passen überallhin, und ihr Geschmack ist beliebt, wenn auch der Feinschmecker mit dem Geschmack der Zuchtchampignons nicht so recht zufrieden ist. Aber die kleinen Champignons lassen sich als *Gewürzträger* bestens verwenden, wenn man sie mit anderen Gewürzen zusammen kocht. Der Pilz saugt die Würzflüssigkeit auf, vermengt sie mit dem Eigengeschmack und eignet sich dann bestens als Würzbeilage.

½ kg kleinste Champignons (frisch oder aus der Dose) werden mit ½ Liter Wasser übergossen, mit dem Saft einer großen Zitrone, einem Eßlöffel Essig und drei Eßlöffeln trockenem Sherry versetzt und zum Kochen gebracht, nachdem man die Gewürze (Rosmarin, Thymian, Pfeffer) oder andere Mischungen in mehr oder weniger großer Menge und in jedem Fall zwei Knoblauchzehen zerquetscht beigegeben hat.

Wenn die Mischung kocht, läßt man bei mäßiger Hitze etwa 10 Minuten garen, abkühlen und etwa 24 Stunden ziehen.

Wildfrüchte (Beeren)

Ein solcher Abschnitt in einem Gewürzbuch ist sicher ungewöhnlich, doch es ist eine feststehende Tatsache, daß man aus Wildfrüchten ganz vorzügliche und gesunde Fleischbeilagen bereiten kann und es zu jeder Zeit auch getan hat. Diesen Zubereitungen kann man ihren Würzcharakter auch im Sinne der in diesem Buch besonders herausgestellten Definition, nämlich den Appetit anzuregen, die Produktion der Verdauungssäfte zu aktivieren und dadurch das Gericht bekömmlich zu machen, nicht absprechen. Wo Wildfrüchte auch immer gebraucht werden, ihre wertvollen Inhaltsstoffe rechtfertigen es.

Da man im allgemeinen Wildfrüchte als Beilagen serviert und sie folglich in größerer Menge verzehrt, kommen ihre Wirk- und Geschmacksstoffe voll zur Geltung.

Das Wertvollste an ihnen sind Vitamine, Mineralsalze, Spurenelemente und nicht zuletzt Fruchtsäuren – alles Stoffe, die der menschliche Organismus zum «Funktionieren» unbedingt benötigt und die folglich unser Wohlbefinden mitbestimmen.

Preiselbeeren

Jetzt wird so mancher gar nicht mehr verwundert sein, daß Wildfrüchte auch zum Würzen Verwendung finden. Seit undenklichen Zeiten gebraucht man Preiselbeerkompott als Beilage, besonders zu Wildgerichten. Das eigenwillige, köstlich-herbe Aroma mit säuerlichem Unterton paßt so ausgezeichnet zum Wildbraten, daß man es einfach vermißt, wenn keine Preiselbeeren dazu gereicht werden. Aber das ist nicht nur auf die alte Tradition zurückzuführen. Traditionen werden in unserer Zeit bedenken- und gnadenlos über Bord geworfen, wenn nicht ein echter Wert dahintersteckt. Was bleibt, ist also bestimmt von Nutzen.

Preiselbeeren sollte man, wenn irgend möglich, selber sammeln und dafür sorgen, daß sie in wirklich vollreifem Zustand geerntet werden. Im Gegensatz zu anderen Früchten (Tomaten zum Beispiel) reifen Preiselbeeren nicht nach, sondern faulen! Gleich nach der Ernte muß man sie zubereiten. Rezepte für ein gesundes Preiselbeermus findet man in allen älteren Rezeptbüchern und bestimmt in Großmutters handgeschriebenem Kochbuch. Wegen des hohen Pektingehaltes eignen sich Preiselbeeren ganz besonders zum Einmachen.

Die Preiselbeere, ein zierlicher, niedriger Halbstrauch mit glänzenden Blättern, wächst eigentlich überall in Europa. In Deutschland findet man sie in besonders großer Menge in der Oberpfalz und der Lüneburger Heide. Die kleinen weißrosa Blüten sind in Trauben angeordnet. Im Sommer sind sie ein beliebter Tummelplatz für Bienen und Hummeln. Aus den Blüten entwickeln sich im Spätsommer scharlachrote Beeren von herbaromatischem Geschmack.

Eine nahe Verwandte der Preiselbeere ist die *Moosbeere,* die leider sehr selten ist. Nur auf den Moorböden in Rußland, Finnland und Nordamerika gibt es sie in größerer Menge.

Holunderbeeren

Ebenfalls von besonders eigenwilligem Geschmack sind die Holunderbeeren, die man im Herbst in großer Menge von den 3 bis 5 Meter hohen Holundersträuchern ernten kann. Nur selten wächst dieser Strauch sich zu einem Baum bis 10 Meter Höhe aus. Holunderbeeren erfreuen sich unterschiedlicher Beliebtheit. Mancherorts bleiben sie völlig ungenutzt, anderwärts hingegen gelten sie als Kostbarkeit. Es lohnt sich aber sicher, Holunderbeermus zu versuchen. Schmeckt es, kann man seinen Speisezettel durch eine Vitamin A, B und C enthaltende Fleischbeilage bereichern.

Schwarzdornbeeren – Schlehen

Wer sie probiert hat, der weiß, daß Schlehen so herbsauer schmecken, daß sie die Mundschleimhäute buchstäblich zusammenziehen. Wer aber wartet, bis die blaubereiften Früchte den ersten Frost hinter sich haben und nicht mehr prall und glatt sind, sondern schon ein wenig runzelig aussehen, der macht die interessante Feststellung, daß sie jetzt viel milder schmecken. Zu diesem Zeitpunkt sollte man sie ernten und unter Verwendung von reichlich Essig ein Mus daraus bereiten. Dieses Mus eignet sich – das bestätigen Feinschmecker immer wieder – ähnlich wie Preiselbeermus bestens als Beilage zu Wildfleisch. Es empfiehlt sich, mit diesem Mus auch andere Marmeladen zu versetzen, die für sich allein sehr süß schmecken. Schlehenmarmelade wurde einmal von einem Diätkoch als das «Frühstücksgewürz» bezeichnet, da es in der Lage ist, am Morgen die noch nicht erwachten «müden Mägen» zu aktivieren.

Es gibt tatsächlich Menschen, die in der Frühe Verdauungssäfte in zu geringer Menge produzieren und die deshalb ohne Frühstück zur Arbeit gehen. Da aber gerade das erste Frühstück für die Leistungsfähigkeit und das Wohlbefinden am Arbeitsplatz oder in der Schule von besonderer Bedeutung ist, kann man mit einem Schlehenmusbrot vorweg dafür sorgen, daß eine weitere Nahrungsaufnahme am Frühstückstisch möglich wird.

Der Schwarzdorn (Schlehdorn) wächst an Waldrändern, an Hecken und Zäunen, an sonnigen Fels- und Geröllabhängen. Der mit spitzen Dornen besetzte Strauch wird bis zu drei Meter hoch. Im frühen Frühjahr, noch bevor die Blätter voll ausgebildet sind, blüht er strahlendweiß; doch nur für eine sehr kurze Weile. Zu dieser Zeit kann man ihn ausfindig machen, um dann im Herbst seine Früchte zu ernten.

Hagebutten

Von der Hagebutte, der Frucht der Wildrose, ist zu vermelden, daß sie ganz besonders große Mengen an Vitamin C enthält und ebenfalls mit den Vitaminen der B-Gruppe, den Vitaminen A, E und K ausgestattet ist. Das allein rechtfertigt schon ihre Verwendung nicht nur als Tee, sondern überall da, wohin sie paßt.

Hagebuttenmus, allein aus dem Fruchtfleisch bereitet, paßt zu vielerlei Speisen, besonders zu Braten als Beilage oder in die Soße gerührt. Man sollte jedoch darauf achten, daß man Hagebuttenmus nicht zu süß bereitet. Wieweit man selber den Geschmack liebt, bleibt festzustellen, und die ersten Experimente in dieser Richtung kann man mit ganz neutralem, also weder gesalzenem noch mit anderen Gewürzen versetztem Quark machen. Quark ist schon vielmals zum Ausprobieren von Gewürzen empfohlen worden, und hier eignet er sich ganz besonders gut. Aus diesem Experiment ergeben sich dann zwangsläufig die vielen anderen Anwendungsmöglichkeiten. Auch gemischt mit anderen Beerenmarmeladen läßt sich Hagebuttenmus sehr gut verwenden.

Sanddornbeeren

Der Sanddorn ist wegen seiner überaus vitaminreichen Beeren gleichsam über Nacht bei uns berühmt geworden, und Sanddornsaft, Sanddornmus, Sanddornmarmelade und Sanddornmixgetränke erfreuen sich großer Beliebtheit. Es ist daher gar nicht so abwegig, die zerquetschten Sanddornbeeren auch als würzhafte Beilage zu Fleischgerichten zu probieren oder statt Zitronenscheiben zu Fisch zu servieren. Es wird dadurch eine gesunde Beikost gereicht. Neben sehr viel Vitamin C enthalten Sanddornbeeren reichlich Vitamin A, Vitamine der B-Gruppe, Vitamin E, Vitamin P, wertvolle

Mineralstoffe und ein Öl mit vorwiegend ungesättigten Fettsäuren.

Der saure Geschmack der Sanddornbeeren ist oftmals zu «vordergründig». Er läßt sich aber durch Beigabe von Zucker sehr stark mildern. Sanddorn kommt in Süddeutschland auf Schuttplätzen und Geröllhalden wild vor, in Norddeutschland besonders häufig auf den Friesischen Inseln, hält jedoch in zunehmendem Maße Einzug in Parks und Gärten.

Vogelbeeren

So nennt man die Früchte der Eberesche, weil sie gern von Vögeln gefressen und durch diese auch weiterverbreitet werden. Sie sind reich an Vitamin C, im Geschmack aber auch dann noch recht bitter und herbsauer, wenn sie den ersten Frost erlitten haben. Besser steht es um die süsse Abart, die sogenannte Böhmische Vogelbeere. In manchen Gegenden kocht man daraus ein Mus, das als Beilage zu Geflügel sehr beliebt ist.

Kornelkirschen

Sehr wenig bekannt ist die Tatsache, daß man aus der Kornelkirsche, die in Südwest- und Süddeutschland an Wegrändern und auf sonnigen Hügeln wild vorkommt, die aber auch in Parks und Gärten häufig anzutreffen ist, eine wohlschmeckende Marmelade bereiten kann. Der herb-saure Geschmack ist sehr angenehm, und als Fleischbeilage kann dieses Fruchtmus empfohlen werden.

In diesem Abschnitt wurden absichtlich einmal einige Wildfrüchte vorgestellt, die sich als würzhafte Fleischbeilage eignen. Es ist nicht einzusehen, daß es nur der Preiselbeere vorbehalten bleiben soll, diesem Zweck zu dienen, da auch die anderen Wildfrüchte sehr gesund sind.

Es ist nun Sache des Lesers, auszuwählen, was ihm behagt. Auf jeden Fall aber sollte man alles einmal probieren. Es bleibt dann der Phantasie des einzelnen überlassen, Eigenes für sich zu ersinnen und damit den Speisezettel zu bereichern. *Variatio delectat,* Abwechslung erfreut, und gesunde Abwechslung ist besonders zu empfehlen. Erlaubt ist, was schmeckt, und was schmeckt, ist im Falle der würzig-aromatischen Wildfrüchte bestimmt gesund.

Wein (rot oder weiß) und Sherry

Den Wein zählt man gewöhnlich nicht zu den Gewürzen, doch er verdient es, hier behandelt zu werden, weil er sehr wohl in der Lage ist, ein Gericht geschmacklich zu verbessern und auch die Bekömmlichkeit einer Speise zu erhöhen. Das sind, wie wir gesehen haben, zwei wesentliche Kriterien für Gewürze.

Weinfreunde, und vor allen Dingen Weinkenner, wissen, was an Köstlichkeit im Wein verborgen ist und wie unterschiedlich die einzelnen Weine sein können. Die Rebsorte, die Lage (besonders deren Bodenbeschaffenheit), ja selbst der Jahrgang sind entscheidende Faktoren.

Ein Weinfreund wird sich schwerlich an Wein berauschen. Er wird vielmehr mit Augen, Nase und Mund genießen und sich an ihm erfreuen. Daß der Alkoholgehalt des Weines den Genuß noch erhöht, das steht auf einem anderen Blatt. – Wein ist gesund. Das ist unumstritten. Nur gilt es hier besonders – wie beim Essen und Trinken überhaupt – den weisen Rat des Hippokrates zu befolgen, nur so viel zu sich zu nehmen, wie man unbedenklich vertragen kann, und nicht so viel, wie man gerade noch zu verkraften vermag.

Speisen mit Wein zuzubereiten ist üblich und sehr beliebt. Aber es gibt auch genügend Kritiker, die das mit der Begründung ablehnen, daß beim Kochen der Alkohol verdunste und auch die wertvollen Aromastoffe sich restlos verflüchtigen. Es sei daher ein nicht zu vertretender Unfug, kostspielig und zugleich nutzlos, und grenze stark an Snobismus. Diesen Kritikern muß ich einfach widersprechen:

Im Wein als Getränk ist der Alkohol wichtig, im Wein als Getränk sind auch die flüchtigen Aromastoffe, die unsere Nase umschmeicheln, von unschätzbarem Wert, doch im Wein als Gewürz reichen die nichtflüchtigen Aromastoffe und die verschiedenartigsten Extraktstoffe, die Säuren, die gebundenen Ester und der Restzucker aus, um Gerichte verschiedenster Art zu verbessern, ja ihnen die besondere Note zu verleihen. Beim Rotwein kommt noch der Gerbstoffgehalt dazu.

Wein ist eigentlich überall erlaubt. Bei Salaten, Soßen, Braten und im Sud zum Abkochen eines Fisches. Regeln lassen sich kaum aufstellen, außer, daß Rotwein weniger zum Bereiten von Fisch geeignet ist, weil er den sogenannten Fischgeschmack (gemeint ist das Tranig-Fischige, das man wenig schätzt) besonders hervorhebt.

Natürlich wird man Spitzenweine (Spätlesen und Auslesen) lieber trinken als verkochen, doch mehr zu verallgemeinern wäre verfehlt. Es kommt ganz auf den persönlichen Geschmack an, und dafür ist wieder das Experiment nötig. Eine kleine Geschichte, die die Notwendigkeit des Experimentes unterstreicht, sei hier kurz wiedergegeben.

Ich war zu Gast bei einem Freund, dessen Zwiebelrostbraten so berühmt war, daß ich alles daransetzte, soviel als irgend möglich über sein «Geheimrezept» zu erfahren. Durch geschickte Fragen, die ich so ganz nebenbei einfließen ließ, erfuhr ich fast das ganze Geheimnis. Natürlich verwendete der Meisterkoch für seinen Zwiebelrostbraten auch Wein. Ich war fest davon überzeugt, er nähme Rotwein, und zwar einen aus Südtirol, denn einen Südtiroler Rotwein servierte er auch jetzt zum Essen.

Ich hatte in den nächsten Tagen nichts Wichtigeres zu tun, als diesen Zwiebelrostbraten, über den ich nun schon soviel wußte, nachzumachen. Er gelang mir vorzüglich, nur sah er anders aus und schmeckte auch anders, jedoch in keiner Weise schlechter. Später erfuhr ich, daß das Original mit Weißwein bereitet worden war, mein «nachkomponierter» Zwiebelrostbraten hingegen mit Rotwein. Ein unfreiwilliges Experiment, doch mit positivem Ergebnis.

Wer nun mit Wein würzen möchte, der versuche sein Glück zunächst einmal mit Kraut. Sauerkraut oder Rotkraut eignen sich vorzüglich für das erste Experiment. Hier zeigt sich, was Wein alles vermag. Den Essig kann man ganz oder teilweise durch Wein ersetzen, und sofern man Wasser benötigt, darf dies auch Wein sein. Kurz vor dem Servieren darf ruhig noch einmal ein wenig Wein hinzugegeben werden.

Wem das behagt, der wage sich zunächst an dunkle Soßen, bei denen Wasser durch Wein ersetzt wird, und dann sollte man Füllungen (bei Gänsen, Enten und Hühnern) mit Wein durchtränken. Die verschiedensten Salate, ja selbst gewöhnlicher Kartoffelsalat, vertragen einige Eßlöffel Wein bestens.

Sherry

Was den Sherry angeht, so sollte man es sich schlechterdings angewöhnen, damit zu würzen. Klare Suppen – besonders Ochsenschwanzsuppe u.ä. – werden durch Sherry verfeinert. Und erst die verschiedenen Soßen – sie leben richtig auf, wenn man sie mit einem Schuß Sherry versetzt. Daß dafür nicht die süßen Sherrysorten, sondern zweckmäßigerweise der herbe «Fino» Verwendung finden sollte, versteht sich von selbst.

Madeira

Er ist – sofern es sich um gute Sorten handelt – dem Sherry ebenbürtig. Die Hausfrau wird sich vielleicht über die Reihenfolge wundern. Sie kennt den Madeira vornehmlich als Würze, den Sherry aber mehr als Aperitif oder als belebendes Getränk zu den verschiedensten Speisen, während ich den Sherry *vorrangig* zum Würzen empfohlen habe.

Das geschah nicht ganz ohne Absicht. Ich wollte einmal darauf aufmerksam machen, daß Sherry bestens zum Würzen geeignet ist, und zugleich darauf hinweisen, daß der Madeira auch so gut sein kann, daß er als Würze fast zu schade ist, weil man ihn auch als Getränk verwenden kann.

Der Kenner wird unterscheiden können, wann er was einsetzt, und darauf kommt es schließlich an.

Aber wichtig ist mir die Feststellung: Sherry ist als Gewürz nicht «zu schade» und Madeira als Getränk nicht «zu gewöhnlich».

Einige Tabellen zur schnellen Orientierung

Mit Tabellen ist das immer so eine Sache. Sie sind sehr nützlich, wenn man sich schnell und kurz orientieren möchte, können aber, wenn sie ihren Sinn nicht verlieren sollen, nur wenig und nur Spezielles aussagen. Man sollte daher, wenn man mehr als nur Stichworte wünscht, bei den einzelnen Gewürzen nachlesen.

Versuch, die wichtigsten Gewürze nach Duft und Geschmack kurz zu charakterisieren

Anis/Sternanis	Geruch als Ganzdroge nur leicht würzig, gemahlen oder gepulvert würzig-süßlich. Geschmack erfrischend, aromatisch.
Basilikum	Geruch würzig, Geschmack scharf, aromatisch, würzig, kurzfristig leicht süßlich.
Beifuß	Geruch aromatisch, Geschmack aromatisch, doch weit mehr bitter.
Bibernelle	Geruch nur schwach, Geschmack aromatisch, bitter, scharf, leicht zusammenziehend.
Bittere Mandeln	In ganzem Zustand geruchlos, zerhackt, unter Speisen gegeben, typisch nach Bittermandeln, Geschmack bitter.
Bohnenkraut	Geruch leicht aromatisch, Geschmack pfeffrig-scharf mit aromatischem Unterton.
Borretsch	Geruch nur gering, Geschmack jedoch gurkenähnlich und an Zwiebeln erinnernd.
Chili	Geruch kaum wahrnehmbar, Geschmack sehr scharf.
Curry	Geruch aromatisch, Geschmack aromatisch, bitter, scharf.
Dill	Geruch erfrischend, aromatisch, Geschmack sehr erfrischend und aromatisch.
Estragon	Geruch nur schwach aromatisch, Geschmack pikant-herb.
Fenchel	Geruch würzig, Geschmack süßlich, schwach brennend.

Galgant	Geruch würzig, Geschmack brennend, würzig, etwas an Ingwer erinnernd.
Gartenkresse	Geruch unbedeutend, Geschmack herb, bitterlich.
Gewürznelken	Geruch stark eigenartig (nach Nelken), Geschmack brennend, würzig.
Ingwer	Geruch kräftig würzig, Geschmack würzig und brennend.
Kalmus	Geruch stark würzig, Geschmack würzig und zugleich bitter.
Kapern	Geruch unbedeutend, Geschmack würzig, herb, leicht bitter.
Kardamomen	Geruch stark würzig, Geschmack würzig und brennend.
Kerbel	Geruch unbedeutend, Geschmack süßlich, aromatisch, im Vergleich mit Petersilie delikater.
Knoblauch	Geruch wird leider von Mitteleuropäern unangenehm empfunden, nach dem Verzehr durch Haut und Atem ausgeschieden. Im Geschmack schärfer als Zwiebeln.
Koriander	Geruch aromatisch, Geschmack aromatisch, scharf, bitter.
Kümmel	Geruch und Geschmack stark würzig.
Kurkuma	Geruch sehr schwach aromatisch, Geschmack aromatisch, scharf, bitterlich.
Lavendel	Geruch kräftig würzig, Geschmack bitter, würzig.
Liebstöckel	Geruch scharf würzig, nach Maggi, Geschmack anfangs süßlich, dann scharf würzig und etwas bitter.
Lorbeer	Geruch schwach aromatisch, Geschmack aromatisch, scharf, bitter, zusammenziehend.
Majoran	Geruch aromatisch, Geschmack stark würzig, dem Thymian ähnlich, doch delikater und süßer.
Meerrettich	Geruch stechend, Geschmack rassig, scharf und brennend.
Melisse/Minze	Geruch stark aromatisch, erfrischend, Geschmack erfrischend, aromatisch.

Muskatnuß	Geruch schwach aromatisch, Geschmack anfangs mild, später scharf würzig.
Oregano	Geruch schwach, eigenartig, Geschmack herb, pfeffrig.
Pastinak	Geruch unbedeutend, Geschmack süßlich, aromatisch, bitterlich.
Petersilie	Geruch würzig, Geschmack pikant, erfrischend, würzig.
Pfeffer	Geruch scharf würzig, Geschmack brennend-scharf.
Piment	Geruch stark aromatisch, Geschmack zwischen Nelken und Pfeffer.
Portulak	Geruch unbedeutend, Geschmack unaufdringlich, erfrischend und leicht aromatisch.
Rosmarin	Geruch stark aromatisch, etwas an Kiefern erinnernd, Geschmack sehr stark aromatisch, im nachhinein leicht brennend.
Safran	Geruch kräftig, Geschmack würzig und bitterlich.
Salbei	Geruch kräftig und streng würzig, Geschmack würzig und bitter.
Schafgarbe	Geruch schwach aromatisch, Geschmack aromatisch und bitter.
Sellerie	Geruch eigenartig aromatisch, Geschmack aromatisch, würzig, bitterlich.
Senf	Je nach Zubereitung Geruch mild, scharf bis stechend, Geschmack scharf bis brennend, die milde Sorte süßlich.
Thymian	Geruch stark aromatisch, Geschmack aromatisch, bitter, stark würzend.
Vanille	Geruch erfrischend, süßlich, aromatisch, Geschmack aromatisch, bitter.
Wacholderbeeren	Geruch würzig, Geschmack würzig, süß.
Zimt	Geruch kräftig, eigenartig, Geschmack würzig, süßlich, brennend.
Zwiebel/Schnittlauch	Je nach Sorte verschieden. Geruch lauchartig bis stechend scharf, Geschmack mild bis scharf.

Die wichtigsten Gewürze im Hinblick auf ihren Nutzen für unsere Verdauung und ihre Verwendung als Heilkraut

Anis *Fenchel*	Macht schwere Speisen leichter verdaulich und verhindert Blähungen.	Bei Verdauungsstörungen, besonders kleiner Kinder. Krampflösend für Magen und Darm. – Hustenmittel.
Basilikum	Appetitanregend, förderlich für Fettverdauung.	Als Tee bei Magen- und Darmverstimmung.
Beifuß	Klassisches Bittermittel, das Verdauungssäfte für die Fettverdauung mobilisiert.	Magenmittel.
Bohnenkraut	Fördert die Magensaftsekretion und regt auch die Bauchspeicheldrüse an. – Verhindert Blähungen.	Gegen Koliken und Blähungen sowie bei Appetitlosigkeit.
Dill	Leicht anregend für Galle und Leber, appetitanregend.	Arzneilich nicht verwendet.
Ingwer	Als scharf aromatisches Gewürz fördert es die Verdauungssaftsekretion im Magen und Darm, regt den Appetit an und fördert die Nahrungsaufnahme.	Als Appetitanregungsmittel und zur Verdauungsförderung.
Kalmus	Förderlich für die gesamte Verdauung.	Bei nervösen Magenbeschwerden. Ausgleichend für die Säureproduktion im Magen.
Kardamomen	Aromatisch, scharf und deshalb Verdauungssaftlockmittel und Appetitanregungsmittel.	Bei Appetitlosigkeit und Blähungen.
Koriander	Fördert die Verdauung und regt den Appetit an.	Als blähungswidriges, krampflösendes Mittel in verschiedenen Fertigpräparaten enthalten.

Knoblauch	In den kleinen Mengen als Gewürz wohl nur wenig verdauungsfördernd, als Gemüse jedoch von beachtlichem gesundheitlichem Nutzen.	Medizinisch von großer Bedeutung. Gegen Durchfallerkrankungen, gegen Blähungen und Darminfektionen, gegen Würmer, bei hohem Blutdruck, bei Kreislaufstörungen und als Tonikum in höherem Lebensalter. Zumeist jedoch in geruchsneutralen Zubereitungen.
Kümmel	Macht alle blähenden Gerichte bekömmlicher.	Zur Steigerung der Galleproduktion, als windetreibender Tee sehr beliebt und besonders bei Koliken wirksam.
Liebstöckel	Allgemein verdauungsfördernd.	Beliebt als Tee bei Blähungen. Vermehrt auch die Harnausscheidung.
Majoran	Fördert die Fettverdauung und wirkt «verteilend».	Zur Beseitigung von Blähungen, die durch Krampfzustände bedingt sind. – Soll auch die Harnausscheidung verbessern.
Meerrettich	Fördert die Abscheidung aller Verdauungssäfte im Magen und im Darm.	Hat antibakterielle Wirkung und fördert die Durchblutung.
Minze und Melisse	Magenfreundlich, krampflösend, appetitanregend, windetreibend.	Wirksames Magenmittel. In Galle- und Leberteemischungen enthalten. Gilt auch als mildes Sedativum.
Nelken	Wirkt als scharfes, aromatisches Gewürz auf alle Verdauungsfunktionen förderlich.	Soll antibakterielle Wirkung auf schädliche Darmbakterien besitzen, ohne die normale Darmflora zu beeinträchtigen.
Paprika	In angemessenen Dosierungen verdauungsfördernd und kreislaufentlastend.	Steigerung der Speichelmenge und Vergrößerung des Herzschlagvolumens.

Besondere Eigenschaften einiger Gewürzdrogen

Antibiotisch wirkende Stoffe in

Knoblauch	Rettich (auch Radieschen)	Senf
Meerrettich	Schnittlauch	Zwiebeln

Gewürze, die die Nierentätigkeit besonders stark anregen und die Wasserausscheidung vermehren

Liebstöckel	Petersilie	Wacholderbeeren
Majoran	Sellerie	

Gewürze, die die Speichelabsonderung vermehren

Zitrusfrüchte	Paprika
Gärungsessig	Senf

Gewürze, die die Galleabsonderung erhöhen

Anis	Kurkuma	Rettich
Fenchel	Löwenzahn	
Kümmel	Pfefferminze	

Gewürze, die in der Galle- und Leberdiät erlaubt und nützlich sind

Anis	Knoblauch	Muskatnuß
Basilikum	Koriander	Nelken
Bohnenkraut	Kümmel	Paprika
Borretsch	Schnittlauch	Piment
Dill	Lorbeer	Rosmarin
Estragon	Liebstöckel	Salbei
Fenchel	Majoran	Vanille
Ingwer	Meerrettich	Zimt
Kerbel	Melisse	Zwiebeln

Gewürze, die sich in der Diät für Nierenkranke besonders bewährt haben

Grundsätzlich ist zu sagen, daß in der Nierendiät fast alle Gewürze verwendet werden können – außer Kochsalz, das in diesem Buch nie zu den Gewürzen gezählt wird. Besonders empfohlen werden:

Basilikum	Knoblauch	Petersilie
Bibernelle	Kümmel	Pfeffer (sparsam)
Bohnenkraut	Liebstöckel	Rosmarin (sparsam)
Borretsch	Majoran	Schnittlauch
Zitrusfrüchte	Meerrettich	Vanille
Dill	Muskat (in kleinen Mengen)	Wacholder (sparsam)
Estragon		Zimt
Fenchel	Nelken	Zitronenmelisse
Kerbel	Paprika (sparsam)	Zwiebel

Gewürze für die kochsalzfreie Diät

Falls der Verdauungsapparat gesund ist, sind eigentlich alle Gewürze erlaubt, vorausgesetzt, daß sie nicht übertrieben verwendet werden. Selbst die scharfen Gewürze, wie Meerrettich, Pfeffer und Paprika, sind in mäßigen Mengen erlaubt. Besonders zu empfehlen sind:

Dill	Lauch	Petersilie
Ingwer	Lorbeer	Sellerie
Knoblauch	Muskat	Zimt
Kresse	Nelken	Zwiebel

Gewürze für Diabetiker

Auch der Diabetiker kann fast alle Gewürze verwenden, denn gerade seine Kost soll schmackhaft sein. Mit Sicherheit werden vertragen:

Basilikum	Lorbeerblätter	Rosmarin
Beifuß	Majoran	Salbei
Bohnenkraut	Muskatnuß	Sellerie
Curry	Nelken	Thymian
Dill	Paprika-Pfeffer	Vanille
Estragon	(nur in ganz	Wacholderbeeren
Ingwer	kleinen Mengen)	Zimt
Liebstöckel	Petersilie	Zitrone
		Zitronenmelisse

Empfehlenswerte Gewürze für Patienten nach überstandenem Herzinfarkt, mit Koronarerkrankungen und zur Vorbeugung

Anis	Knoblauch	Salbei
Basilikum	Kümmel	Schnittlauch
Borretsch	Lorbeerblätter	Thymian
Koriander	Majoran	Vanille
Curry	Muskat	Ysop
Dill	Nelken	Zimt
Estragon	Petersilie	Zitrone
Fenchel	Pfeffer	Zwiebel
Ingwer	Rosmarin	

Welche Gewürze zu welchen Speisen?

Wenn ich es mir auch sehr wünsche, daß mein Buch ganz gelesen wird und daß der Leser sich experimentierend, selbst *das Gewürz* sucht, das gerade ihm besonders mundet, so sollen doch zwei Übersichtstabellen nicht fehlen, die dem Eiligen einige Hinweise geben.

1. Gerichte mit dazu passenden Gewürzen

Eierspeisen

Bei Eierspeisen kann man fast ganz ohne Salz auskommen, dafür kaum ohne Basilikum. Doch Pfeffer, Cayennepfeffer, Oregano und Paprika sind ebenfalls bestens geeignet.
Nach dem Zubereiten sollte man mit frischen Küchenkräutern nicht sparen.

Eierkuchen (Omelett)	Basilikum
Rührei	Basilikum, Pfeffer, reichlich frische Küchenkräuter
Rührei mit Kartoffeln (Bauernfrühstück)	Basilikum, Pfeffer, Majoran
Spiegelei	Basilikum, Pfeffer, Cayennepfeffer, Bohnenkraut (Sparsam), Dill und Kerbel

Fischgerichte

Bohnenkraut, Curry, Dill, Estragon, Lorbeerblätter, Majoran, Muskat, Petersilie, Piment, Rosmarin, Salbei, Senf und Thymian

Gebratener Fisch	Basilikum, Pfeffer, mit frischen Küchenkräutern garnieren
Gekochter Fisch	Dill, Lorbeerblätter, Muskat, Nelken (sparsam), Zwiebeln

Fleischgerichte

Je fetter das Fleisch, desto «bitterer» das Gewürz: Beifuß, Majoran, Paprika, Pfeffer, Rosmarin, Salbei, Thymian

Gulasch	Knoblauch, Kümmel, Paprika
Hammelfleisch	Knoblauch, Lorbeerblätter, Muskat, Piment
Kalbsbraten	Curry, Majoran, Paprika, Pfeffer
Kalbsragout	Basilikum, Curry, Knoblauch, Pfeffer, Zwiebeln
Lammbraten	Oregano, Pfeffer, Rosmarin
Rindfleisch (gebraten oder gegrillt)	Knoblauch, Lorbeerblätter, Majoran, Pfeffer, Rosmarin, Thymian
Schweinefleisch (gebraten)	Basilikum, Beifuß, Lorbeerblätter, Majoran, Oregano, Paprika, Pfeffer Rosmarin, Thymian, Zwiebeln

Gebäck

Anis, bittere Mandeln, Ingwer, Kardamomen, Koriander, Kreuzkümmel, Kümmel, Mohn, Nelken, Piment, Zimt

Geflügel

Beifuß, Curry, Estragon, Majoran, Paprika, Rosmarin, Thymian

Ente	Beifuß, Pfeffer, Schafgarbe, Zimt (in Spuren)
Gans	Beifuß! Estragon, Rosmarin, Thymian
Huhn	Curry, Majoran, Rosmarin und Thymian (sehr sparsam)

Gemüse

Hier ist die Gewürzpalette sehr breit, ich möchte sagen, es gibt kein Gewürz (außer den besonders aromatischen, wie Nelken, Zimt und Ingwer), das für Gemüse nicht paßt. Nach der Bereitung sind frische Küchenkräuter immer empfehlenswert.

Bohnen grün	Bohnenkraut, Pfeffer, Schafgarbe
Erbsen	Thymian, Rosmarin
Kohl	Anis, Fenchel, Kümmel, Majoran, Basilikum
Kohlrabi	Majoran, Muskat, Pfeffer
Rote Beete	Estragon, Kümmel, Piment
Spinat	Dill, Muskat, Zwiebeln

Käse und Käsegerichte

Kümmel, Muskat (sparsam), Paprika, Pfeffer und bei allen angemachten Käsearten – auch Weichkäse und Quark – alle möglichen frischen Küchenkräuter und Zwiebeln

Kartoffelgerichte

Bohnenkraut, Kümmel, Majoran, Muskat, Paprika, Petersilie, Pfeffer, Sellerie, Zwiebeln

Kartoffelbrei	Muskat, Pfeffer
Bratkartoffeln	Basilikum, Kümmel, Majoran, Thymian, Zwiebeln

Soßen

Hier Empfehlungen zu geben ist unmöglich. Das größte Geheimnis ist nämlich das spezielle Saucenrezept der Hausfrau. Passend sind aber: Cayennepfeffer, Curry, Dill, Estragon, Ingwer, Kapern, Kerbel, Lorbeerblätter, Majoran, Muskat, Nelken, Oregano, Paprika, Pfeffer, Piment, Rosmarin, Schafgarbe, Thymian und selbstverständlich Zwiebeln

Suppen

Auch bei Suppen ist die Auswahl groß. Vergessen sollte man niemals, kurz vor dem Servieren frische Küchenkräuter hinzuzugeben.

Bohnensuppe	Lorbeerblätter, Majoran, Pfeffer, Thymian
Erbsensuppe	Muskat (sehr wenig), Nelken, Thymian
Fleischsuppen	Lorbeerblätter, Pastinak, Petersilie, Pfeffer, Sellerie, Thymian, Zwiebeln
Fischsuppen	Dill, Lorbeerblätter, Muskat, Ingwer, Safran, Thymian
Gemüsesuppen	Basilikum, Beifuß, Knoblauch, Majoran, Pfeffer, Sellerie, Zwiebeln
Grießsuppe	Basilikum, Muskat, Pfeffer
Kartoffelsuppe	Basilikum, Kerbel, Kümmel, Majoran, Muskat, Pfeffer, Zwiebeln
Pilzsuppe	Basilikum, Kümmel, Rosmarin
Tomatensuppe	Curry, Majoran, Oregano, Rosmarin

Wildgerichte

Basilikum, Bohnenkraut, Cayennepfeffer, Koriander, Lorbeerblätter, Majoran, Nelken, Pfeffer, Rosmarin, Salbei, Schafgarbe, Wermut und Zwiebeln

2. *Gewürze, die bestimmte Gerichte bekömmlich machen*

Anis	Anisbrot – Anisplätzchen – Suppen – Obstsalat – Rotkraut – Apfelmus – Pflaumen- und Birnenkompott
Basilikum	Fleischspeisen – Universalgewürz für Suppen – Wirsing – Kohl – Erbsen – Hammelfleisch – Kräuterbutter – Krabben – Muscheln
Beifuß	Kartoffel- und Zwiebelsuppe – Eintopf – Gänsebraten – Schweinefleisch – Aal – Schmalz
Bibernelle	Kartoffel- und Gemüsesuppe – Salate – Soßen
Bittere Mandeln	Backwaren – Feine Speisen – Liköre
Bohnenkraut	Eintopf – Pilzgerichte – Bohnengemüse – Suppen – Hammel- und Fleischragouts – Gurken- und Kartoffelsalat – Käse- und Salzgebäck
Borretsch	Kartoffelsuppen – Salate – Weiß- und Rotkraut – Wirsing – Rohkost – Quark
Chili	Tomatensoße – Tomatensuppe – Scharfe Fleischsoßen – Hackbraten – Gulasch – Ragout – Pasteten – Tatar
Curry	Hühner- und Fleischgerichte – Hackfleisch – Suppen – Soßen – Tomatensaft
Dill	Gemüse – Suppen – Gekochtes Rind – Huhn – Karpfen – Forelle – Aal – Salz- und Bratkartoffeln – Quark – Zum Einlegen von Gurken
Estragon	Geflügelgerichte – Tomaten-, Eier-, Fleischspeisen – Soßen – Krabben – Kalbs- und Lammbraten – Spargeln – Kräuterbutter
Fenchel	Sauerkraut – Grüner und Gurkensalat – Karpfen – Rohkostplatten – Gemüse – Soßen – Pudding – Süße Brotspeisen
Gartenkresse	Als gesundheitsfördernder Salat – Zum Garnieren von kalten Platten
Gewürznelken	Sauerbraten – Fisch- und Hühnergerichte – Rote Rüben – Backwaren – Kompotte – Pilzsoßen – Glühwein
Ingwer	Obstsuppe – Obstsalat – Pudding – Süßer Auflauf – Suppen – Eingemachte Früchte – Getränke
Kalmus	Fleischbrühe – Verschiedene Suppen – Rotkraut – Dunkle Soßen – Fette Braten – Bratkartoffeln – Obstsuppen – Obstsalat

Kapern	Zu Marinaden – Kaltes Fleisch – Tunken
Kardamomen	Kuchen – Pasteten – Erbsensuppe – Früchte – Kaffee – Marzipan – Fruchtspeisen
Kerbel	Kartoffelsuppe – Würzsoßen – Käse- und Tomatensalat – Kräuterbutter – Grüner Salat – Salzkartoffeln – Fleisch
Knoblauch	Sparsam zu Suppen – Für alle Salate – Gemüse – Steaks – Soßen – Fleisch – Kartoffelsuppe – Käse- und Fleischfondue – Pikanter Quark
Koriander	Salate – Reis – Schweinebraten – Würste – Apfelkompott – Kuchen – Eingelegte Früchte – Gemüse – Aal – Soßen – Gewürztes Brot – Gulasch
Kreuzkümmel	Liköre – Käsegewürz
Kümmel	Zu Backwerk – Kümmelbrot – Salzkartoffeln – Kohlgemüse – Sauerkraut – Suppen – Salate – Käse – Rote Beete – Wurst – Fettes Fleisch – Quark – Thunfisch – Krebse
Kurkuma	Eier – Reis – Hühnergerichte – Dressings
Lavendel	Fischsuppen – Zum Räuchern mit Wacholderbeeren – Hammelfleisch – Eintopf – Zu Kräuterbutter, mit Bohnenkraut, Dill und Salbei gemischt – Kräutersoßen
Liebstöckel	Soßen – Suppen – Alle Gemüse – Bratentunken – Fleisch – Reis – Graupen – Geflügel – Ragout
Lorbeer	Wildgerichte – Sauerkraut – Kochfisch – Suppen – Marinaden – Gemüse – Krabben – Krebse – Hering – Ragout – Soßen – Eintopfgerichte
Majoran	Kartoffelsuppe – Pilzgerichte – Enten- und Gänsebraten – Hühner – Gemüse – Salate – Leber – Für Rohkost und Diät – Soßen – Leberknödel
Meerrettich	Salate – Rohkost – Rind – Gans – Aal – Karpfen – Schleie – Würstchen – Pikante Soßen
Melisse – Minze	Gemüse – Kalb- und Schweinefleisch – Wild – Karpfen – Blaufelchen – Obstsuppe – Soßen – Milch- und Eierspeisen – Hülsenfrüchte – Salate – Erbsensuppe – Lammbraten – Hackfleisch – Kartoffeln
Muskatnuß	Suppen – Soßen – Fleischbrühe – Gebackener Fisch – Hackfleisch – Kartoffelbrei – Spinat – Käseauflauf – Gebäck – Rind – Geflügel – Pastete – Ragout – Spargel- und Erbsensalat

Oregano	In Salatsoßen – Tomatensuppe – Tomatensoße – Lamm – Würste – Eintopfgerichte – Spaghettisoße – Gemüse – Eierspeisen – Pizza – Suppen – Seefisch
Pastinak	Kartoffelsuppe – Als Gemüse
Petersilie	Zu allen Gemüsearten – Suppen – Mayonnaisen – Kartoffeln – Omeletts – Eintöpfe – Gekochter Fisch – Salate
Pfeffer	Fleischwaren – Suppen – Soßen – Salate – Hülsenfrüchte – Hackbraten – Steaks – Gekochter Fisch
Piment	Suppen – Milde Gemüse – Salate – Eintopf – Hackfleisch – Gekochter Fisch – Torten – Eingemachte Früchte – Gebäck – Pudding
Portulak	Suppen – Grüner Salat – Als Kapernersatz
Rosmarin	Gemüsesuppen – Alle Braten – Hühner – Gemüseeintopf – Kräutersoßen – Pilze – Kartoffeln – Fisch – Wild-, Schaf- und Lammbraten – Eierteig – Salate
Safran	Reisgerichte – Schaffleischgerichte – Kuchen – Teigwaren – Für helle Suppen – Soßen – Fisch- und Fleischgerichte – Kompotte – Spargelsalat – Ragout
Salbei	Geflügel – Meerfisch – Leber – Schweine- und Schaffleisch – Wurstwaren – Wildbret – Teigwaren – Salate – Tomaten – Minestrone – Käseauflauf – Pasteten
Schafgarbe	Gemüseeintöpfe – Bratkartoffeln – Dunkle Soßen – Fleischgerichte
Sellerie	Fleischspeisen – Salate – Für Diätkost – Suppen – Tunken – Mayonnaisen – Kartoffelspeisen – Tomaten – Gemüsegerichte – Braten – Eintopf – Rohkost – Eierspeisen
Senf	Zu scharfen Speisen – Remouladen – Mayonnaisen – Ragout – Tunken – Salz-, Essig-, Senfgurken – Essigfrüchte – Marinaden – Randensalat – Wurstgewürz – Aal
Thymian – Quendel	Braten – Tunken – Wurstwaren – Kartoffelgerichte – Gemüsesuppen – Rohkost – Eier – Hülsenfrüchte – Pilze – Tomaten – Salate – Fleisch
Wacholderbeeren	Sauerkraut – Sauerbraten – Wild- und Schweinebraten – Rote Beete – Rotkraut – Weißkraut – Kohlrüben – Kräutersuppen – Zum Bereiten der Maibowle

Ysop	Braten – Suppen – Kartoffeln – Sellerie- und Fleischsalate – Tomaten – Quark – Rouladen – Ragout – Leberklöße – Diät- und Rohkost – Likör- und Weinwürze
Zimt	Apfelmus – Fruchtkompott – Glühwein – Punsch – Süßspeisen – Gebäck – Obstsuppen – Zimtsterne – Milchreis – Grießbrei – Süße Soßen – Wildbraten – Sauerbraten
Zwiebel – Schnittlauch	Pikante Gerichte – Braten – Suppen – Soßen – Pilze – Salate – Fische – Kartoffeln – Gemüse

Kräuter- und Gewürzanbau im Hausgarten (auch auf dem Balkon)

Eine gesunde und wohlschmeckende Ernährung erfordert frische Kräuter, wobei vor allem bei den sogenannten Küchenkräutern der Ton auf *frisch* liegen sollte. Gewürzkräuter sind Träger von Geruchs- und Geschmacksstoffen, Vitaminen und Antioxydantien. Alle diese Stoffe verfeinern nicht nur die Nahrung, sondern fördern auch ihre Verdaulichkeit, da sie die Sekretion von Verdauungssäften günstig beeinflussen. Dies ist – wie bereits ausführlich dargelegt wurde – besonders bei fetten Nahrungsmitteln von großer Wichtigkeit.

Ein Kräutergarten sollte hauptsächlich mit solchen Gewürzkräutern aufwarten, die frisch im Haushalt Verwendung finden, da diese auf dem Markt nur in geringer Auswahl oder auch dort nicht mehr ganz frisch zu haben sind. Die Frische spielt aber eine ganz wesentliche Rolle, denn nur frische und zum richtigen Zeitpunkt geerntete Kräuter können ihr volles Aroma entfalten und besitzen das höchstmögliche Maß an Vitaminen und anderen Wirkstoffen.

Aus diesen Gründen sollte jeder, der über ein kleines Stückchen Gartenland verfügt, sich eine Gewürzecke einrichten. Selbst in einem reinen Blumengarten, in manchen Fällen auch auf dem Balkon, lassen sich Gewürzkräuter ziehen. Sie stören nicht, denn auch Gewürze können ein hübscher Schmuck sein. Ein Kräuterbeet oder ein Kräuterkasten auf dem Balkon liefert billig wirklich frisches Gewürz und macht, so man einige Regeln beachtet, wenig Arbeit, gemessen an dem Nutzen und der Freude, die man daran hat.

Für alle diejenigen, die einen Garten besitzen, können folgende Mengenangaben als Richtwerte für einen Sechspersonenhaushalt dienen:

Stauden:	Beifuß 1	Salbei 1
	Estragon 2	Schnittlauch 10
	Liebstöckel 1	Thymian 2
	Pfefferminze 20	Zitronenmelisse 3

Von den einjährigen Gewürzkräutern reicht folgende Samenmenge zur Aussaat:
Basilikum 2 Gramm – Bohnenkraut 8 Gramm – Borretsch 10 Gramm – Dill 10 Gramm – Kerbel 100 Gramm – Kresse 100 Gramm – Majoran 5 Gramm. Und die zweijährige Petersilie sollte mit 5 Gramm als Wurzelpetersilie und 10 Gramm als Blattpetersilie ausgesät werden.

Wer das Gewürzbeet als Rabatte anlegen will, muß die mehrjährigen Pflanzen gesondert setzen, da diese nicht jedes Jahr erneut angebaut werden müssen. Günstig ist eine Ecke des Gewürzgartens, wo sie einige Jahre ungestört wachsen und sich entfalten können. Auch stören sie dort bei der jährlichen Bearbeitung des Gartens nicht und beschatten die einjährigen Kräuter nicht oder nur wenig.

Die Düngung sollte sparsam erfolgen. Von Stalldünger ist abzuraten. Das Abdecken der frisch aufgegangenen Saat mit Reisig als Schutz vor Vogelfraß ist bei einigen Kräutern angebracht.

Viele Pflanzen werden gleich ins Freiland ausgesät, bei einigen ist es aber durchaus sinnvoll, sie im Saatbeet anzuziehen, besonders dann, wenn die Umweltbedingungen nicht besonders günstig sind. Andere Kräuter wiederum, Stauden, die nicht zur Samenreife kommen, müssen durch Teilung vermehrt werden. Sie wachsen am besten im Herbst vor Frostbeginn oder im zeitigen Frühjahr an. Pflanzen, die durch Kreuzung entstanden sind – z.B. die Pfefferminze –, müssen vegetativ vermehrt werden, d.h. durch Stockteilung oder Stecklinge, da sie sich bei Saatvermehrung wieder rückkreuzen bzw. «aufspalten». Darauf wird im speziellen Teil dieses Kapitels bei den betreffenden Pflanzen besonders eingegangen.

Bei Blühbeginn besitzen die Kräuter den höchsten Gehalt an Wirk- und Aromastoffen und sollten deshalb zu dieser Zeit geerntet werden. Daraus folgt: Nehmen Sie die Aussaat ein und desselben Gewürzkrautes in kurzen Abständen vor, so haben Sie immer erntebereite Kräuter. Ernten Sie Blätter bei Trockenheit, aber nicht mittags. Samen soll morgens geerntet werden.

Da oft nicht alle erntebereiten Gewürzkräuter verwendet werden können, bietet sich die Trocknung als eine Methode der Haltbarmachung an. Blätter und Kraut der Pflanzen sind bei Temperaturen von etwa 35 Grad, Wurzeln bei 45 Grad Celsius zu trocknen. In Mullbeuteln verpackt, lassen sich die Kräuter an einem trockenen, aber luftigen Ort lagern, doch sicherer ist es, sie in gutschließenden, möglichst braungetönten Gläsern aufzubewahren oder größere Mengen in Weißblechdosen oder dunkle Plastikgefäße zu geben.

Einsalzen oder mit Essig übergießen sind weitere Arten der Haltbarmachung. Die moderne Technik aber hat uns eine Möglichkeit eröffnet, die den anderen Methoden überlegen ist, nämlich das Tiefkühlen.

Leider läßt es sich nur bei bestimmten Gewürzkräutern anwenden, z.B. bei Kerbel oder Petersilie. Bei der Tiefkühlung bleiben die Vitamine, Aroma- und weitere Inhaltsstoffe besonders gut erhalten.

Die im folgenden Text angegebenen Mengen beziehen sich auf einen Sechspersonenhaushalt. Sie können beliebig vergrößert oder verkleinert werden, da sie nur als Richtwerte dienen sollen.

Basilikum

Basilikum ist eine einjährige Pflanze, die eine Höhe von 20 bis 25 Zentimetern erreicht.

Die Aussaat sollte Mitte Mai erfolgen, und zwar in einem Reihenabstand von 20 bis 30 Zentimetern. Der Samen darf nur leicht mit Erde bedeckt werden, da Basilikum zu den Lichtkeimern zählt. Samenmenge: 2 Gramm.

Basilikum bevorzugt sandig-lehmigen Boden, der mit Mineraldünger behandelt wurde. Die Saat dieser sehr wärmebedürftigen Pflanze läuft nach 10 bis 14 Tagen auf. Ihre Pflege beschränkt sich auf Unkrautbekämpfung (Jäten), Hacken und reichliche Wasserversorgung bei Trockenheit.

Basilikum läßt sich auch ohne Garten anbauen. Die Samen werden in Blumentöpfe gegeben, die man mit sandig-lehmiger Erde füllt, die vorsichtig mit Mineraldünger (pro Topf nur einen Fingerhut voll) gedüngt wurde. Die Töpfe stellt man auf ein sonniges Fensterbrett oder windgeschützt auf den Balkon. Wer fleißig gießt und daran denkt, daß Basilikum sehr viel Sonne nötig hat – weit mehr als die meisten anderen Gewürzkräuter –, der kann dieses gesunde Kräutlein in jeder Wohnung, ob mit oder ohne Balkon, selbst ziehen, um es immer frisch zur Hand zu haben.

Ernte: Die frischen Blätter können laufend abgeschnitten werden.

Trocknung: Wollen Sie auch im Winter Ihre Speisen mit Kräutern aus dem eigenen Garten würzen, sollten Sie Basilikum kurz vor der Blüte etwa 10 Zentimeter über dem Boden abschneiden, bündeln und im Schatten zum Trocknen aufhängen. Ist das Kraut erst einmal getrocknet, muß man es vor Licht und zu großer Wärme schützen, da es sich leicht verfärbt. Weißblechdosen oder dunkle Plastikgefäße eignen sich gut zur Aufbewahrung.

Verwendung: Basilikum läßt sich gut bei Rohkost und Diät verwenden und verfeinert Fleischgerichte und Soßen (siehe auch Tab. S. 156–169).

Beifuß

Beifuß, eine ausdauernde Staude, erreicht eine Höhe von 150 bis 200 Zentimetern. Seine Vermehrung erfolgt durch Teilung. Für einen Sechspersonenhaushalt genügt eine Staude.

Auf trockenem, kalkreichem Boden entwickelt Beifuß sein Aroma besonders gut. Es gibt mehrere Arten von Beifuß, von denen man im Hausgarten die Form mit den größeren Knospen anbauen sollte.

Ernte: Beifuß blüht im August. Da nur Rispen mit geschlossenen Blüten verwendet werden, ist kurz vorher zu ernten. Die Blätter der Pflanze schmecken besonders bitter, weshalb sie von der Rispe abgezupft werden müssen.

Trocknung: Die Rispen werden wie Basilikum getrocknet und aufbewahrt.

Verwendung: Gänse- und Hammelbraten, also fette Speisen, werden durch Beifuß verdaulicher gemacht (siehe auch Tab. S. 156–169).

Bohnenkraut

Gartenbohnenkraut, wegen seines pfefferartigen Geschmacks auch Pfefferkraut genannt, ist wie Basilikum einjährig und wird 30 bis 40 Zentimeter hoch.

Bohnenkraut wird im April in einem Reihenabstand von 25 Zentimetern ausgesät und nur leicht mit Erde bedeckt. Samenmenge: 15 Gramm.

Das Kraut braucht nur lockeren Boden in warmer Lage, dann keimt die Saat in zwei bis drei Wochen.

Der Boden wird nur gehackt und gejätet. Falls die Pflanzen zu dicht stehen, müssen Sie sie verziehen, da sich sonst zuwenig Blätter entwickeln. Auch sollten Sie beim Samenkauf eine Sorte wählen, die einen hohen Blattanteil verspricht. Die Stengel verholzen schnell und sind dann unbrauchbar.

Ernte: Die jungen Blätter können Sie für den täglichen Verbrauch laufend ernten.

Trocknung: Während der Vollblüte werden die grünen Teile außer dem verholzten Stengel abgeschnitten und an einem schattigen Ort gebündelt aufgehängt oder auf einem Tuch ausgebreitet. Läßt man einige Pflanzen stehen, so hat man gleich den Samen für das nächste Frühjahr.

Verwendung: Bohnenkraut fördert die Verdauung von Bohnen, Kohl, Bratkartoffeln usw.

Bergbohnenkraut ist eine mehrjährige kräftige Pflanze, die etwa 40 Zentimeter hoch wird. Es gibt zwei Arten: das Aufrechte und das Niederliegende Bergbohnenkraut.

Das Kraut wird fast immer durch Aussaat, von April bis Mai oder im August, in einem Reihenabstand von 25 bis 30 Zentimetern vermehrt. Der Anbau im Frühbeet ist in unseren Breiten üblich, die Pflanzen werden dann Mitte Mai ins Freiland gepflanzt und bleiben dort etwa fünf Jahre stehen. Samenmenge: 10 Gramm.

Das Bergbohnenkraut bevorzugt leichten und kalkhaltigen Boden.

Pflege: Unkraut ist sorgsam zu entfernen, und eine schnell wirkende Stickstoffgabe nach jedem Schnitt ist angebracht.

Ernte: Für den Frischverbrauch können Sie ab Mai ernten. Im ersten Jahr allerdings wird bei Frühjahrsaussaat das erste Mal im September geschnitten.

Trocknung: Kurz vor der Blüte empfiehlt es sich, für den Gewürzvorrat zu schneiden. Die weitere Behandlung ist die gleiche wie bei Gartenbohnenkraut.

Borretsch

Borretsch, auch Boretsch geschrieben, ist eine einjährige Pflanze, die eine Höhe bis zu 80 Zentimetern erreicht.

Die Pflanze wird bisweilen Gurkenkraut genannt, da das Aroma der jungen Blätter sehr an frische Gurken erinnert.

Sie sollten Borretsch Mitte April in einem Reihenabstand von 30 Zentimetern aussäen und gut mit Erde bedecken, da die Pflanze zu den Dunkelkeimern gehört. Wird alle drei Wochen neu ausgesät, hat man bis in den Herbst hinein immer frisches Kraut zur Hand. Samenmenge: 10 Gramm.

Die Pflanze stellt keine besonderen Ansprüche und gedeiht in jedem Garten. Wollen Sie jedoch hohe Erträge, muß der Boden gut gedüngt und etwas feucht gehalten werden.

Hacken und Jäten sind die einzig notwendige Pflege.

Ernte: Die frischen Blätter können nach Bedarf gepflückt werden.

Trocknung: Wegen seines hohen Wassergehaltes ist von einer Trocknung des Borretsches abzuraten, da er sehr viel von seinem Aroma dabei verliert.

Verwendung: Das erfrischende Aroma der jungen Blätter verfeinert Salate und Gemüse, aber auch die herrlich blauen Blüten lassen sich zur Verzierung von Speisen benützen, da sie in keiner Weise unverträglich sind. – Borretsch kann auch in Blumentöpfen auf dem Balkon oder am Küchenfenster gezogen werden.

Brunnenkresse

Brunnenkresse für den Hausgebrauch sollte man durch Samen vermehren, da dieses Verfahren weniger kompliziert ist und weniger aufwendig als die Vermehrung durch Stecklinge.

Die Samen werden im Juni in Kisten oder Töpfe gesät und feucht gehalten. Sobald die ersten Blättchen ausgebildet sind, werden die Kistchen ins Wasser gestellt, und zwar so weit, daß nur die Spitzen der Pflänzchen aus dem Wasser ragen.

Damit die Brunnenkresse ihr Aroma nicht verliert, müssen die Stengel im Winter immer mit Wasser bedeckt sein.

Ernte: Von Oktober bis Mai wird die Brunnenkresse geerntet, sie ist somit der Vitaminspender der Wintermonate. Die Spitzen werden in einer Länge von 6 Zentimetern abgeschnitten. Werden sie nicht sofort verwendet, müssen sie gebündelt unter Wasser aufbewahrt werden.

Verwendung: Die frischen Pflanzen werten Salate durch ihren Vitaminreichtum auf. Sie lassen sich auch zu Saft verarbeiten und sind so Bestandteil einer Frühjahrskur.

Dill

Dill ist eine einjährige Pflanze, die eine Höhe von 60 bis 70 Zentimetern erreicht.

Seine Aussaat sollte ab April in Abständen von jeweils 2–3 Wochen erfolgen, da man dann über einen längeren Zeitraum seine jungen Spitzen ernten kann. Der Reihenabstand von 25 bis 30 Zentimetern ist nötig. Dill wird flach ausgesät und leicht angedrückt; so behandelt, keimt er in 2 bis 3 Wochen. Samenmenge: 10 bis 15 Gramm.

Dill schätzt etwas schwereren Boden und verträgt angestaute Nässe schlecht.

Pflege: Auch bei dieser Pflanze genügt Hacken und Jäten, bis die Reihen so dicht stehen, daß das Unkraut nicht mehr wachsen kann.

Ernte: Die Dillspitzen werden bei Bedarf frisch aus dem Garten geholt. Es darf nur bei trockenem Wetter geerntet werden. Um das Kraut zum Einlegen von Gurken zu verwenden, sollte man es blühend schneiden.

Zur Trocknung wird der Blattdill als ganze Pflanze bei einer Höhe von 25 bis 30 Zentimetern aus der Erde gezogen, gebündelt und zum Trocknen aufgehängt.

Da Dill beruhigend und blähungstreibend wirkt, ist er auch für gewisse Krankenkost bedeutend.

Eberraute

Die Eberraute ist ein ausdauernder Halbstrauch mit einer Höhe von 80 bis 100 Zentimetern.

Sie wird durch Teilung vermehrt, da sie bei uns keine Samen trägt. Die Teilung sollte im Frühjahr erfolgen.

Im Abstand von 40×30 Zentimetern werden die jungen Pflanzen angebaut.

Die Eberraute braucht wie der Beifuß trockenen, kalkhaltigen Boden und etwas Mineraldünger.

Pflege: Die Anpflanzung muß von Unkraut frei gehalten werden. Im Winter ist es ratsam, die frostgefährdete Pflanze durch Abdecken zu schützen.

Ernte: Die jungen Triebspitzen werden abgeschnitten und sogleich verbraucht.

Zum Trocknen kann man sie in Bündeln an einem luftigen Ort aufhängen.

Dieses etwas ungebräuchlichere Kraut macht durch seine Gerb- und Bitterstoffe fette Gerichte verdaulicher.

Estragon

Im Garten können Sie den Russischen oder den Deutschen Estragon anbauen. Beide haben ihre Vor- und Nachteile. Der Russische ist anspruchslos, aber weniger aromatisch als der Deutsche Estragon, dieser wiederum hat einen feinen, würzigen Geschmack, ist aber anfälliger für Krankheiten. Estragon ist mehrjährig, und seine Triebe werden bis zu 150 Zentimeter hoch.

1. Der Deutsche oder auch Aromatische Estragon wird durch Stockteilung vermehrt. Im Frühjahr wird er in einem Abstand von 30×40 Zentimetern gepflanzt. Für eine Familie genügen 1 bis 2 Pflanzen.

Estragon, auch der Russische, braucht lockeren, nährstoffreichen Boden und eine windgeschützte Lage; Halbschatten verträgt er gut.

Pflege: Hacken und Jäten sowie reichlich Wasser im Sommer. Im Winter muß er gegen Frost geschützt werden.

2. Der Russische Estragon dagegen läßt sich durch Samen vermehren. Er wird im Frühjahr gesät. Beide Pflanzen können 3 bis 4 Jahre stehenbleiben.

Ernte: Die jungen Triebe können laufend geerntet werden. Das Aroma des Deutschen Estragons ist immer gleichbleibend stark, der Russische sollte hauptsächlich zu dem Zeitpunkt geerntet werden, wo er seine Knospen schon stark ausgebildet hat, da er dann sein höchstes Aroma besitzt.

Trocknung: Das Kraut wird dazu 10 Zentimeter über dem Boden abgeschnitten und im Schatten getrocknet.

Verwendung: Estragon eignet sich besonders zur Bereitung von Kräuteressig.

Gartenkresse

Die Gartenkresse ist eine einjährige Pflanze, die etwa 30 Zentimeter hoch wird.

Man kann sie vom Frühjahr bis in den Spätherbst anbauen. Samenmenge: 100 Gramm.

Die Kresse braucht eine dünne Schicht von nährstoffreicher, sandiger Erde, viel Feuchtigkeit und etwas Schatten. Schon nach 2 bis 3 Wochen kann mit der Ernte begonnen werden, deshalb sollten Sie alle 14 Tage nachsäen.

Beim Anbau von Kresse auf dem Balkon oder auf dem Fensterbrett in der Küche verwenden Sie am besten flache Kistchen. Die nährstoffreiche, sandige Erdschicht in den Kisten braucht nur etwa 4 Zentimeter zu betragen. Die Pflanzen müssen feucht gehalten und vor starker Sonneneinstrahlung geschützt werden.

Ernte: Das Kraut wird direkt über dem Boden abgeschnitten. Trocknung ist zur Haltbarmachung ungeeignet.

Verwendung: Die an C-Vitamin reiche Kresse wertet viele Speisen auf (siehe auch Tab. S. 156–169).

Kerbel

Kerbel ist eine einjährige Pflanze, die eine Höhe von 30 bis 40 Zentimetern erreicht.

Ab März kann Kerbel in einem Reihenabstand von 15 Zentimetern ausgesät werden, und zwar in Folgesaat. – Auch auf dem Balkon, in Blumentöpfen, kann man Kerbel ziehen. Samenmenge: 100 Gramm.

Kerbel läßt sich in lockerem, feuchtem Boden am besten ziehen, er gedeiht auch im Halbschatten. Schon nach 6 bis 8 Wochen kann das erste Mal geerntet werden.

Pflege: Unkrautbekämpfung und reichlich Wasser sind die wesentlichen Voraussetzungen für gutes Gedeihen.

Ernte: Vor der Blüte kann er jederzeit für den Frischverbrauch geschnitten werden. Sollen die Samen geerntet werden, müssen Sie warten, bis die Früchte einen bräunlichen Ton annehmen. Die Samen sind bei Tau zu ernten, da sie bei Trockenheit leicht abfallen.

Kerbel eignet sich wenig zum Trocknen, Tiefgefrieren ist in diesem Fall mehr zu empfehlen.

Verwendung: Kerbelsuppe ist eine der köstlichsten Verwendungsmöglichkeiten, aber auch andere Suppen verbessert er sehr (siehe auch Tab. S. 156–169).

Liebstöckel

Maggikraut, wie Liebstöckel auch genannt wird, ist eine 120 bis 150 Zentimeter hohe Staude.

Seine Vermehrung erfolgt durch Teilung. Die Staude wird im April oder September gepflanzt und bleibt 15 bis 20 Jahre stehen. Eine Staude genügt.

Liebstöckel fordert einen tiefgründigen, nährstoffreichen Boden, Halbschatten und mäßige Feuchtigkeit.

Hacken und Jäten sowie das Ausschneiden der Blütentriebe im Frühjahr sind als Pflege ausreichend. Die Blütentriebe müssen ausgeschnitten werden, damit die Staude mehr Laub entwickelt.

Ernte: Die Blätter können Sie bei Bedarf schneiden, sollen die Wurzeln gewonnen werden, müssen die Pflanzen drei Jahre stehenbleiben. Blätter und Wurzeln werden, wie schon mehrfach beschrieben, getrocknet.

Es ist ratsam, Liebstöckel wegen seines kräftigen Aromas nur sparsam zu verwenden.

Majoran

Der einjährige Majoran erreicht eine Höhe von 30 bis 40 Zentimeter. Da diese Pflanze sehr frostempfindlich ist, sät man sie am besten im März in einen Frühbeetkasten. Dazu sind etwa 5 Gramm Saatgut nötig. Fünfzehn Pflänzchen sollte man auspflanzen.

Mitte Mai, wenn keine Fröste mehr zu erwarten sind, setzt man die Pflanzen im Abstand von 15 Zentimetern in leichten, nährstoffreichen Boden. Ein sonniger, warmer Platz bekommt der Pflanze am besten.

Pflege: Da Majoran sehr langsam wächst, muß gut gejätet werden.

Ernte: Der günstigste Zeitpunkt für die Ernte ist kurz vor oder während der Blüte, der Gehalt an Aromastoffen ist dann am höchsten.

Trocknung: Das geschnittene Kraut kann im Freien getrocknet werden. In einem gut verschlossenen Gefäß hält sich Majoran dann über Jahre.

Verwendung: Zu Kartoffelgerichten ist Majoran zu empfehlen (siehe auch Tab. S. 156–169).

Petersilie

Petersilie ist mehrjährig und kann bis 100 Zentimeter hoch werden. Man unterscheidet zwei Arten, die Wurzel- und die Blattpetersilie.

Zur Wurzelgewinnung sät man im April in einem Reihenabstand von 25 bis 30 Zentimetern, für Blattpetersilie schon im zeitigen Frühjahr. Samenmenge: Wurzelpetersilie 5 Gramm und Blattpetersilie 10 Gramm.

Petersilie gedeiht eigentlich überall, bevorzugt aber tiefgründigen, etwas schweren, feuchten Boden. Der Samen läuft schon nach 3 bis 4 Wochen auf.

Pflege: Außer Hacken und Gießen braucht Petersilie im Winter Schutz vor Frost.

Ernte: Blattpetersilie können Sie bei Bedarf pflücken, die Wurzeln werden im Spätherbst ausgegraben.

Trocknung: Petersilie kann man zwar trocknen, aber sie im Winter im Zimmer in Töpfen zu halten ist empfehlenswerter. Nehmen Sie dazu die Krause Petersilie, sie eignet sich hierfür besser. Die Wurzeln werden bis zum Verbrauch in Erde eingeschlagen.

Verwendung: Vor allem Wintergemüse läßt sich durch die an Vitamin C reiche Petersilie aufwerten. Dabei sollten Sie aber darauf achten, daß die Petersilie nicht mitkocht. Durch Kochen werden die Vitamine zerstört.

Portulak

Portulak ist eine einjährige Pflanze, die eine Höhe von 15 bis 30 Zentimetern erreicht.

Im Mai sollte die Aussaat erfolgen. Der Samen wird breitwürfig ausgesät und braucht nicht mit Erde bedeckt zu werden. Sie müssen ihn nur gut andrücken.

Portulak ist wärmebedürftig und bevorzugt lockeren, sandigen Boden. Wer den ganzen Sommer über Portulak ernten will, muß alle vier Wochen nachsäen.

Pflege: Sie beschränkt sich auf Jäten und Wasser bei Trockenheit.

Ernte: Schon 3 bis 4 Wochen nach der Aussaat kann Portulak das erste Mal geschnitten werden. Es werden nur die jungen Triebe verwendet, da die älteren einen bitteren Geschmack haben.

Trocknen ist bei Portulak nicht möglich, durch Einsalzen läßt er sich haltbar machen.

Verwendung: Stengel und Blätter verfeinern Suppen und Salate, sogar Gemüse können Sie von Portulak bereiten.

Salbei

Salbei, ein ausdauernder Halbstrauch, wird etwa 60 Zentimeter hoch. Durch Stockteilung läßt sich Salbei am zweckmäßigsten vermehren, es ist aber auch durch Aussaat möglich. Die Staude bleibt etwa vier Jahre stehen und erreicht im zweiten Jahr erst ihr volles Aroma. Wenn Salbei im Frühjahr gepflanzt wurde, soll er erst im August geerntet werden; dies gilt nur für das erste Jahr. Eine Staude pro Familie genügt.

Salbei liebt kalkhaltigen Boden in sonniger Lage, der mit Mineraldünger behandelt wurde.

Pflege: Wie bei allen anderen Kräutern auch, muß der Boden gehackt und gejätet werden. Das überwinterte Kraut etwas zurückzuschneiden zahlt sich aus.

Ernte: Laufend können die jungen Triebe und Blätter für den Bedarf in der Küche geerntet werden.

Trocknung: Kurz vor der Blüte ist Salbei 10 Zentimeter über dem Boden abzuschneiden und im Schatten auf einem Tuch auszubreiten.

Verwendung: Durch Salbei erhält z.B. Schweinebraten einen köstlich veränderten Geschmack, ebenso rundet er Wildgerichte ab.

Schnittlauch

Schnittlauch ist wohl eines der bekanntesten Gewürzkräuter und fehlt in kaum einem Garten. Er ist mit der Zwiebel verwandt, was schon sein Geruch verrät. Schnittlauch ist mehrjährig, er kann etwa vier Jahre lang genutzt werden.

Im Frühjahr wird er durch Aussaat in einem Reihenabstand von 20 Zentimetern vermehrt. Die Saat geht in zwei Wochen auf. Auch durch Teilung älterer Stöcke läßt er sich vermehren.

Die jungen Pflänzchen werden büschelweise zusammengesetzt. Zehn Büschel sind für einen Sechspersonenhaushalt angebracht, da Schnittlauch sich sehr vielseitig verwenden läßt.

Er gedeiht am besten auf kalkreichem, feuchtem Boden.

Schnittlauch ist genügsam, er wächst auch im Halbschatten gut, und selbst leichter Frost schadet ihm nicht.

Hacken und etwas Mineraldünger sind die einzige Pflege, die er benötigt.

Ernte: Schnittlauch können Sie immer schneiden, aber nicht zu tief. Wie bei Petersilie ist Trocknung überflüssig, da man Schnittlauch in Töpfen im Zimmer halten kann.

Erst unmittelbar vor der Verwendung sollte man Schnittlauch zerkleinern.

Thymian

Thymian ist ein mehrjähriger Halbstrauch, der eine Höhe von 30 bis 40 Zentimetern erreicht. Man unterscheidet Sommer- und Winterthymian; in unseren Breiten bevorzugt man Winterthymian, da er winterfest ist. Vermehrt wird er durch Samen, Stockteilung oder Pflanzung. Im Saatbeet kann er ab März, im Freiland ab April gesät werden. Als Lichtkeimer wird er nur leicht mit Erde bedeckt. Setzlinge werden erst Ende Mai ausgepflanzt. Menge: 2 Stauden.

Thymian ist nicht besonders anspruchsvoll, er wächst auf trockenen Böden in sonniger, warmer Lage. Seine Anspruchslosigkeit liegt in seiner Herkunft, dem Mittelmeerraum, begründet. Die Stöcke sollten nicht länger als vier Jahre stehenbleiben, da mit der Zeit das Aroma nachläßt.

Pflege: Mehrmals hacken und jäten.

Ernte: Bei Bedarf kurz über dem Boden abschneiden, Haupternte kurz vor der Blüte, zweiter Schnitt im September.

Trocknung: Thymian trocknet man am besten gebündelt an einem warmen, luftigen Ort und streift nach dem Trocknen die Blätter ab, die man dann gut verschlossen aufbewahrt.

Verwendung: Mit Bohnenkraut zusammen kann Thymian Pfeffer ersetzen.

Zitronenmelisse

Zitronenmelisse ist eine ausdauernde Staude von etwa 100 Zentimeter Höhe.

Ihre Vermehrung erfolgt durch Stockteilung. Im zeitigen Frühjahr oder im Herbst werden die Stöcke in einem Abstand von 30×40 Zentimetern gepflanzt. Menge: 3 Stauden.

Zitronenmelisse braucht etwas feuchten, humösen Boden und eine warme Lage.

Pflege: Mit Mineraldünger und flachem Hacken (um die Wurzeln nicht zu beschädigen) ist alles getan.

Ernte: Für den Frischverbrauch im Haushalt können die jungen Blätter und Triebspitzen ständig geerntet werden.

Die Haupternte für die Trocknung erfolgt vor der Blüte, das Kraut wird 10 Zentimeter über dem Boden abgeschnitten und an einem schattigen Ort ausgebreitet. Die Trocknung sollte schnell erfolgen, da die Blätter rasch braun werden. In einem dicht schließenden Gefäß sind die vom Stengel abgestreiften Blätter aufzubewahren.

Verwendung: Die frischen Blätter geben Salaten einen erfrischenden Geschmack, die getrockneten eignen sich besonders für Tee, der nervenberuhigend und sehr wohlschmeckend ist.

Anhang

Naturfreunde werden sicher gerne wissen wollen, welche Gewürzpflanzen sie in der freien Natur finden können, und ob es sinnvoll ist, sich draußen selbst zu bedienen. Darüber soll im ersten Teil des Anhangs berichtet werden.

Der zweite Teil beschäftigt sich mit der Frage, ob letztlich nicht alle Heilpflanzen, sofern sie nicht gerade giftig sind, auch geeignete Würzkräuter sind, wenn man den Akzent auf Gesundheit legt.

Und im dritten Teil geht es um Würzkräuterzubereitungen, die als Confect «saur und pitrin» schmeckten und sich über das Konfekt, das nicht nur gesund war, sondern auch angenehm schmeckte, zu unserem Würzgebäck weiterentwickelten.

Zuvor aber noch ein wichtiger Hinweis:

Auf den folgenden Seiten sind drei weißblühende Doldengewächse als Sammelobjekte vorgestellt (Kerbel, Bibernelle und Engelwurz). Da es in dieser Pflanzenfamilie auch giftige Arten gibt, ist sorgfältiges Bestimmen nötig. Bei geringstem Zweifel: Pflanze nicht verwenden!

Alle geschützten Pflanzen dürfen natürlich nicht gesammelt werden, und solche, die noch keinen gesetzlichen Schutz genießen, aber selten und vom Aussterben bedroht sind, sind tunlichst zu schonen.

Über Gewürze, die bei uns wild wachsen

Warum soll man sie kaufen, warum soll man sie im Garten anbauen, wenn man sie draußen in der freien Natur leicht finden kann? Die Frage ist berechtigt, und alle, die Freude daran haben, möchte ich auch dazu ermuntern. Man kann Gewürzkräuter selber sammeln und aufbereiten, wenn man über ein wenig Grundwissen verfügt. Das ist gar nicht soviel und läßt sich in wenigen Sätzen zusammenfassen.

1. Niemals bei Regen, Nebel oder feuchtem Wetter Gewürzpflanzen ernten, auch nicht solche, die noch vom Morgentau feucht sind. Der frühe Vormittag ist jedoch der günstigste Sammelzeitpunkt. Zu dieser Zeit – das gilt auch für Heilpflanzen – ist in der Pflanze der Wirkstoffgehalt besonders hoch.

2. Staubige und verschmutzte Pflanzenteile sind ungeeignet. Man kann sie nämlich nicht waschen. Deshalb eignet sich der Straßenrand wenig als Sammelstelle, wenn auch manche Gewürzkräuter gerade da recht häufig vorkommen. Was aber an Straßenrändern wächst, ist auch an Wegrändern zu finden, und da ist die Verschmutzung zumeist nur gering.

3. Benötigt man die Blätter, so sollen sie in möglichst jungem Zustand eingesammelt werden und die Blühtriebe dann, wenn sie gerade aufblühen. Früchte hingegen sollen völlig ausgereift sein. Will man das ganze Kraut verwenden, so sammelt man es am Anfang der Blütezeit. Und werden die Wurzeln benötigt, so gräbt man sie, wenn sie kräftig und gut entwickelt sind.

4. Wichtig ist sachgemäßes Trocknen. Fehler, die hierbei gemacht werden, führen zu Qualitätsminderung. Immer richtig ist das Trocknen an einem luftigen, warmen, trockenen Platz. Ganze Kräuter werden da, zu kleinen Büscheln zusammengebunden, aufgehängt, Blüten, Blätter und Früchte auf Sieben oder Darren, notfalls auf Papier, ausgebreitet. In der prallen Sonne verliert das

Trockengut viel von dem kostbaren ätherischen Öl, das zumeist der wichtigste Bestandteil der Gewürzpflanzen ist. Für Blätter und Samen gilt das gleiche. Wurzeln sollte man vor dem Trocknen ein- bis zweimal der Länge nach aufspalten. Das beschleunigt den Trockenvorgang, der nämlich nicht zu lange dauern sollte, da pflanzeneigene Enzyme zu Zersetzung und deshalb zu Wirkstoffveränderungen führen. – Natürlich darf auch bei künstlicher Wärme getrocknet werden. Blüten, Blätter und Samen mit ätherischem Öl vertragen Temperaturen über 40 Grad nicht gut. Bei Wurzeln kann man bis maximal 60 Grad erhitzen. – Natürlich muß das Sammelgut *sofort* zum Trocknen gebracht werden.

5. Ist das Trocknen beendet, so sollte man die Gewürze in gut verschließbare Behälter geben und sie an einem kühlen Ort aufbewahren. Es ist auch möglich, derbere Gewürze in einem Leinensack aufzuheben, den man luftig und trocken aufhängen muß. Sehr zu empfehlen ist diese Art der Aufbewahrung freilich nicht, weil dabei das Gewürz durch Staub verunreinigt werden könnte. Spezielle Hinweise, die bei einigen Gewürzkräutern wichtig sind, findet der Leser an der entsprechenden Stelle.

Welche der im Hauptteil behandelten Gewürze kommen bei uns wild vor, und welche unter ihnen eignen sich für eigene Ernte und Aufbereitung?

Beifuß, Bibernelle, Brunnenkresse, Kerbel, Oregano, Pastinak, Schafgarbe, Quendel (wilder Thymian) und Wacholderbeeren sind überall draußen zu finden, Borretsch, Lavendel und Senf trifft man verwildert an, und von der Minze und vom Schnittlauch gibt es Wildformen, an die man sich ruhig auch einmal wagen sollte.

Beifuß, Oregano, Schafgarbe, Quendel und die Wacholderbeeren empfehle ich sehr zum Selbersammeln und Aufbereiten, da sie immer wieder in der Küche verwendet werden können.

Das frische Grün der Bibernelle, des Kerbels, der Brunnenkresse und des Pastinaks sollte man zumindest im

Frühling immer von einer Wanderung mit nach Hause nehmen. Auch frische Schafgarbenblätter sind zu empfehlen.

Wer irgendwo draußen wilden Borretsch findet, der darf ihn unbesorgt mit nach Hause nehmen. Er ist nicht schlechter als der kultivierte Borretsch.

Was die Minzen angeht, so gibt es recht viele Wildformen, die leicht an ihrem Geruch zu erkennen sind. Im Geschmack sind sie weniger rein als die Pfefferminze oder gar die Melisse. Aber wer sie ganz jung pflückt, der kann sie als Salatbeigabe durchaus gebrauchen, und ein Versuch, sie zu trocknen, lohnt sich. Ähnlich ist es mit den verschiedenen Laucharten. Auch sie erkennt man an den «Blättern» und am Geruch. Doch vom Trocknen rate ich ab.

Beifuß

Die Zeichnung im Hauptteil mag dem Leser eine Vorstellung vom Aussehen der Pflanze geben. Man findet Beifuß, der zur Familie der Korbblütler gehört, als Unkraut vornehmlich auf Ödland, auf Schuttplätzen, an Mauern, Zäunen, Hecken, Wegrändern und Ufern. Er wird bis 1½ Meter hoch, ist rispig-ästig, unten verholzt und bräunlich angelaufen. Die geteilten Blätter sind oberseits dunkelgrün und an der Unterseite weiß-filzig. Der obere Teil der Pflanze trägt von Juni bis September die traubenartig angeordneten, kleinen, graubehaarten Blütenköpfchen. Diese blühenden Triebe müssen eingebracht werden. Das geschieht zweckmäßigerweise im Juni oder Juli. Zu Büscheln vereinigt, werden diese luftig zum Trocknen aufgehängt. Da man oft ein kleines Zweiglein Beifuß für Gänse- oder Entenbraten benötigt, sollte man den Beifuß teilweise als ganzes Sträußchen aufheben und nur von einem Teil der Sammelausbeute die Blüten abrebeln, um diese dann bei Bedarf zu zerreiben.

Oregano

Diese Pflanze kennt der Botaniker oder Naturfreund eher unter der Bezeichnung Dost. Es ist eine ausdauernde, kräftige Pflanze, die bis 60 Zentimeter hoch wird und zu den Lippenblütlern gehört. Aus einem im Boden kriechenden Wurzelstock entspringen zumeist mehrere vierkantige, ästige, meist rötlich angelaufene Stengel mit kreuzgegenständigen, kurzgestielten, ganzrandigen, breiteiförmigen Blättern. Die Blütezeit beginnt im Juni und endet im September. Die Blütenstände mit purpurroten oder rosa Blüten stehen in kurzgestielten Dolden oder rispenartigen Ähren.

Der Oregano kommt an trockenen, steinigen Abhängen, an Rainen, Hecken und in Gebüschen vor. Kennzeichnend für die Pflanze ist ihr stark aromatischer Geruch und Geschmack, der deutlich an Majoran erinnert, mit dem der Oregano nahe verwandt ist.

Verwendung finden Blätter und Blüten. Die Pflanze wird zur Blütezeit eingesammelt, in Büscheln zusammengebunden und an luftigem Ort getrocknet. Wenn der Trocknungsvorgang beendet ist, rebelt man die Blätter und Blüten ab, um sie in gutschließenden Gefäßen aufzubewahren.

Schafgarbe

Schafgarbe selber zu sammeln ist fast eine Notwendigkeit, denn im Gewürzhandel ist sie nicht zu bekommen. Zwar kann man auf die Apothekerware zurückgreifen, doch dabei handelt es sich zumeist um die ganze, geschnittene Pflanze. Zum Würzen empfehle ich jedoch nur die Blüten; die Blätter hingegen eignen sich als frisches Würzgrün für Suppen, Quark und Salate.

Die Schafgarbe ist ein Korbblütler, deren Blütenköpfchen in Scheindolden angeordnet sind. Im allgemeinen findet man die weißblütige Form, doch gibt es auch die rotblütige Schafgarbe. Es ist ohne Belang, welche Art man bevorzugt, obwohl die Volksmedizin der roten Schafgarbe den Vorrang gibt.

Ein wichtiges Kennzeichen der Schafgarbe sind die feingefiederten Blätter, die der Pflanze auch den Beinamen Millefolium (Tausendblatt) eingetragen haben.

Schafgarbe findet man leicht. Sie wächst auf Wiesen, an Feldrändern, Wegen und auf Ödland als Unkraut. Die Blütezeit ist Juni bis September, und während dieser Monate sollte man die gesunden, blühenden Pflanzen auch einsammeln, um sie gebündelt an der Luft zu trocknen. Da es nur auf die Blütenköpfchen ankommt, ist es ratsam, diese nach dem Trocknen abzurebeln und sie in gutschließenden Gefäßen aufzubewahren. Im frühesten Frühjahr liefern die frischen Fiederblättchen der Schafgarbe einen hervorragenden Bestandteil des «blutreinigenden» Frühlingssalates, auf dessen Nützlichkeit ich hier hinweisen möchte.

Quendel

Den wilden Thymian sollte sich jeder von seinen Spaziergängen mitnehmen, da er erstens ein vorzügliches Gewürz ist und zum anderen sich leicht aufbereiten läßt. Es handelt sich dabei um einen Lippenblütler, der auf Hügeln, an sonnigen, steinigen Orten, auf Felsen und an Mauern vorkommt und sich auf Heideland oftmals schnell polsterbildend breitmacht. Seine Gestalt ist – je nach Standort – recht verschiedenartig, doch sein Duft verrät ihn, wenn man ihn zwischen den Fingern verreibt. Hier muß ich allerdings ergänzen, daß es eine Abart gibt, die nicht nach dem bekannten Gartenthymian, sondern mehr nach Zitrone riecht.

Besonders in den Blättern befindet sich in Ölzellen reichlich ätherisches Öl. Die rosaroten Blüten sitzen, zu kugeligen Köpfchen oder eiförmigen Ähren vereint, am Ende der Stengel oder der Seitenästchen. Die Blätter sind gegenständig angeordnet, sitzend oder sehr kurz gestielt, ganzrandig und linear oder eiförmig gestaltet. Die Blütezeit beginnt im Juni und reicht bis weit in den Herbst hinein. Gesammelt wird der Quendel zu Beginn der Blütezeit. Auch er kann gebündelt getrocknet werden. Es ist ratsam, einen Teil der Ernte ganz und den Rest als bereits abgerebelte Blättchen und Blüten aufzubewahren.

Wacholderbeeren

Genaugenommen handelt es sich nur um Scheinbeeren, denn botanisch sind es Beerenzapfen, doch wegen der Form wollen wir in diesem Falle das Wort «Beeren» ruhig beibehalten.

An der auffallenden Wuchsform ist der Wacholder leicht zu erkennen. Sieht man einmal von den spalierartigen Zwergformen ab, so handelt es sich um einen schlanken, von Grund auf mit Nadeln besetzten, zypressenähnlichen, sehr schlanken Baum, der bis zu elf Meter hoch werden kann. Auf Steppenheiden oder Heideland, aber auch im Gebirge kommt der Wacholder in ganz Europa vor. Charakteristisch sind die dornenartigen, graugrünen Nadeln, die zu dritt um die Äste Quirle bilden.

Bis zur Reife brauchen die Beeren drei Jahre. Das erste Jahr ist das Befruchtungsjahr, im zweiten Jahr bleiben die Beeren noch grün, im dritten Jahr werden sie reif. Dann sind sie tief blauschwarz. Diese gilt es einzusammeln und zu trocknen, um sie dann zum Würzen zu verwenden.

Bibernelle, Brunnenkresse, Kerbel und Pastinak wollen als Gewürzkraut vornehmlich frisch verwendet werden. Sie zu sammeln, um sie zu trocknen, lohnt sich nicht, um so mehr aber lohnt es sich, von Spaziergängen im Frühling davon mit nach Hause zu bringen.

Bibernelle (siehe Hinweis auf Seite 187)

Sie ist ein Doldengewächs, das in zwei Arten vorkommt. Beide Arten sind als Würzlieferanten gleichwertig. Zu finden sind sie auf Wiesen, Triften und Hügeln in ganz Mitteleuropa.

Die Steinbibernelle wird etwa 15 bis 20 Zentimeter hoch und besitzt zur Blütezeit eine grundständige Blattrosette und einen stielrunden, leicht gerillten Stengel, an dem unten langgestielte, unpaarig gefiederte Blätter, oben jedoch anders gestaltete, dreiteilig-lineare Blätter sitzen. Die kleinen, weißlichen Blüten sind in 5- bis 15strahligen Dolden ohne Hülle und ohne Hüllkelch angeordnet. Die Große Bibernelle ist im Wuchs derber und hat größere Blätter.

Brunnenkresse

Man findet sie auf sehr feuchten Wiesen und an «müden» Bachläufen, die jedoch sauberes und gesundes Wasser führen müssen. In ihrem Aussehen ist die Brunnenkresse dem bitteren Schaumkraut sehr ähnlich, mit dem sie auch häufig verwechselt wird. Das aber ist nicht gefährlich, denn auch das bittere Schaumkraut ist ein annehmbares Würzgrün. Schon bald nachdem Schnee und Eis geschmolzen sind, entwickelt die Brunnenkresse ihre dunkelgrünen, rundlichen bis eiförmigen Blättchen, die zu Fiedern zusammengesetzt sind. Diese soll man ernten, um damit Frühlingssuppen zu würzen oder die Blätter feingehackt unter Quark zu mischen. Wenn die Blüten sich bereits entwickelt haben, ist die Brunnenkresse nicht mehr zu empfehlen.

Kerbel (siehe Hinweis auf Seite 187)

Bei dieser Pflanze handelt es sich wieder einmal um ein Doldengewächs, doch wenn man das erkennen kann, dann ist die Zeit, in der das frische Kerbelkraut so beliebt und gesund ist, zumeist schon verstrichen. Es ist daher gut, sich seine Plätze genau zu merken, um im frühesten Frühjahr dort zu ernten. Es ist nicht ganz einfach, diesen Doldenblütler zu beschreiben. Ich rate daher all denen, die sich für den Kerbel draußen in der Natur interessieren, sich von Kundigen Plätze zeigen zu lassen, die man dann Jahr für Jahr aufsucht. Wald- und Wegränder sind Fundstellen für Kerbel, doch auch auf Wiesen kommt er häufig vor. Wo es im Frühjahr leicht feucht ist, sollte man nach ihm suchen.

Pastinak

Hier handelt es sich zwar auch um ein Doldengewächs, doch den Pastinak erkennt man leichter, da er gelb blüht. Auch das Grün seiner Blätter hat einen ganz leichten gelblichen Stich. An Wegrändern und an Straßen findet man ihn ebenso wie an unbebauten, steinigen Stellen oder mäßig feuchten Wiesen. Neben den goldgelben Blüten fällt der kantig gefurchte, von der Mitte an ästige Stengel auf. Die Blüten erscheinen im Juli und August, und die sich daraus entwickelnden Früchte sind geflügelt, breit-elliptisch und zusammengedrückt.

Gewürze = Heilpflanzen – Heilpflanzen = Gewürze?

Lohnt es sich, Heilpflanzen, die für den Magen, die Galle, die Leber oder allgemein für den Gesamtstoffwechsel gesund sind, als Gewürze auszuprobieren, auch wenn sie bisher nicht oder nur regional als Gewürz gebraucht werden?

Diese Frage möchte ich mit Ja beantworten, denn es gibt viele Heilpflanzen, die nicht nur sehr gesund sind, sondern die auch als Würze dienen können, obwohl man sie bisher nicht als Gewürz oder Küchenkraut kennt.

Das aber bedeutet nicht, daß diese Heilkräuter regional nicht auch als Gewürz Verwendung finden. Wenn man nämlich einmal versucht, herauszubekommen, welches Heilkraut mit Sicherheit *nirgendwo* auch Gewürzkraut ist, so wundert man sich, wie klein deren Zahl ist. Das gilt ganz besonders für alle die, die frisch als Salat oder Suppengrün benutzt werden können.

Von diesen möchte ich zunächst eine Auswahl vorstellen und auch begründen, warum sich ein Versuch lohnt. Zumeist werden es gesundheitliche Erwägungen sein, aber auch der Geschmack einiger Kräuter wird bestimmt seine Liebhaber finden. Manch Kräutlein wird darunter sein, das der eine oder andere noch aus der «schweren» Zeit während oder nach dem Zweiten Weltkrieg kennt, da man diese Kräuter als Wildgemüse aß, um überhaupt satt zu werden. – Wundern sollten Sie sich nicht, wenn viele darunter sind, die als Unkraut gelten – entscheidend sind ja nur die geschmacklich oder gesundheitlich wertvollen Inhaltsstoffe. Danach folgen einige Heilpflanzen, die, besonders getrocknet, gute und vor allem gesunde Gewürze liefern.

Junge Blätter oder Triebe von Heilpflanzen als Salat oder Grün-Würze

Die Auswahl ist schwer, und kritische Leser werden möglicherweise manches einzuwenden haben, doch bitte ich sie, meine Argumente nicht sogleich zu verwerfen, dann wird es mir vielleicht gelingen, den einen oder anderen zu überzeugen.

Löwenzahn

Daß ich den Löwenzahn hier mit aufnehme, wird wohl niemanden schockieren, denn daß er einen vorzüglichen Frühlingssalat abgibt, hat sich schon fast herumgesprochen. Auch wie sie aussieht, die gelbe Schmalzblume, Butterblume, Pusteblume oder unter welchem Namen sie auch sonst noch bekannt ist, brauche ich niemandem zu sagen. Man kann sich den Frühling ohne sie eigentlich gar nicht mehr vorstellen. «Die allerschönste Blume» hat Hermann Löns sie genannt.

Der Löwenzahn ist ein gemeines Unkraut im Garten, auf Wiesen, Feldern, an Wegen und Straßen. Er ist anpassungsfähig wie kaum eine andere Pflanze und deshalb auch nur schwer auszurotten. Davon können alle die ein Lied singen, die ihn aus ihrem schönen «englischen» Rasen vertreiben möchten. Auf allen Kontinenten gibt es ihn, als wolle er sich und seine Heilkraft den Menschen aufdrängen. Will man seine Wirkung in einem Satz zusammenfassen, so kann man sagen: Er reinigt den Körper, indem er die Ausscheidung anregt! Das gilt für die Arbeit der Leberzellen ebenso wie für die Nieren. Und deshalb sollte man die frischen Löwenzahnblätter jedem Frühlingssalat beigeben, damit würzen, wo es mit einem Kraut nur möglich ist.

Sein Geschmack ist herb-bitter, genau richtig, um einen Kontrast hervorzuzaubern. Hier trifft beides zusammen: Würzkraut und Heilwirkung.

Die Menge, in der man ihn verzehrt oder mit der man würzt, ist allein Sache des persönlichen Geschmacks. Ein Zuviel ist nicht zu befürchten. Verwendet man zum Würzen da, wo man Löwenzahn gebraucht, zusätzlich noch Melissenblätter, so ergibt das einen ganz besonders aparten Geschmack. Auch verträgt sich Löwenzahn mit Zwiebeln, Lauch, Kerbel und den anderen Küchenkräutern.

Lindenblüten

Die Linde, den Baum, der im Volksaberglauben eine so große Rolle gespielt hat, dessen Bedeutung als «Dorfbaum» noch heute besteht, brauche ich wohl nicht zu beschreiben. Jeder weiß auch, wie herrlich es unter einer Linde duftet, und wie gesund ein Lindenblütentee ist, ist ebenfalls bekannt. In fast jeder Hausapotheke – sofern man die Oma noch die Teeauswahl bestimmen läßt – ist Lindenblütentee, um bei Erkältungen gleich einsatzbereit zu sein, und viele Familien trinken im Winter, einmal des Geschmacks wegen, zum anderen auch wohl zur Vorbeugung, zum Abendessen gern Lindenblütentee.

Die Lindenblüten möchte ich nun als Würze anbieten, und zwar als Frischwürze. Die Freude daran hat man nur wenige Tage im Jahr, denn die Lindenblüten sind nur dann besonders würzstark, wenn sie gerade aufgeblüht sind. Schon wenn sie älter als drei Tage sind, ist die Freude daran nicht mehr so groß. Man muß Lindenblüten also pflücken, wenn es unter dem Baum besonders stark duftet. Verwenden soll man nur die Blüten, die man am besten in Suppen und Gemüseeintöpfe gibt oder unter Käse mischt. Probieren Sie es, es ist eine Freude. Wenn ich auch den frischen Blüten den Vorzug gab, so kann, wer den Geschmack besonders liebt, die Lindenblüten natürlich auch trocknen. Wenn das sehr schnell – aber doch schonend – geschieht und die Blüten in einem gutschließenden Glasgefäß aufbewahrt werden, dann hat man das ganze Jahr hindurch eine aparte Würze vorrätig. Wirksam ist das ätherische Öl.

Hirtentäschl

Eine Pflanze, die auch recht bekannt ist, weil ihre dreiekkigen Früchtchen auffallen. Ansonsten ist Hirtentäschl ein Unkraut, das ein bescheidenes Dasein führt und auf Ödland, Ackerland, an Wegrändern oder Schuttplätzen oft in großen Mengen anzutreffen ist. Wie so oft bei unscheinbaren Pflanzen: das Hirtentäschl besitzt wertvolle Inhaltsstoffe für unsere Gesundheit. Hervorzuheben sind das Provitamin A, die Vitamine B_1 und B_2, viel Vitamin C und E und erwähnenswerte Mengen an Schwefel, Eisen und Kalzium. Da man dieser Pflanze auch noch eine entlastende Wirkung auf die Leber zuschreibt, ist es eigentlich nicht verwunderlich, daß man in früheren Zeiten die zarten, im zeitigen Frühjahr gesammelten Rosettenblätter dieses Heilkrautes als Salat gegessen hat.

Diesen guten Brauch möchte ich wieder beleben. Ich meine nämlich, daß man sich keinen größeren Gefallen tun kann, als im Frühjahr die verschiedensten Salat- und Würzkräuter zu verwenden. *Variatio delectat* (Abwechslung erfreut)! Doch sie erfreut nicht nur, sondern dient in diesem Falle der Gesundheit.

Wegerich

Hier möchte ich mich ganz kurz fassen und mich auf den Rat beschränken, den breiten und den spitzen Wegerich im Frühling mit in den Salat zu nehmen. Geschmacklich bieten sie nicht viel, sie schmecken ein wenig schleimig-zusammenziehend, herb-bitterlich, doch sie ergänzen die bunte Palette der Frühlingssalatkräuter ebenso wie das Gänsefingerkraut, das hier auch erwähnt sei.

Darauf haben Sie gerade noch gewartet? Nun, da sind sie, die beiden Brennesseln, die Große und die Kleine, und wenn die obige Frage abwertend gemeint war, so muß ich Ihnen sagen, daß Brennesseln so viel wertvolle Inhaltsstoffe besitzen, daß man auf keinen Fall auf sie verzichten sollte.

Die Vitamine A, B und C sind darin enthalten, und an Mineralstoffen bietet die Brennessel Kalium, Calcium, Eisen, Titan, Mangan, Schwefel und Phosphor.

Was die Wirkung angeht, so wird sie mit Recht als excitosekretorisches Mittel (ein Mittel, das die Drüsenfunktion anregt) für Magen und Bauchspeicheldrüse bezeichnet. Niemand sollte im Frühling auf die ganz jungen Triebe der Brennessel verzichten. Man kann sie unter Quark mischen, und man kann sie Suppen und Gemüseeintöpfen hinzufügen. Keine Angst bitte, denn die ganz jungen Brennesselblätter brennen noch nicht. Auch ist es falsch anzunehmen, Brennesseln seien ein pfeffriges Gewürz, weil sie auf der Haut ein sehr heftiges Brennen hervorrufen. Ihr Geschmack ist eher neutral bis herb zu nennen, doch im Zusammenspiel mit anderen Frühjahrskräutern wirken sie sich geschmacklich gut aus.

Im Frühlingssalat dürfen etwa 10 Prozent Brennesseln enthalten sein. Unter den Käse kann man sie allein oder auch mit anderen Kräutern mischen, was wiederum Sache des eigenen Geschmacks ist. Die Verträglichkeit ist gewährleistet.

Die beiden Brennesselarten sind eigentlich gleichwertig, doch bevorzuge ich die Große Brennessel, die der Botaniker *Urtica dioica* nennt. Die Kleine Brennessel heißt botanisch *Urtica urens.* Eine Beschreibung dieser beiden Kräuter kann ich mir wohl ersparen – jeder kennt sie, und sie wachsen als Unkraut ja auch überall. Hinweisen möchte ich noch auf die vorzügliche Heilwirkung des Saftes, den man sich mit einem Entsafter aus der frischen Pflanze selber herstellen kann. Dieser Brennesselsaft wirkt vorzüglich als Aufbau- und Kräftigungsmittel gerade bei älteren Menschen.

Brombeerblätter – Himbeerblätter – Erdbeerblätter

Hier mag der Hinweis genügen, daß diese Blätter in ganz frischem Zustand eine beliebte Salatbeigabe sind. Sie runden den Frühlingssalat geschmacklich ab, besonders wenn sie mit Kresse und Löwenzahn vermischt werden. Und ihre Vitamine und Mineralstoffe sind nicht zu unterschätzen.

Natürlich waren dies nur Anregungen. Es gibt weitere vorzügliche Heilkräuter, deren zarte, junge Blätter als Würze und Gemüse verwendet werden können. Aber sie alle zu behandeln würde den Rahmen dieses Buches sprengen. Probieren Sie es zunächst mit meinen Vorschlägen, vielleicht werden Sie dann auf eigene Faust experimentieren wollen. Lohnend ist es auf jeden Fall.

Getrocknete Heilpflanzenteile als Gewürze

Auch in diesem Abschnitt muß ich mir größte Beschränkung auferlegen, denn die Zahl der Möglichkeiten ist groß. Die Auswahl geschah auch hier subjektiv, so daß der Leser nicht in jedem Fall meiner Meinung sein muß. Natürlich wählte ich nur Heilpflanzen aus, die auch bei uns in Mitteleuropa vorkommen.

Engelwurz (siehe Hinweis auf Seite 187)

Sieht man vom Mittelmeerraum einmal ab, so kommt dieses große Doldengewächs in ganz Europa vor. Die Engelwurz bevorzugt Flußufer und mehr oder weniger feuchte Wiesen. Sie wird bis zu zwei Meter hoch. Der stielrunde Stengel ist hohl gerillt und oben zuweilen purpurrot angelaufen. Die Blätter, die mit großen, bauchigen Scheiden versehen sind, sind kahl, unterseits blaugrün und ein- bis dreifach fiederteilig. Im Juli und August erscheinen grünlichweiße Blüten in halbkugeligen Dolden. Diese Dolden sind 30- bis 40strahlig und zumeist ohne Hülle, während die Döldchen Hüllchenblätter tragen.

Es dürfte nicht schwer sein, diese Heilpflanze nach der oben versuchten Beschreibung zu finden. Zur Blütezeit muß man die Wurzelstöcke und die Wurzeln graben, denn diese sind es, die die Gewürz- und Heildroge liefern. Den braungrauen bis rötlichen Wurzelstock mit den davon ausgehenden Wurzeln muß man nach dem Waschen der Länge nach spalten, um ihn dann zusammen mit den weit dünneren Wurzeln zum Trocknen aufzuhängen. Die Droge schmeckt und riecht aromatisch.

Bei der Aufbewahrung muß man größte Sorgfalt walten lassen, da die Engelwurz in besonderem Maße dem Insektenbefall ausgesetzt ist. Gibt man sie hingegen sogleich nach dem Trocknen in gutschließende Gefäße, so erhält man eine gute, lange Zeit verwendbare Gewürzdroge.

Die wirksamen Inhaltsstoffe der Engelwurz sind ätherische Öle und ein Bitterstoff. Man kann sie daher in die bitter-aromatischen Würzdrogen einreihen. Das ergibt eine vorzügliche Wirkung auf den Darm, den Magen und auch auf die Galle. Ich empfehle Angelika (Engelwurz) zum Würzen von fetten Gerichten, von derben Gemüse- und Fleischeintöpfen, aber auch von Soßen und Suppen aller Art. Engelwurz ist für mich ein apartes und vor allen

Dingen gesundes Gewürz, das ich nicht ohne Absicht an den Anfang dieses Abschnittes stelle.

Wer zunächst experimentieren möchte, der probiere den Geschmack in klarer Fleischbrühe aus. Fette Hühnerbrühe eignet sich dafür besonders gut.

Enzian

Gemeint ist natürlich nicht der Schnaps, doch die Droge, aus der der so beliebte Enzianschnaps bereitet wird, ist auch das Gewürz, das ich hier wärmstens empfehlen möchte. Die Bitterstoffe der Enzianwurzel besitzen eine anregende Wirkung auf die Drüsen des gesamten Verdauungsapparates. Erhöhte Verdauungssaftsekretion ist die Folge, und dadurch wird die Bekömmlichkeit aller Nahrung erhöht. Hinzu kommt beim Enzian noch sein anregender Einfluß auf den Kreislauf, was besonders zu begrüßen ist. Es wurde schon mehrfach darauf hingewiesen, daß der Kreislauf beim Verdauungsprozeß recht stark beansprucht wird und die anregende Wirkung durch Gewürze daher immer als gute «Beigabe» zu begrüßen ist.

Wie hoch Sebastian Kneipp den Enzian schätzte, geht aus seinem Ausspruch hervor, daß *der* die ganze Apotheke der Natur besäße, der im Garten Enzian, Wermut und Salbei immer zur Hand hätte.

Auf Enzianschnapsflaschen findet man immer den so schön blau aussehenden Enzian abgebildet, doch die wertvolle Droge, aus der auch in der Hauptsache der Enzianschnaps gebrannt wird, ist der Gelbe Enzian (Gentiana lutea), der auf den kalkhaltigen Bergwiesen Süd- und Mitteleuropas zu Hause ist. Neben dieser gelben Enzianpflanze gibt es noch weitere Arten, die der erstgenannten Art ebenbürtig sind, nämlich den *Gentiana purpurea*, der außen purpurne und innen gelbliche Blüten besitzt, den *Gentiana punctata* mit gelben, violett punktierten Blüten und schließlich den *Gentiana pan-*

nonica, der bläulichpurpurne, schwarzrot punktierte Blüten trägt.

Während früher der Enzian als übles Unkraut verschrieen war, steht er heute unter Naturschutz, da die Schnapsindustrie dafür gesorgt hat, daß diese Bergpflanze fast zur Seltenheit geworden ist.

Man muß sich daher den Enzian aus der Apotheke besorgen, wo man ihn unter der Bezeichnung *Radix Gentianae* kennt.

Gepulvert paßt dieses Gewürz zu allen fetten Gerichten, besonders Bratkartoffeln und fettem Schweinebraten. Mit Salz vermischt, würzt Enzian Gänseschmalz, Schweineschmalz und Hammelbraten bestens und kann auch zu Fleischeintöpfen gegeben werden. Auch Wildschwein wird bekömmlicher, wenn man ein wenig Enzian hinzufügt. Den Pilzliebhabern kann ich wärmstens empfehlen, ein wenig Enzianwurzel unter die Pilzgerichte zu geben. Besonders bei den milden Pilzgerichten, wie Champignons, Butterpilzen, Goldröhrlingen und Birkenpilzen, ergibt das eine gute Kombination mit den verschiedensten Kräutern.

Benediktenkraut

St.-Bernhards-Kraut, Heildistel, Magendistel sind einige der weiteren Namen, unter denen das Benediktenkraut bekannt ist. Die Heilpflanze ist im Mittelmeerraum beheimatet, wurde aber schon im Mittelalter über die Alpen gebracht und in Gärten und Kulturen gezogen. Es lohnt sich auch heute noch, diese Pflanze im Garten zu halten, damit man dieses hervorragende Heilkraut immer greifbar hat und es auch einmal als Gewürz versuchen kann. Die Wirkstoffe sind ein ätherisches Öl, Bitterstoffe und Gerbstoffe, die im Zuammenspiel eine sehr wohltuende Wirkung auf Magen und Darm ausüben. Verwendet werden die Blätter, die Stiele und auch die Blüten.

Man kann nun ein Stückchen der ganzen Pflanze in dem Gericht mitkochen, wie man ein Sträußchen Estragon, Beifuß oder Wermut mit der Gans brät, man kann aber auch das zerkleinerte Kraut in ein Kräutersäckchen geben, um es so unter die Speisen zu bringen. Es ist nämlich wichtig, daß das Benediktenkraut mitgekocht wird. Erst dann gibt es sein Aroma und seine Wirkstoffe frei.

Besser jedoch ist es, wenn man das Kraut in einer Reibschale fein zerreibt und es als Würzpulver verwendet. Die schlecht zerreibbaren Teile kann man nachträglich entfernen, indem man das Pulver durch ein Sieb gibt.

Veilchenwurzel

So heißt diese Droge in der Apotheke, als Iris kennt sie der Botaniker und als Schwertlilie der Laie. Verwendung findet der geschälte und getrocknete Wurzelstock vornehmlich dreier Iris-Arten, nämlich der dunkelvioletten *Iris germanica* der blaßblauen *Iris pallida* und der hellvioletten *Iris florentina*, die alle drei in Südeuropa beheimatet sind. Sie haben einen horizontal kriechenden Wurzelstock, schwertförmige Blätter und bilden einen bis 1 Meter hoch werdenden Blütenstengel aus. Im August werden die Wurzelstöcke gegraben, geschält und an der Sonne getrocknet. Erst dann erhalten sie den charakteristischen Geruch nach Veilchen, der auf das ätherische Öl zurückgeht. Übrigens riechen auch die Baldrianwurzeln erst nach dem Trocknen so charakteristisch nach Baldrian. – Da die Veilchenwurzel so angenehm duftet, kann man sie allen möglichen Gerichten als bekömmliche Würze beigeben. Gepulvert oder geschnitten ist sie gleichermaßen zu gebrauchen. Besonders das Pulver, in kleinen Mengen Obst- und Fruchtsalaten zugesetzt, verleiht ihnen einen angenehmen und aparten Duft.

Im Kräutersäckchen – ähnlich wie Kümmel und Wacholderbeeren – würzen einige Stückchen Veilchenwurzel das Kraut, ob rot oder weiß, und mitgekocht veredeln sie den Wildbraten. Wer die geschnittene Veilchenwurzel verwendet, der sollte allerdings darauf bedacht sein, sie vor dem Servieren zu entfernen – gepulvert ist die Verwendung deshalb vielseitiger. Nicht selbst sammeln! Artenschutz.

Wegwarte

Cichorium intybus ist der botanische Name dieser Pflanze, die deshalb auch als Zichorie bekannt ist. Sie wächst als blauer Korbblütler an Wegen, Feldrainen, auf Ödland und mageren Wiesen in ganz Mitteleuropa. Früher verwendete man die Wurzel, um daraus die Zichorie, den Kaffeezusatz oder den Kaffee-Ersatz, zu bereiten. Tief in den Boden reicht die Wurzel, die einen Milchsaft führt. Kräftig ist die Blattrosette, aus der sich ein derber, verzweigter, nur spärlich beblätterter Stengel entwikkelt. Daran sitzen große, klarblaue Blüten, die mit der Sonne aufgehen, um schon am Nachmittag zu welken und zu verblassen. Am nächsten Morgen jedoch entfalten sich neue blaue Blütenköpfchen, die nur aus Zungenblüten bestehen. Verwendet werden die Wurzeln und die Blüten, aber auch die derben Blätter.

Da die Wirkstoffe (Bitterstoffe und ein bitteres Glykosid) sehr wohltuend auf die Verdauung wirken, wobei besonders der günstige Einfluß auf den Leberstoffwechsel hervorgehoben werden muß, lohnt es sich, die Wegwarte als Gewürz zu versuchen. Alle fetten Speisen kann man damit würzen, denn es ist auch erwiesen, daß die Wegwarte den Gallefluß verstärkt, was ja der Fettverdauung zugute kommt. Bei Appetitlosigkeit leistet die Wegwarte sehr gute Dienste.

Ich empfehle, die ersten Versuche mit gepulverten Blüten und Blättern zu machen, die man mit etwas Salz vermischt, um, wenn man will, auch noch ein wenig

Beifuß hinzuzugeben. Damit kann man dann einen knusprigen Gänsebraten zusätzlich würzen, ein Brot mit Schmalz verdaulicher machen und fette Bratkartoffeln mit Speck auch all denen zumuten, die einen «schwachen Magen» haben. Dann kommen die groben Fleischeintöpfe an die Reihe, in die man neben den vornehmlich aromatischen Gewürzen zusätzlich etwas Wegwarte gibt. Die Wirkung ist verblüffend. Der Geschmack wird wohltuend beeinflußt und die Bekömmlichkeit erhöht.

Da man Wegwarte als Gewürz nicht kaufen kann, muß ich noch einige Worte über die Aufbereitung anfügen. Wie sie aussieht, habe ich oben schon beschrieben, wo sie zu finden ist, wurde auch bereits gesagt. Sammeln muß man diese Pflanze, wenn man die Blüten und Blätter verwenden will (wozu ich in erster Linie rate), zur Blütezeit. Dabei sollte man solche Pflanzen bevorzugen, die möglichst viele Blüten tragen.

Diese werden abgeschnitten und die kleinen Stengelblätter gezupft. Blütenknospen und schon verwelkte Blüten lasse man stehen. Zu Hause sollten die Blätter und Blüten verhältnismäßig schnell und scharf getrocknet werden. Einen Teil der Ausbeute gibt man ganz in gutschließende Gefäße, den Rest zerreibe man in der schon oft genannten rauhen Apothekerreibschale zu einem feinen Pulver, wobei man bereits ein Fünftel der Menge an Salz zugeben kann. Dieses nach dem Zerreiben gesiebte Pulver ist dann in ganz besonders gut schließenden kleinen Gefäßen aufzubewahren. Auf keinen Fall darf das Gemisch nachträglich feucht werden.

Walnußblätter

Wer einen Walnußbaum im Garten hat oder weiß, wo einer steht, der sollte sich im Frühsommer, wenn die Blätter kräftig, frisch und appetitlich aussehen, einige davon besorgen, sie gut trocknen und in gutschließenden Gefäßen aufbewahren. Sie sind reich an Gerbstoff und können manchmal ganz besonders gute Dienste leisten. Eintopfgerichten, die mit viel Hülsenfrüchten zubereitet werden, bekommt es gut, wenn man einige Blätter des Walnußbaumes mitkocht, um sie vor dem Servieren wieder zu entfernen. Das Eintopfgericht nimmt einen etwas herben Geschmack an und wird bekömmlicher.

Confect – Konfekt – Weihnachtsgebäck

Eine Plauderei über Gewürzgebäck

Ich will nicht gerade behaupten, daß ein Apotheker der Erfinder des Weihnachtsgebäcks gewesen ist, aber die Urform der immer noch sehr beliebten Zimtsterne, Anisplätzchen, Pfefferküchlein und vieler anderer Gewürzbäckereien ist zweifellos in der Apotheke entstanden.

Die verschiedenen Gewürze in diesen Backwaren machen sie tatsächlich zu Arzneimitteln. Kaum jemand bedenkt das heute noch. Dennoch kann es kaum reiner Zufall sein, daß gerade zur Weihnachtszeit, und besonders an Weihnachtsfeiertagen, an denen schon von jeher reichlich, ja überreichlich und gut gegessen wird, die Gewürzbackwaren ihre «hohe Zeit» haben.

Die darin enthaltenen Gewürze wirken magenstärkend, regen die Verdauungsdrüsen an und sorgen so für das Wohlbefinden.

Gewürzbackwaren, wie sie zur Weihnachtszeit bereitet werden, sind demnach Abwandlungen oder auch Verbesserungen (Verfeinerungen) des «Confect», das man besonders im späten Mittelalter nach üppigen Festgelagen reichte, um die Belastung des Magens wieder einigermaßen auszugleichen, und das man damals «die fornehmbste wahr der Apotheken» nannte. Bevor im folgenden mehr über das Confect gesagt wird, zunächst noch einige Worte über das Weihnachtsgebäck, weil es zu den wenigen Dingen gehört, die unsere moderne Weihnacht immer noch mit Romantik und weihnachtlichem Zauber erfüllen, denn die Selbstbereitung wenigstens einiger besonderer Weihnachtsplätzchen scheint in den allermeisten Familien eine Selbstverständlichkeit geblieben zu sein. Daran nimmt die ganze Familie teil. Das geheimnisvolle Drum und Dran beschwört Jahr für Jahr auch in unserer so nüchternen Zeit eine echte Weihnachtsstimmung.

Großmutters oder gar Urgroßmutters Rezept, in deutscher Schrift auf vergilbtem Papier, ist schon allein eine Besonderheit. Statt in Gramm sind die Mengen in Lot angegeben, und um dem wertvollen Dokument ja keinen Schaden zuzufügen, hat die Mutter mit Bleistift dazugeschrieben, wieviel Gramm sie nehmen muß. Manchmal ist es nicht ganz einfach, alle Zutaten dafür zu bekommen.

Da führt dann der Weg in die Apotheke, und der alte Apotheker schmunzelt, wenn er die kostbaren Gewürze heraussucht, denn er weiß sicher, daß sie zu einer Weihnachtsleckerei verwendet werden. Der junge Apotheker, der eben erst die Praxis begonnen hat, verschwindet unauffällig im Büro, um sich in einem Nachschlagewerk Auskunft über die eine oder andere volkstümliche Gewürzbezeichnung zu holen.

Das «besondere» Weihnachtsgebäck – und damit meine ich die Gewürzplätzchen, die Mandel- und Nußküchlein und die vielerlei Kostbarkeiten aus Urgroßmutters Rezeptbuch – kommt dem sehr nahe, was wir heute unter Konfekt verstehen, nämlich dem kleinen, feinen und wohlgeformten, nicht gerade billigen Gebäck, das zumeist aus Mandelmasse, kandierten Früchten oder Fruchtpasten besteht. In manchen Gegenden Deutschlands nennt man auch die Pralinen Konfekt, doch besteht zwischen beiden wohl ein recht deutlicher Unterschied.

Der Name Konfekt (Confect) stammt aus der Apotheke des Mittelalters, und nur in der Apotheke war anfangs Confect zu bekommen. *Confectum* bedeutet: das Zubereitete. Samen, Wurzeln, Rinden, Früchte, Blumenblätter und Fruchtschalen wurden nach geheimgehaltenen Rezepten in großen Mörsern von Apothekern gestoßen, gestampft und anschließend geformt und so zu Confect verarbeitet. Wer einmal die alten, noch vorhandenen Apothekerrezepte studiert, der wird feststellen, daß Gewürze und Früchte der ganzen Welt, soweit man sie kannte, darin enthalten waren.

Zunächst war das Confect nur Arzneimittel und schmeckte auch bitter. «Die zwelfferley spezerei war saur und pitrin», schrieb ein Wunderarzt aus Nürnberg im Jahre 1485. Die Wirkung des Confects bei vielerlei Beschwerden rühmte man nach Art der damaligen Zeit in den höchsten Tönen und schoß dabei nicht selten weit übers Ziel hinaus. Doch dank seiner Zusammensetzung war es tatsächlich als Magen- und Verdauungsmittel oder als Abführmittel wirksam. Ätherische Öle und Bitterstoffe aus Heilkräutern werden auch heute noch gern als Arzneimittel verwendet.

Hundert oder zweihundert Jahre später sah das Confect schon wesentlich anders aus. Es schmeckte süß, war oftmals sogar parfümiert, gefärbt oder außen versilbert und vergoldet. Diese neue Form und vor allen Dingen der angenehmere Geschmack machten es «hoffähig». Schon lange hatten sich Ärzte und Apotheker darüber Gedanken gemacht, wie man die äußerst üppigen spätmittelalterlichen Gelage für den Magen gesünder und verträglicher gestalten könnte, und so verfielen sie schließlich auf das Confect, die nunmehr süße und gern genommene Arznei. Als großer Abschluß der Tafelfreuden brachte das Confect sogar eine besondere höfische Tischkultur zur Blüte. Ein Diener in besonders prunkvoller Kleidung trug auf goldenem Tablett oder in einer kostbaren Schale diese vorzügliche Magenarznei herein, wobei er nicht selten durch Fanfarenklänge angekündigt wurde. Die Gäste bedienten sich gern, weil das Confect wirklich für Wohlbehagen sorgte.

Dieser letzte Gang (vielfach auch der achte Gang genannt) wurde mancherorts auch erst nach dem Aufheben der Tafel gereicht, wobei sich die Gäste in einem besonderen Raum oder in der Halle versammelten. Dabei ging es dann lustig und ungezwungen zu. Spielleute spielten auf, und der Hofnarr zog alle Register, um die Gäste zu erheitern.

Bei Seiner Heiligkeit dem Papst wurde eine vornehme Confectschale gern als Gastgeschenk geboten.

Wenn man über das Konfekt berichtet, so muß man auch das Marzipan erwähnen, jene begehrte Süßigkeit aus Mandelmasse. Als Arzneimittel wurde es weniger gebraucht, doch im Mittelalter zusammen mit dem Confect gereicht. Die Heimat des Marzipans ist der Orient, das Land der Mandelbäume, wo man noch heute übersüßes Zuckerzeug schätzt. Seine leichte Formbarkeit regte zu allen Zeiten die Zuckerbäcker zu den wunderlichsten Formschöpfungen an. Woher die Bezeichnung Marzipan – auch Marciban – kommt, vermag man nicht mit Sicherheit zu sagen. Manche meinen es von *Martini panis* (Brot des heiligen Martin) ableiten zu dürfen, andere glauben wieder, daß Marzipan vom arabischen *Mautaban* herkomme. Mautaban ist ein kleines Hohlmaß, das in seiner Größe gut zu dieser Kostbarkeit passen könnte.

Solange das Confect ein reines Arzneimittel war, gab es diese Zubereitungen natürlich nur in Apotheken. Als man aber dazu überging, das Confect zu versüßen, Zukker und andere süße Zutaten verwendete und aus der ursprünglichen Arznei eine arzneiliche Leckerei machte, entbrannte ein Streit zwischen Apothekern und Zuckerbäckern, der sich lange hinzog. Dies geschah, obwohl im Mittelalter alle Berufe zunftmäßig sehr streng unterteilt waren. Der Zuckergehalt gab schließlich den Ausschlag; und ich möchte es so sagen: Konfekt, also Backwerk in unserem heutigen Sinne, stand den Zuckerbäckern zu, das Confect als Arznei aber lieferte die Apotheke.

Literaturverzeichnis

H. Annemüller: So schützt man sich vor Herzinfarkt und Koronarerkrankung. Bad Homburg.

G. Boros: Unsere Küchen- und Gewürzkräuter. Stuttgart.

Deutsches Arzneibuch, 6. bis 8. Ausgabe.

Flamm/Kröber/Seel: Pharmakodynamik Deutscher Heilpflanzen. Stuttgart.

Ingrid Gabriel: Die farbige Kräuterfibel. Wiesbaden.

Hans Glatzel: Die Gewürze. Nicolaische Verlagsbuchhandlung. Herford.

H.-J. Holtmeier: Abmagerungsdiät für übergewichtige Zuckerkranke. Stuttgart.

R. Kluthe/H. Quirin: Diätbuch für Nierenkranke. Stuttgart.

L. Kröber: Das neuzeitliche Kräuterbuch (3 Bände). Stuttgart.

Ferdinand Lequenne: Gesundheit wächst im Garten. Stuttgart–Wien.

Lisa Mar/A. Hoff: Leichte Vollwertkost (Galle und Leber). Herrenberg.

Lisa Mar/H. O. Kleine: Krebsdiät. Weil.

H. Marzell: Heil- und Nutzpflanzen der Heimat. Reutlingen.

Maurice Messegué: Die Natur hat immer recht. Wien–München–Zürich.

U. Niklas-Pahlow: Wildfrüchtekompaß. München.

M. Pahlow: Beeren und andere Wildfrüchte, Hallwag-Taschenbuch.

M. Pahlow: Das große Buch der Heilpflanzen. München.

M. Pahlow: Giftpflanzenkompaß. München.

M. Pahlow: Heilpflanzenkompaß. München.

M. Pahlow: Wildgemüsekompaß. München.

H. Schindler: Inhaltsstoffe homöopatisch verwendeter Heilpflanzen. Aulendorf.

S. W. Souci/H. Bosch: Lebensmitteltabellen für die Nährwertberechnung. Stuttgart.

E. Steinegger/R. Hänsel: Lehrbuch der allgemeinen Pharmakognosie. Berlin.

F. Steinke: Diätvorschriften für kochsalzfreie Kost. Hannover.

M. Waldegg: Gesund durch Gewürze. Innsbruck–Frankfurt.

H. Wallnöfer: Besser als 1000 Pillen, rororo. Hamburg.

Sachregister

Autogenes Training zum Wohl der Gesundheit.

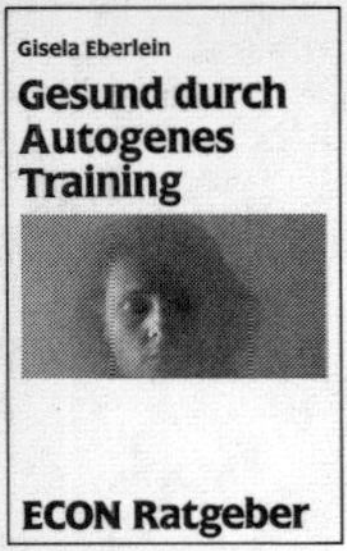

Eberlein, Gisela
Gesund durch Autogenes Training
132 Seiten
6 Zeichnungen
7,80 DM
ISBN 3-612-20141-7
ETB 20141

Das Buch
Alltagsstreß, nervöse Störungen an Herz, Kreislauf, Magen und Darm können durch Autogenes Training behoben werden.
Auch bei Schlafstörungen, depressiven Verstimmungen und Angstzuständen hilft Autogenes Training.
Die Autorin zeigt anhand von eindrucksvollen Beispielen aus ihrer Praxis, welche Erfolge sie mit Autogenem Training erzielte, und sie gibt konkrete Anleitungen, wie das Autogene Training von jedermann angewandt werden kann.
Dies ist ein Ratgeber für alle, die sich geistig und körperlich fit halten wollen.

Die Autorin
Dr. med. Gisela Eberlein unterrichtet in eigener Praxis Autogenes Training und leitet außerdem Kurse und Seminare an einer Volkshochschule sowie in Arbeitsgemeinschaften.

Die Wechseljahre: Keine Krankheit, sondern eine Lebensstufe.

van Keep, Pieter A./
Jaszmann, Laszlo
Die Wechseljahre der Frau
139 Seiten
6 Zeichnungen
6,80 DM
ISBN 3-612-20013-5
ETB 20013

Das Buch
Der Übergang von der fruchtbaren in die nächste Lebensperiode ist für Körper und Psyche der Frau mit einschneidenden Veränderungen verbunden. Neben den rein hormonellen Umstellungen des Körpers und Nebenerscheinungen, wie Hitzewallungen, verbunden mit akuten Schweißausbrüchen, Schilddrüsenstörungen, rheumatischen Gelenkveränderungen, hat die Frau häufig mit psychischen Beschwerden, wie Depressionen und starken Schwankungen im Gefühlsleben, zu kämpfen. Dieses Buch zeigt, wie jede Frau diese Beschwerden erfolgreich durch die bewußte Auseinandersetzung mit dieser Lebensphase angehen kann.

Die Autoren
P. A. van Keep und L. Jaszmann, Gynäkologen, haben in diesem Buch wissenschaftlich fundierte Erfahrungen aus der klinischen Arbeit mit Frauen im Klimakterium zusammengestellt.

Sich selbst massieren – kein Problem.

Stadtlaender, Chris
Selbstmassage
– Gesund und schön durch eigene Kraft –
Originalausgabe
160 Seiten
29 Zeichnungen
8,80 DM
ISBN 3-612-20067-4
ETB 20067

Das Buch
Schon die alten Griechen und Römer wußten um den gesundheits- und schönheitsfördernden Wert der Massage, der bis heute feststeht. Massagen sind teuer, auf Krankenschein kann man sich nur bei Krankheit und bei degenerativen Leiden massieren lassen. Um gesund und schön zu bleiben, kann man sich aber auch selbst massieren, wie, das zeigt die Autorin. Nach einer Einführung in die Geschichte der Massage, einer Erläuterung der Heil-, Sport- und Schönheitsmassagen, der Vorsichtsmaßnahmen bei Schmerzen, Entzündungen und Krampfadern beschreibt sie, wie man sich von Kopf bis Fuß selbst massieren kann, welche Griffe man kennen muß und welche selbst hergestellten Kräuteröle man verwenden kann.

Die Autorin
Chris Stadtlaender ist Fachjournalistin für Medizin und Kosmetik. Sie lebt in Wien.

Box dich fit!

Dunkel, C./Schulz, H.
Boxgymnastik für Frauen
Das neue Fitneßprogramm für den ganzen Körper
Originalausgabe
112 Seiten, 102 Fotos
8,80 DM
ISBN 3-612-20149-2
ETB 20149

Das Buch
Bei dieser neuen Gymnastikart kämpfen nicht Frauen gegen Frauen, sondern es ist eine Sportart, die den Körper besser trainiert als Aerobic und Jogging zusammen. Es ist außerdem ein Anti-Aggressions-Programm, das Streß und Ärger abbaut. Die Autorin beschreibt, welche Geräte und Kleidung benötigt werden, wie hoch der finanzielle Aufwand ist und gibt in ausführlichen Schritt-für-Schritt-Übungen zahlreiche Hinweise für richtiges Training, damit die ideale Figur erreicht werden kann.

Die Autorin
Cornelia Dunkel ist seit vielen Jahren Gymnastik- und Sportlehrerin und hat das Box-Training in ihr Lehrprogramm aufgenommen.

Erste Hilfe für Kinder.

Diagram
Soforthilfe für mein Kind
Bei Unfällen und Krankheiten
128 Seiten
200 Zeichnungen
7,80 DM
ISBN 3-612-20115-8
ETB 20115

Das Buch
Wie wäscht man eine Wunde aus? Wie behandelt man Verbrennungen? Wie wird ein Finger verbunden? Was macht man bei Knochenbrüchen? Wie entfernt man einen Splitter? Was gehört in den Erste-Hilfe-Schrank? Was macht man bei Hautinfektionen?
Auf diese und viele andere Fragen gibt das Buch klare Antworten, erklärt durch über 200 Zeichnungen. Es sagt den Eltern, wie sie sich bei Kinderkrankheiten und anderen kindlichen Problemen verhalten sollen, bei Blinddarmreizung und Ohrinfektionen, bei Schock und in vielen anderen Fällen.
Dieses Buch wurde in Zusammenarbeit mit dem Deutschen Roten Kreuz erstellt und ist Begleitbuch in einer ZDF-Fernsehreihe.

Mehr Spaß am Lernen – Mehr Zeit zum Spielen.

Beyer, Günther
So lernen Schüler leichter
– Gedächtnis- und Konzentrationstraining –
128 Seiten, 92 Zeichnungen, 49 Übungen
6,80 DM
ISBN 3-612-20001-1
ETB 20001

Das Buch
Mangelhafte Konzentrationsfähigkeit und schlechtes Gedächtnis sind oft die Ursachen für ungenügende Leistungen in der Schule. Dieses Buch schafft Abhilfe: Kinder zwischen 8 und 15 Jahren erfahren, wie sie mit einfachen Lerntechniken ihr Gedächtnis schulen und ihre Konzentrationsfähigkeit erhöhen können, um besser zu werden, Spaß am schnellen Lernen zu finden und damit mehr Zeit zum Spielen zu haben.
Übungen und Kontrolltests helfen, Können und Leistungen zu steigern.

Der Autor
Günther Beyer ist Gründer des Eltern-Schüler-Förderkreises Nordrhein-Westfalen. Er leitet ein eigenes Institut für Creatives Lernen.
Im ECON-Verlag erschienen seine Ratgeber „Creatives Lernen", „Gedächtnis- und Konzentrationstraining" und „Superwissen durch Alpha-Training".

Die Ängste unserer Kinder.

Eberlein, Gisela
Ängste gesunder Kinder
– Praktische Hilfe bei Lernstörungen –
158 Seiten
7,80 DM
ISBN 3-612-20010-0
ETB 20010

Das Buch
Jedes Kind kämpft mit unbewußten Ängsten, die es in irgendeiner Form hindern, zwanglos fröhlich, aktiv und spontan zu sein. Nervosität, Schlafstörungen, Kontaktschwierigkeiten, ja sogar Asthma, Stottern, Bettnässen sind Folgen dieser Ängste, die durch gezielt angewendete psychologische und pädagogische Entspannungsübungen behoben werden können. Wie, das zeigt dies Buch.

Die Autorin
Dr. med. Gisela Eberlein lehrt in eigener Praxis, in Seminaren und Arbeitsgemeinschaften autogenes Training. Besonders bei Kindern erzielte sie über psychologisch und pädagogisch fundierte Entspannungsmethoden große Erfolge.

Damit der Kindergeburtstag wirklich gelingt.

Kiskalt, Isolde
Wir feiern eine Kinderparty
Spiele, Rezepte, Zaubereien für 4- bis 10jährige
Originalausgabe
128 Seiten
86 Zeichnungen
7,80 DM
ISBN 3-612-20102-6
ETB 20102

Das Buch
Wichtig für eine Kinderparty ist die richtige Vorbereitung. Essen und Trinken, Spiele und Gewinne müssen geplant werden. Dazu findet man in diesem Buch zahlreiche Anregungen und Vorschläge.

Aus dem Inhalt
Vorbereitungen zur Party · Rezepte für Kindergetänke, Gebäck und kleines kaltes Büfett · Bekannte und weniger bekannte Spiele (mit Altersangabe) · Kleine Zaubereien für die Erwachsenen · Zum Ausklang des Festes: eine Tombola.

Die Autorin
Isolde Kiskalt ist Schriftstellerin und bringt hier ihre Erfahrungen, die sie bei Festen für ihre Tochter gewonnen hat.

Naturheilmethoden und heimliche Krankmacher.

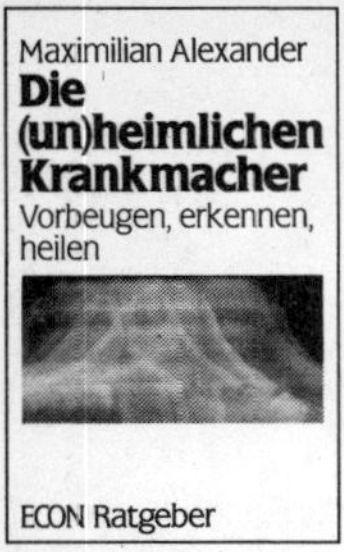

Alexander, Maximilian
Die (un)heimlichen Krankmacher
– Erkennen, Heilen, Vorbeugen –
Originalausgabe
144 Seiten
9,80 DM
ISBN 3-612-20039-9
ETB 20039

Das Buch
Die verborgenen Krankheitsursachen sind das große Handicap der konservativen Schulmedizin, die Krankheitssymptome werden mit höchst bedenklichen Mitteln der Chemie unterdrückt.
Die moderne Naturmedizin aber geht auf den Menschen als Ganzes ein und hilft, Störfelder, vergiftete Stoffwechsellagen, Wirbelsäulenveränderungen, nervale Blokkaden, Lymphstauungen, Psychotoxine, Blutdruck, Durchblutungsstörungen, Sauerstoffmangel, Allergien, Wetterfühligkeit und Therapieschäden zu normalisieren. Ein Krankheits- und Heilmittelregister schließt das Buch ab.

Der Autor
Maximilian Alexander arbeitet seit vielen Jahren als freier Journalist und Schriftsteller. Seine Spezialgebiete sind Medizin und Naturheilkunde.

Biomedizin – die natürliche Alternative.

Alexander, Maximilian/Zoubek, Eugen
Schmerzfrei durch Biomedizin
– Neue Naturheilmethoden –
143 Seiten
6,80 DM
ISBN 3-612-20000-3
ETB 20000

Das Buch
Akute und chronische Schmerzzustände sind das Schicksal vieler Menschen und können oft einen Lebensweg beeinflussen und prägen. Die Biomedizin bietet eine natürliche Alternative zu den herkömmlichen Schmerzmitteln.
Wirksame Präparate, auf rein biologischer Basis hergestellt, helfen Schmerzen ohne schädliche Nebenwirkungen überwinden, mobilisieren Eigenkräfte und setzen einen natürlichen Heilungsprozeß in Gang. Anhand zahlreicher Praxisbeispiele zeigen die Autoren, mit welchen Mitteln der modernen Naturmedizin der Mensch Krankheiten und Schmerzen vorbeugen und sich selbst erfolgreich behandeln kann.

Die Autoren
Maximilian Alexander arbeitet seit vielen Jahren als freier Journalist und Schriftsteller. Seine Spezialgebiete sind Medizin und Naturheilkunde.
Eugen Zoubek ist Homöopath und Arzt.

Nie mehr Verstopfung.

Leibold, Gerhard
Gesund und fit durch Ballaststoffe
Originalausgabe
140 Seiten
5 Zeichnungen
7,80 DM
ISBN 3-612-20082-8
ETB 20082

Das Buch
Ballaststoffe sind wichtige Bestandteile der menschlichen Nahrung. Der Autor schildert die Notwendigkeit der Verwendung und die Gefahren für die Gesundheit bei Mangel an Ballaststoffen.

Aus dem Inhalt
Was sind Ballaststoffe? · Natürliche Ballaststoffquellen · Stuhlgang ohne Probleme · Regulierung der Blutfett- und Blutzuckerwerte · Vorbeugung von Krebskrankheiten · Krank durch Ballaststoffmangel · Richtige Ernährung · Rezepte für ballaststoffreiche Ernährung.

Der Autor
Gerhard Leibold ist erfahrener Heilpraktiker und Autor zahlreicher Sachbücher.

Krankheiten erkennen und selbst behandeln.

Bierach, Alfred
Reflexzonentherapie
– Krankheiten erkennen und selbst behandeln –
123 Seiten
89 Zeichnungen
46 Fotos
6,80 DM
ISBN 3-612-20002-X
ETB 20002

Das Buch
Geistige Anspannung und körperliche Verkrampfung führen oft zu Verhärtung oder Knötchen, da von den inneren Organen Reflexbahnen zur Körperdecke laufen, die diese verändern. Durch Reflexzonenmassage kann man über bestimmte Gebiete der Körperdecke auf innere Organe einwirken, Schmerz lindern oder heilen.
Die exakte Bebilderung in diesem Buch zeigt, welche Körperzonen bei welchen Erkrankungen behandelt werden sollen.

Der Autor
Alfred Bierach leitet eine eigene Praxis für Psychotherapie und Naturheilkunde am Bodensee. Seit Jahren wendet er Reflexzonenmassage erfolgreich an.

AIDS wurde zum Schrecken der Welt.

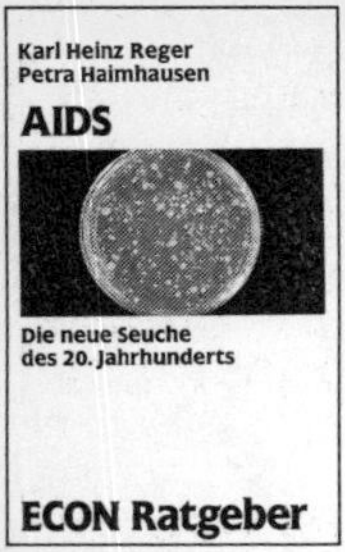

Reger, Karl Heinz/
Haimhausen, Petra
AIDS
– Die neue Seuche des 20. Jahrhunderts –
134 Seiten
8,80 DM
ISBN 3-612-20084-4
ETB 20084

Das Buch
Dieses Buch soll Aufklärung schaffen, es offenbart alles, was heute über diese verhängnisvolle Krankheit und ihre Entstehung bekannt ist.

Aus dem Inhalt
Fünf Schicksale, die am Beginn einer neuen Epidemie stehen · So kann AIDS entstehen · Wie AIDS in den Körper gelangt · Krankheitserreger, die für AIDS-Kranke tödlich sein können · Was Ärzte heute gegen AIDS tun können · Wie AIDS-Gefährdete sich schützen können.

Die Autoren
Karl Heinz Reger ist Journalist und Sachbuchautor medizinischer Themen.
Dr. med. Petra Haimhausen ist Ärztin.

Jeder 5. Deutsche reagiert allergisch.

Ulrich, Wolf
Allergien sind heilbar
– Hilfe bei Heuschnupfen und anderen allergischen Krankheiten –
159 Seiten
14 Zeichnungen
8,80 DM
ISBN 3-612-20023-2
ETB 20023

Das Buch
Tränende Augen, Schnupfnase, geschwollene Schleimhäute oder absinkender Blutdruck sind typische Symptome für Allergien, die ausgelöst werden können durch Pilzsporen oder Pollen, durch Medikamente, Mehl, verschiedene Fasern, Milch, Obst, Fisch oder Eier. Beschrieben wird, welche Krankheitsbilder mit welchen Symptomen allergisch bedingt sind, welche Diagnosemethoden es gibt, welche Vor- und Nachteile sie haben und wie Allergien behandelt werden können.

Der Autor
Dr. med. Wolf Ulrich ist Medizinjournalist und Verfasser anderer Bücher. Im ECON-Verlag erschienen seine Ratgeber „Schmerzfrei durch Akupressur und Akupunktur", „Zellulitis ist heilbar" und „Haare pflegen und erhalten".

Rheuma: Die Geißel Nummer 1.

Alexander, Maximilian
Rheuma ist heilbar
– Neueste Naturheilmethoden –
142 Seiten
7,80 DM
ISBN 3-612-20017-8
ETB 20017

Das Buch
Mindestens vier Prozent der Menschheit ist an Rheuma erkrankt. Die herkömmliche Medizin hat diese Krankheit mit ihren verheerenden Folgen für Patient, Staat und Volkswirtschaft nicht in den Griff bekommen können.
In diesem Buch werden hochwirksame Naturheilmethoden gegen den gesamten Rheumakomplex dargestellt. Bei konsequenter Anwendung kann mit Naturheilmitteln dieses Leiden gelindert werden, eine neue Hoffnung besteht zurecht.

Der Autor
Maximilian Alexander arbeitet seit vielen Jahren als Medizin-Journalist.

Jede dritte Frau leidet unter Orangenhaut.

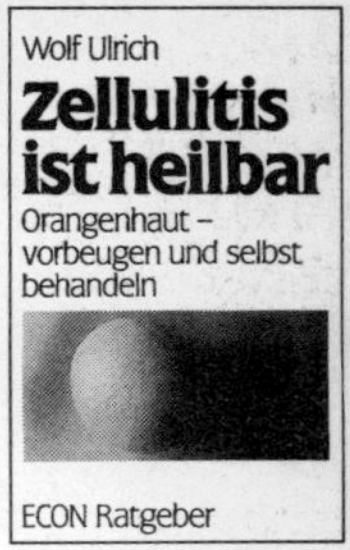

Ulrich, Wolf
Zellulitis ist heilbar
– Orangenhaut vorbeugen und selbst behandeln –
128 Seiten
51 Fotos
6,80 DM
ISBN 3-612-20012-7
ETB 20012

Das Buch
Zellulitis ist heilbar! Der Autor erklärt, wie Zellulitis entsteht, und schildert, wie man Zellulitis erfolgreich vorbeugen kann und sie heilt. Er entwickelte ein mehrstufiges Anti-Zellulitis-Programm, mit dem er durch Lebensführung, richtige Ernährung, Sport und Gymnastik, Massage, Medikamente und viel Geduld in zehn Wochen diese häßliche Krankheit heilen kann. 51 Fotos erläutern sein Programm und erleichtern dem Leser, es alleine durchzuführen.

Der Autor
Dr. med. Wolf Ulrich ist Facharzt für Hautkrankheiten.

Das Standardwerk der biologischen Küche.

Danner, Helma
Biologisch kochen und backen
– Das Rezeptbuch der natürlichen Ernährung –
288 Seiten, 8 Farbtafeln, 425 Rezepte
14,80 DM
ISBN 3-612-20003-8
ETB 20003

Das Buch
Natürliche Ernährung ist nicht nur gesund, sondern auch wohlschmeckend, durch sie können Krankheiten geheilt, gelindert und verhindert werden: Karies, Paradontose, Erkrankung des Bewegungsapparates, Zuckerkrankheit, Leber-, Gallen-, Nierenerkrankungen, Beschwerden der Verdauungsorgane, Gefäßerkrankungen u. v. a. m. Naturbelassene Ernährung bringt dem Menschen neuen Schwung, Elastizität, Ausdauer und hohe Konzentrationsfähigkeit, sie erhält ihn gesund und schlank.
Die Rezepte in diesem Buch sind praxiserprobt.

Die Autorin
Helma Danner ist Gesundheitsberaterin.
Sie beschäftigt sich seit vielen Jahren mit der wissenschaftlichen und Laienliteratur auf dem Ernährungssektor, mit neuesten und alten Gesundheits- und Kochbüchern.

Gesunde Ernährung für körperliches und seelisches Wohl.

Dörner, Ilse Sibylle
Das grüne Kochbuch
– Handbuch der naturbelassenen Küche –
270 Seiten
20 Zeichnungen
382 Rezepte
12,80 DM
ISBN 3-612-20026-7
ETB 20026

Das Buch
Das Handbuch der naturbelassenen Küche beweist mit über 380 Rezepten, daß man gesund leben und trotzdem köstlich essen kann.
Modernes Kochen mit frischen und gesunden Lebensmitteln, die schonend, selbst für schmackhafte Speisen, verarbeitet werden – unter dieser Maxime steht das grüne Kochbuch mit seinen vielen praxiserprobten Rezepten, Anleitungen, Tips und Ratschlägen zur naturbelassenen Küche. Es zeigt aber auch, daß Kochen nicht erst am Herd beginnt: Joghurt und Käse, Gemüse und Kräuter aus eigener Produktion bereichern jeden Tisch.

Die Autorin
Ilse Sibylle Dörner schreibt als freie Journalistin u. a. für die Zeitschrift „Feinschmecker“. Sie ist Autorin mehrerer Kochbücher.

Endlich! Die Diät, die Spaß macht.

Dörner, Ilse Sibylle
Diät mit Bio-Kost
– Schlank, gesund und fit –
Originalausgabe
189 Seiten
16 Zeichnungen
232 Rezepte
9,80 DM
ISBN 3-612-20019-4
ETB 20019

Das Buch
Bio-Diät ist eine neue, gesunde Möglichkeit, schlank zu werden und schlank zu bleiben. Köstliche Rezepte, eine Einführung in die Kräuter- und Keimlingszucht, Bio-Kosmetik und Bio-Medizin verleiten den Leser, sofort anzufangen und ohne Qual und zeitliche Begrenzung seinem Körper etwas Gutes zu tun, ihn schlank und fit zu halten.

Die Autorin
Ilse Sibylle Dörner schreibt als freie Journalistin u. a. für die Zeitschrift „Feinschmecker“. Sie ist Autorin mehrerer Kochbücher, u.a. „Das grüne Kochbuch“, ein Standardwerk für die alternative Küche.

Schnäpse und Liköre – Auch ein Stück Gesundheit?

Buss, Katharina
Leib- u. Magenelixiere
– Selbstgemachte Liköre u. Schnäpse –
Originalausgabe
144 Seiten
30 Zeichnungen
4 Farbtaf., 167 Rezepte
8,80 DM
ISBN 3-612-20018-6
ETB 20018

Das Buch
Äbte, Padres und Nonnen durften keinen Alkohol zu sich nehmen, und doch haben sie die besten Rezepte für die Zubereitung von Kräuterlikören und Schnäpsen zusammengestellt.
Viele der alten Klostertränke sind hier in etwa 200 Rezepten aufgenommen. Für jeden Geschmack und für die Gesundheit obendrein ist etwas dabei. Eine Tabelle über die Reifezeiten von Früchten und Kräutern erleichtern die jährliche Planung der eigenen Herstellung.

Die Autorin
Katharina Buss ist Lebensmitteljournalistin, sie schreibt u. a. für den „Feinschmecker“. Die Rezepte hat sie selbst ausprobiert.

Gesundheit

Maximilian Alexander
Die (un)heimlichen Krankmacher
Vorbeugen, erkennen, heilen

ECON Ratgeber

ETB 20039 **DM 9,80**
Originalausgabe,
144 Seiten

Wolf Ulrich
Allergien sind heilbar
Hilfe bei Heuschnupfen und anderen allergischen Krankheiten

ECON Ratgeber

ETB 20023 **DM 8,80**
159 Seiten,
14 Zeichnungen

Maximilian Alexander
Rheuma ist heilbar
Neueste Naturheilmethoden

ECON Ratgeber

ETB 20017 **DM 7,80**
142 Seiten

Bernard A. Bäker
Gelenkerkrankungen

Arthritis, Arthrose, Gelenkrheuma

ECON Ratgeber

ETB 20080 **DM 8,80**
141 Seiten,
57 Zeichnungen,
12 Fotos

Gerhard Leibold
Das Kreuz mit dem Kreuz

Bandscheibenschäden vorbeugen und heilen

ECON Ratgeber

ETB 20133 **DM 7,80**
Originalausgabe,
ca. 144 Seiten,
15 Zeichnungen

Bernard A. Bäker
Migräne und Kopfschmerzen sind heilbar

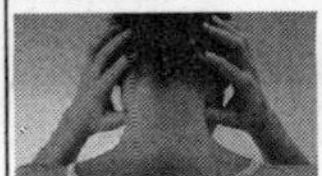

ECON Ratgeber

ETB 20063 **DM 7,80**
115 Seiten,
6 Zeichnungen

Werner Zenker
Mit Asthma leben lernen

ECON Ratgeber

ETB 20049 **DM 7,80**
Originalausgabe,
173 Seiten

Werner Zenker
Mein Kind hat Asthma

ECON Ratgeber

ETB 20037 **DM 9,80**
Originalausgabe,
202 Seiten

Martin Schwartz
Stottern ist heilbar

Erfolgreiche Behandlungsmethoden

ECON Ratgeber

ETB 20057 **DM 7,80**
176 Seiten

Gerhard Leibold
Die Schilddrüse

Krankheiten vorbeugen und behandeln

ECON Ratgeber

ETB 20106 **DM 7,80**
Originalausgabe,
ca. 128 Seiten,
4 Zeichnungen

Bernard A. Bäker
Brustkrebs

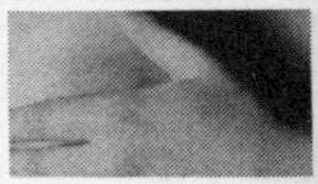

Vorbeugen, erkennen, handeln

ECON Ratgeber

ETB 20107 **DM 8,80**
Originalausgabe,
ca. 176 Seiten,
Zeichnungen

Gerhard Leibold
Risikofaktor Cholesterin

Erkennen und vorbeugen

ECON Ratgeber

ETB 20083 **DM 7,80**
Originalausgabe,
138 Seiten, 5 Zeichnungen

Michael Eisenberg
Magenkrank?

Behandlung und Heilung

ECON Ratgeber

ETB 20068 **DM 8,80**
159 Seiten,
14 Zeichnungen

Angela Kilmartin
Blasenentzündung

Vorbeugen und selbst behandeln

ECON Ratgeber

ETB 20072 **DM 8,80**
164 Seiten,
18 Zeichnungen

Wolf Ulrich
Zellulitis ist heilbar
Orangenhaut – vorbeugen und selbst behandeln

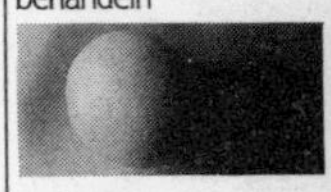

ECON Ratgeber

ETB 20012 **DM 6,80**
128 Seiten,
51 Fotos

A. Werner
Wege weg vom Alkohol

ECON Ratgeber

ETB 20075 **DM 9,80**
Originalausgabe,
215 Seiten

Hans Ewald
Akupressur für Jeden

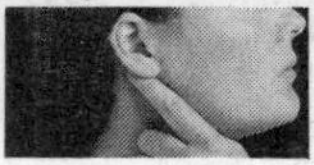

ECON Ratgeber

ETB 20020 **DM 6,80**
111 Seiten,
41 Zeichnungen,
55 Fotos

Hans Ewald
Akupunktur für Jeden
Eine Anleitung in Bildern

ECON Ratgeber

ETB 20005 **DM 6,80**
112 Seiten
35 Zeichnungen,
43 Fotos

Alfred Bierach
Reflexzonen-therapie
Krankheiten erkennen und selbst behandeln

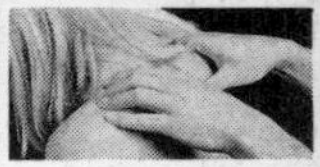

ECON Ratgeber

ETB 20002 **DM 6,80**
123 Seiten,
89 Zeichnungen,
46 Fotos

Chris Stadtlaender
Selbstmassage

Gesund und schön durch eigene Kraft

ECON Ratgeber

ETB 20067 **DM 8,80**
Originalausgabe,
160 Seiten,
29 Zeichnungen

Yukiko Irwin
Shiatzu

Mit 10 Fingern gegen 1000 Krankheiten

ECON Ratgeber

ETB 20140 **DM 9,80**
160 Seiten,
177 Zeichnungen

Hartmut Weiss
Yoga Meditation
Schulung zur Selbstverwirklichung

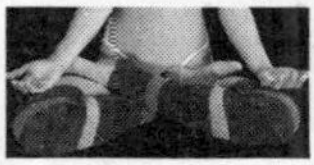

ECON Ratgeber

ETB 20030 **DM 5,80**
126 Seiten,
36 Zeichnungen

Stella Weller
Natürliche Geburt durch Yoga

ECON Ratgeber

ETB 20014 **DM 7,80**
160 Seiten,
64 Fotos

Gisela Eberlein
Gesund durch Autogenes Training

ECON Ratgeber

ETB 20141 **DM 7,80**
132 Seiten,
6 Zeichnungen

Gisela Eberlein
Autogenes Training mit Kindern

ECON Ratgeber

ETB 20004 **DM 6,80**
112 Seiten

Gisela Eberlein
Autogenes Training mit Jugendlichen

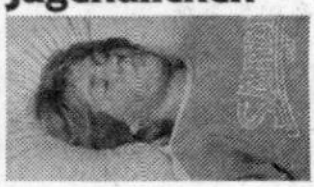

Ziel, Sinn, Praxis

ECON Ratgeber

ETB 20061 **DM 7,80**
126 Seiten

Gisela Eberlein
Autogenes Training für Fort-geschrittene

ECON Ratgeber

ETB 20098 **DM 7,80**
120 Seiten

Cornelia Dunkel
H. Schulz
Boxgymnastik für Frauen

Das neue Fitneßprogramm für den ganzen Körper

ECON Ratgeber

ETB 20149 **DM 8,80**
Originalausgabe,
112 Seiten,
102 Fotos

Frieder Anders
Tai Chi Chuan

Meditation in Bewegung zur Steigerung des Körpergefühls und zur Festigung der Gesundheit

ECON Ratgeber

ETB 20065 **DM 9,80**
155 Seiten,
217 Fotos,
5 Zeichnungen

Chris Stadtlaender
Natürlich schön durch Bio-Kosmetik

ECON Ratgeber

ETB 20025 **DM 9,80**
174 Seiten, 16 Zeichnungen,
5 Farbfotos,
253 Rezepte

Essen und Trinken

Ilse Sibylle Dörner
Das grüne Kochbuch
Handbuch der naturbelassenen Küche

ECON Ratgeber

ETB 20026 **DM 12,80**
270 Seiten,
20 Zeichnungen,
382 Rezepte

Helma Danner
Biologisch kochen und backen
Das Rezeptbuch der natürlichen Ernährung

ECON Ratgeber

ETB 20003 **DM 14,80**
288 Seiten,
8 Farbtafeln,
425 Rezepte

Ilse Sibylle Dörner
Diät mit Bio-Kost
Schlank, gesund und fit

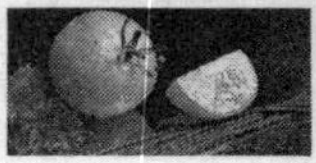

ECON Ratgeber

ETB 20019 **DM 9,80**
Originalausgabe,
189 Seiten, 16 Zeichnungen,
232 Rezepte

Helma Danner
Bio-Kost für mein Kind

ECON Ratgeber

ETB 20050 **DM 8,80**
160 Seiten,
20 Zeichnungen

Anneliese und Gerhard Eckert
Selbst räuchern

Fische, Fleisch und Wurst ... Rezepte

ECON Ratgeber

ETB 20087 **DM 9,80**
Originalausgabe,
144 Seiten,
Zeichnungen

Veronika Müller
Käse und Joghurt selbst herstellen

Mit 100 Rezepten zum Kochen
Originalausgabe

ECON Ratgeber

ETB 20136 **DM 8,80**
Originalausgabe,
ca. 128 Seiten,
20 Zeichnungen

Heidemarie Freund
Marmeladen, Konfitüren und Gelees

150 Rezepte
Originalausgabe

ECON Ratgeber

ETB 20144 **DM 9,80**
Originalausgabe,
ca. 128 Seiten,
Zeichnungen

Ilse Sibylle Dörner
Kochen und heilen mit Honig

ECON Ratgeber

ETB 20070 **DM 9,80**
221 Seiten,
15 Zeichnungen,
516 Rezepte

Peter Espe
Tips für den Weinkauf

Band 1: Das Grundwissen

ECON Ratgeber

ETB 20148 **DM 8,80**
168 Seiten,
20 Zeichnungen

Katharina Buss
Leib- und Magen-elixiere
Selbstgemachte Liköre und Schnäpse

ECON Ratgeber

ETB 20018 **DM 8,80**
Originalausgabe,
144 Seiten, 30 Zeichnungen,
4 Farbtafeln, 167 Rezepte

Peter C. Hubschmid
Tee – für Kenner und Genießer

Ein Brevier mit 40 Teerezepten

ECON Ratgeber

ETB 20073 **DM 8,80**
Originalausgabe,
144 Seiten,
20 Zeichnungen

Gini Rock
Aus der Bohne wird Kaffee
80 Rezepte zur Zubereitung eines klassischen Getränks

ECON Ratgeber

ETB 20048 **DM 8,80**
Originalausgabe,
168 Seiten,
37 Abbildungen

Natur

Heidrun und Friedrich Jantzen
Das Gartenjahr im Gemüsegarten

ECON Ratgeber

ETB 20108 **DM 9,80**
Originalausgabe,
ca. 128 Seiten,
ca. 100 Zeichnungen und Fotos

Ina Jung
Biologisch düngen

Gesunder Boden, weniger Schadstoffbelastung, mehr Ertrag

ECON Ratgeber

ETB 20134 **DM 9,80**
Originalausgabe,
ca. 128 Seiten,
ca. 50 Zeichnungen

Ina Jung

Der ökologische Wassergarten

Ein Biotop im Garten

ECON Ratgeber

ETB 20142 **DM 9,80**
Originalausgabe,
ca. 144 Seiten,
ca. 50 Zeichnungen

Ina Jung

Der Ökogarten für Kinder

Natur verstehen auf kleinstem Raum

ECON Ratgeber

ETB 20099 **DM 9,80**
Originalausgabe,
128 Seiten,
50 Zeichnungen

Gustav Schoser

Pflanzen überwintern

Immergrüne und laubabwerfende Gehölze, krautige Pflanzen

Originalausgabe

ECON Ratgeber

ETB 20085 **DM 9,80**
Originalausgabe,
ca. 144 Seiten,
ca. 50 Zeichnungen

Gustav Schoser

Zimmerpflanzen unter Kunstlicht

ECON Ratgeber

ETB 20116 **DM 9,80**
Originalausgabe,
ca. 144 Seiten, 4 Farbtafeln,
30 Fotos und Zeichnungen

Katharina Buss

Der Nutzgarten im Blumentopf

Kräuter und Gemüse statt Zierpflanzen

ECON Ratgeber

ETB 20059 **DM 9,80**
205 Seiten,
66 Zeichnungen

Brigitte Eilert-Overbeck

Meine Katze

Verhalten, Ernährung, Pflege

Begleitbuch zur ZDF-Serie »Mit Tieren leben«

ECON Ratgeber

ETB 20151 **DM 8,80**
Originalausgabe,
140 Seiten,
24 Zeichnungen

Arnt-Günter Nimz

Mein Hund

Verhalten, Erziehung, Pflege

Begleitbuch zur ZDF-Serie »Mit Tieren leben«

ECON Ratgeber

ETB 20150 **DM 8,80**
Originalausgabe,
128 Seiten,
ca. 30 Zeichnungen

Udo B. Brumpreiksz

Mein Dackel

Pflege, Ernährung, Krankheiten

ECON Ratgeber

ETB 20086 **DM 8,80**
Originalausgabe,
ca. 144 Seiten,
ca. 30 Abbildungen

Rolf Spangenberg

Klassehunde ohne Rasse

Freundschaft, die nie enttäuscht

ECON Ratgeber

ETB 20109 **DM 9,80**
224 Seiten,
30 Fotos

Horst Schall

Mein Kaninchen

Herkunft, Verhalten, Pflege

Begleitbuch zur ZDF-Serie »Mit Tieren leben«

Originalausgabe

ECON Ratgeber

ETB 20135 **DM 8,80**
Originalausgabe,
ca. 160 Seiten,
30 Fotos und Zeichnungen

Hans J. Mayland

Aquarium für Anfänger

Beckenarten, Aquarientechnik, Bepflanzung, Fische

ECON Ratgeber

ETB 20100 **DM 9,80**
Originalausgabe,
144 Seiten,
30 Farbfotos, 60 Zeichnungen

Gaby Karmann
Detlef Ost

Naturheilkunde für Katzen

ECON Ratgeber

ETB 20077 **DM 7,80**
Originalausgabe,
96 Seiten,
21 Zeichnungen

I. Ghosh

Naturheilkunde für Hunde

ECON Ratgeber

ETB 20076 **DM 7,80**
Originalausgabe,
120 Seiten,
14 Zeichnungen

Walter Salomon

Naturheilkunde für Pferde

ECON Ratgeber

ETB 20117 **DM 9,80**
Originalausgabe,
ca. 208 Seiten,
40 Fotos und Zeichnungen

Marga Drossard
Ursula Letschert

Naturheilkunde für Kleintiere

ECON Ratgeber

ETB 20118 **DM 9,80**
Originalausgabe,
ca. 160 Seiten,
ca. 40 Zeichnungen

Hobby

Heidemarie Freund
Schöne Geschenke selbst gebastelt

Originalausgabe
ECON Ratgeber

ETB 20088 **DM 8,80**
Originalausgabe,
112 Seiten,
ca. 70 Zeichnungen

Heidemarie Freund
Basteln mit Kindern

Zauberhafte Ideen für 4- bis 10jährige
Originalausgabe
ECON Ratgeber

ETB 20101 **DM 8,80**
Originalausgabe,
112 Seiten,
ca. 70 Zeichnungen

Christel Keller
Seidenmalerei

ECON Ratgeber

ETB 20137 **DM 14,80**
Originalausgabe,
112 Seiten,
ca. 30 Fotos, 16 Farbtafeln

Eva Gabisch
Chinesische Malerei
Anleitung für ein schöpferisches Hobby

ECON Ratgeber

ETB 20011 **DM 5,80**
95 Seiten,
3 Farbtafeln,
70 Zeichnungen

Annette Arnold
Kerzen und Figuren aus Bienenwachs

Anleitung zum Selbermachen
ECON Ratgeber

ETB 20110 **DM 9,80**
Originalausgabe,
128 Seiten,
ca. 50 Fotos und Zeichnungen

Edda Biesterfeld
Kleine Kunst auf weißem Gold
Ein Kurs zum Erlernen der Porzellanmalerei

ECON Ratgeber

ETB 20009 **DM 8,80**
157 Seiten,
16 Farbfotos,
80 Zeichnungen

Dieter Heitmann
Holz – das natürlichste Spielzeug der Welt
Ideen zum Selbermachen

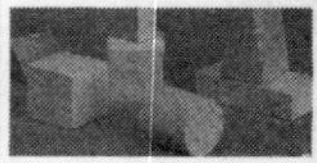

ECON Ratgeber

ETB 20034 **DM 12,80**
122 Seiten,
68 Fotos, 13 Farbfotos,
100 Zeichnungen

Klaus Oberbeil
Kaufen und verkaufen auf dem Flohmarkt

ECON Ratgeber

ETB 20079 **DM 8,80**
Originalausgabe,
160 Seiten

Heiner Vogelsang
Trödel sammeln und restaurieren
1000 Tips für den Umgang mit alten Stücken

ECON Ratgeber

ETB 20042 **DM 12,80**
Originalausgabe,
174 Seiten, 8 Farbtafeln,
36 Zeichnungen

Helmut-Maria Glogger
Kunst und Antiquitäten sachkundig kaufen

ECON Ratgeber

ETB 20089 **DM 14,80**
Originalausgabe,
ca. 180 Seiten,
ca. 40 Zeichnungen

Siegfried Sterner
Hausmusik
Vergnügen in Dur und Moll

ECON Ratgeber

ETB 20036 **DM 9,80**
187 Seiten,
31 Zeichnungen

Spiele und Unterhaltung

H. Otake
S. Futakuchi
Go

Das Einführungsbuch des Deutschen Go-Bundes
ECON Ratgeber

ETB 20103 **DM 9,80**
Deutsche Erstausgabe,
200 Seiten,
250 Diagramme

Alfred Schwarz
Backgammon

Das offizielle Regelbuch des Deutschen Backgammon-Bundes
ECON Ratgeber

ETB 20112 **DM 9,80**
Originalausgabe,
ca. 128 Seiten,
116 Zeichnungen

Ruth Dirx
Kinderspiele von Januar bis Dezember
Unterhaltung für Mädchen, Jungen und Eltern

ECON Ratgeber

ETB 20032 **DM 7,80**
175 Seiten,
55 Zeichnungen,
198 Spielideen

Isolde Kiskalt
Wir feiern eine Kinderparty

Spiele, Rezepte, Zaubereien für 4- bis 10jährige
ECON Ratgeber
ETB 20102 **DM 7,80**
Originalausgabe, 128 Seiten, 86 Zeichnungen

Martin Weghorn
1000 Fragen zur Umwelt

Ein Quizbuch für Wissen und Unterhaltung
ECON Ratgeber
ETB 20090 **DM 7,80**
Originalausgabe, 128 Seiten, ca. 100 Zeichnungen

Martin Weghorn
1000 Fragen zur Geographie

Ein Quizbuch für Wissen und Unterhaltung
ECON Ratgeber
ETB 20111 **DM 7,80**
Originalausgabe, ca. 128 Seiten, ca. 10 Zeichnungen

Martin Weghorn
1000 Fragen zur Geschichte

Ein Quizbuch für Wissen und Unterhaltung
ECON Ratgeber
ETB 20138 **DM 7,80**
Originalausgabe, ca. 128 Seiten

Reden, Briefe, deutsche Sprache

Edith Hallwass
Gutes Deutsch in allen Lebenslagen

ECON Ratgeber
ETB 20139 **DM 14,80**
530 Seiten

Heidemarie Müller
Die schönsten Poesiealbumverse

ECON Ratgeber
ETB 20092 **DM 6,80**
Originalausgabe, 111 Seiten

Frank Hercher
Ansprachen, Reden, Toasts

Für alle Gelegenheiten
ECON Ratgeber
ETB 20093 **DM 9,80**
224 Seiten

Franz Bludau
Liebesbriefe

Musterbriefe für Verliebte
ECON Ratgeber
ETB 20105 **DM 7,80**
Originalausgabe, ca. 128 Seiten

Brigitte Otto
Vornamen

Herkunft und Bedeutung
Von Abigail bis Zygmunt
Originalausgabe
ECON Ratgeber
ETB 20113 **DM 7,80**
Originalausgabe, ca. 160 Seiten

Lebenshilfe

Peter Lauster
Lassen Sie sich nichts gefallen

Die Kunst, sich durchzusetzen
Mut zum Ich
ECON
ETB 20081 **DM 12,80**
285 Seiten, 33 Zeichnungen

Anton und Marie-Luise Stangl
Lebenskraft

Selbstverwirklichung durch Eutonie und Zen
ECON Ratgeber
ETB 20094 **DM 12,80**
296 Seiten

Marie-Luise Stangl
Jede Minute sinnvoll leben
Vertrauen zu sich selbst gewinnen

ECON Ratgeber
ETB 20015 **DM 5,80**
123 Seiten

Marie-Luise Stangl
Die Welt der Chakren
Praktische Übungen zur Seins-Erfahrung

ECON Ratgeber
ETB 20022 **DM 5,80**
Originalausgabe, 107 Seiten, 49 Zeichnungen

Joseph Wolpe
Unsere sinnlosen Ängste
Wege zu ihrer Überwindung

ECON Ratgeber
ETB 20031 **DM 8,80**
204 Seiten

Bernhard Müller-Elmau
Kräfte aus der Stille
Die transzendentale Meditation

ECON Ratgeber
ETB 20021 **DM 7,80**
191 Seiten

Gerhard Leibold
Körpertherapie

Einklang von Körper, Geist und Psyche
ECON Ratgeber
ETB 20114 **DM 7,80**
Originalausgabe,
ca. 160 Seiten,
15 Zeichnungen

Marianne Schneider-Düker
Gruppenpsychotherapie
Methoden, Probleme, Erfolge

ECON Ratgeber
ETB 20055 **DM 7,80**
135 Seiten,
6 Abbildungen

Peter Lauster
Statussymbole

Wie jeder jeden beeindrucken will
ECON
ETB 20104 **DM 9,80**
204 Seiten,
25 Zeichnungen

Maximilian Alexander
Schein und Wirklichkeit der Sekten

ECON Ratgeber
ETB 20069 **DM 9,80**
Originalausgabe,
ca. 192 Seiten

Alfred Bierach
Schlank im Schlaf durch vertiefte Entspannung
Die SIS-Methode

ECON Ratgeber
ETB 20008 **DM 6,80**
144 Seiten,
1 Graphik

Waltraud Simon
Praxis der Eheinstitute

ECON Ratgeber
ETB 20062 **DM 8,80**
Originalausgabe,
139 Seiten

Mavis Klein
Ein Partner für mich
Wege zu Freundschaft und Liebe
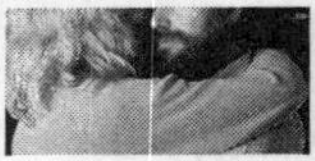
ECON Ratgeber
ETB 20028 **DM 7,80**
156 Seiten,
21 Graphiken

Debora Phillips, Robert Judd
Das Ende einer Zweierbeziehung

Auf dem Weg zum neuen Ich
ECON Ratgeber
ETB 20066 **DM 8,30**
Deutsche Erstausgabe,
143 Seiten

Stephen M. Johnson
Nach der Trennung wieder glücklich

ECON Ratgeber
ETB 20041 **DM 9,80**
287 Seiten

Roland Kopping
Träume und ihre Deutung

ECON Ratgeber
ETB 20120 **DM 9,80**
Originalausgabe,
ca. 200 Seiten

Georg Götte
Ahnenforschung

So erstellt man seinen Stammbaum
ECON Ratgeber
ETB 20119 **DM 8,80**
Originalausgabe,
ca. 144 Seiten,
10 Zeichnungen

Manfred Lucas
Hören, um gehört zu werden

Die Kunst des richtigen Zuhörens
ECON Ratgeber
ETB 20146 **DM 8,80**
Originalausgabe,
ca. 128 Seiten

Bernd Kirchner
Die trügerische Sicherheit
Tips für den Umgang mit Versicherungen

ECON Ratgeber
ETB 20053 **DM 9,80**
205 Seiten

Kinder- und Schülerhilfen

W. Zeise/J. A. Stöhr
Kinder-Medizin, Pädagogik, Psychologie
Ein Lexikon

ECON Ratgeber
ETB 20043 **DM 16,80**
Aktualisierte Neuausgabe,
534 Seiten,
111 Zeichnungen

Emil und Octavia Wieczorek
So fördere ich mein Kind
100 psychopädagogisch erprobte Spiele

ECON Ratgeber

ETB 20054 **DM 8,80**
Originalausgabe, 182 Seiten

Hannes Lachenmair
Eltern-initiativen
Wir organisieren einen Kindergarten

ECON Ratgeber

ETB 20046 **DM 9,80**
Originalausgabe, 204 Seiten

Fitzhugh Dodson
Väter sind die besten Mütter

Kinder brauchen ihre Väter

ECON Ratgeber

ETB 20056 **DM 9,80**
280 Seiten

Günther Beyer
So lernen Schüler leichter
Gedächtnis- und Konzentrationstraining

ECON Ratgeber

ETB 20001 **DM 6,80**
128 Seiten, 92 Zeichnungen, 49 Übungen

Arnold Grömminger
Kinder wollen lesen
Über die sinnvolle Auswahl von Büchern

ECON Ratgeber

ETB 20033 **DM 7,80**
112 Seiten

Uwe-Jörg Jopt
Schlechte Schüler - faule Schüler?
Wie Eltern helfen können

ECON Ratgeber

ETB 20045 **DM 7,80**
143 Seiten

Rudolf Meinert
Mein Kind in der Pubertät

ECON Ratgeber

ETB 20047 **DM 7,80**
136 Seiten

Gisela Eberlein
Ängste gesunder Kinder
Praktische Hilfe bei Lernstörungen

ECON Ratgeber

ETB 20010 **DM 7,80**
158 Seiten

Joan Freeman
Erziehung und Intelligenz
Natürliche Anlagen erkennen und fördern

ECON Ratgeber

ETB 20044 **DM 9,80**
191 Seiten

Jerry Jacobs
Ich weiß keinen Ausweg mehr
Hilfe für selbstmordgefährdete Jugendliche

ECON Ratgeber

ETB 20040 **DM 9,80**
176 Seiten

Astrologie

Hanns-Manfred Heuer
Mein Kind ist Widder

Vom 21. März bis 20. April

ECON Ratgeber

ETB 20121 **DM 6,80**
112 Seiten, 10 Zeichnungen

Hanns-Manfred Heuer
Mein Kind ist Stier

Vom 21. April bis 20. Mai

ECON Ratgeber

ETB 20122 **DM 6,80**
112 Seiten, 10 Zeichnungen

Hanns-Manfred Heuer
Mein Kind ist Zwilling

Vom 21. Mai bis 21. Juni

ECON Ratgeber

ETB 20123 **DM 6,80**
112 Seiten, 10 Zeichnungen

Hanns-Manfred Heuer
Mein Kind ist Krebs

Vom 22. Juni bis 22. Juli

ECON Ratgeber

ETB 20124 **DM 6,80**
112 Seiten, 10 Zeichnungen

Hanns-Manfred Heuer
Mein Kind ist Löwe

Vom 23. Juli bis 23. August

ECON Ratgeber

ETB 20125 **DM 6,80**
112 Seiten, 10 Zeichnungen

Hanns-Manfred Heuer
Mein Kind ist Jungfrau

Vom 24. August bis 23. September
ECON Ratgeber
ETB 20126 **DM 6,80**
112 Seiten,
10 Zeichnungen

Hanns-Manfred Heuer
Mein Kind ist Waage

Vom 24. September bis 23. Oktober
ECON Ratgeber
ETB 20127 **DM 6,80**
112 Seiten,
10 Zeichnungen

Hanns-Manfred Heuer
Mein Kind ist Skorpion

Vom 24. Oktober bis 22. November
ECON Ratgeber
ETB 20128 **DM 6,80**
112 Seiten,
10 Zeichnungen

Hanns-Manfred Heuer
Mein Kind ist Schütze

Vom 23. November bis 21. Dezember
ECON Ratgeber
ETB 20129 **DM 6,80**
112 Seiten,
10 Zeichnungen

Hanns-Manfred Heuer
Mein Kind ist Steinbock

Vom 22. Dezember bis 20. Januar
ECON Ratgeber
ETB 20130 **DM 6,80**
112 Seiten,
10 Zeichnungen

Hanns-Manfred Heuer
Mein Kind ist Wassermann

Vom 21. Januar bis 19. Februar
ECON Ratgeber
ETB 20131 **DM 6,80**
112 Seiten,
10 Zeichnungen

Hanns-Manfred Heuer
Mein Kind ist Fisch

Vom 20. Februar bis 20. März
ECON Ratgeber
ETB 20132 **DM 6,80**
112 Seiten,
10 Zeichnungen

Umwelt, Ökologie

Sabine Bahnemann
Alltagsökologie

Global denken – lokal handeln
ECON Ratgeber
ETB 20064 **DM 9,80**
Originalausgabe,
222 Seiten,
über 100 Zeichnungen

Robert Müller
Giftige Stoffe im Haushalt
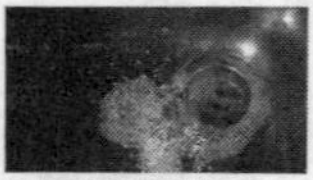
Verhaltensempfehlungen und Richtlinien
Originalausgabe
ECON Ratgeber
ETB 20095 **DM 8,80**
Originalausgabe,
160 Seiten,
ca. 10 Abbildungen

E. Dölle/W. Koch
Selbstversorgung – aber wie
Unabhängigkeit für Stadt- und Landbewohner

ECON Ratgeber
ETB 20051 **DM 9,80**
Originalausgabe,
191 Seiten,
68 Zeichnungen

Praxis

Edgar Forster
Sich selbständig machen – gewußt wie

ECON Praxis
ETB 21001 **DM 9,80**
Originalausgabe,
192 Seiten

Heiner Kurt Wülfrath
Sich erfolgreich bewerben und vorstellen

Ein praktischer Ratgeber für Stellensuchende
ECON Praxis
ETB 21004 **DM 5,80**
Originalausgabe,
90 Seiten

Manfred Lucas
Bewerbungsgespräche erfolgreich führen

ECON Praxis
ETB 21020 **DM 8,80**
Originalausgabe,
ca. 128 Seiten

Manfred Lucas
Arbeitszeugnisse richtig deuten

ECON Praxis

ETB 21016 **DM 8,80**
Originalausgabe,
ca. 128 Seiten

Manfred Bosse
Was tun bei Kündigung?

Rechte und Möglichkeiten des Arbeitnehmers

ECON Praxis

ETB 21014 **DM 9,80**
Originalausgabe,
298 Seiten

Axel Winterstein
Vorankommen durch Weiterbildung

ECON Praxis

ETB 21015 **DM 9,80**
Originalausgabe,
ca. 160 Seiten

Axel Winterstein
Abitur – was dann?

Berufschancen mit und ohne Studium

Mit Eignungstest

ECON Praxis

ETB 21018 **DM 9,80**
Originalausgabe,
ca. 176 Seiten

C.V. Rock
Berufsalternativen für arbeitslose Lehrerinnen und Lehrer

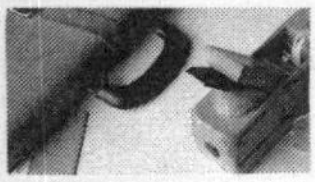

Möglichkeiten in selbständigen und nichtselbständigen Bereichen

ECON Praxis

ETB 21006 **DM 9,80**
Originalausgabe,
191 Seiten

Renate Gorges
Job-Sharing

Möglichkeiten für Arbeitsteilung und Arbeitszeitorganisation

ECON Praxis

ETB 21002 **DM 9,80**
Originalausgabe,
170 Seiten

Harry Holzheu
Gesprächspartner bewußt für sich gewinnen

Psychologie und Technik des partnerorientierten Verhaltens

ECON Praxis

ETB 21003 **DM 8,80**
Originalausgabe,
192 Seiten

Anton Stangl
Das Buch der Verhandlungskunst

Psychologisch richtig verkaufen

ECON Praxis

ETB 21008 **DM 12,80**
376 Seiten

Gerd Ammelburg
Die Rednerschule

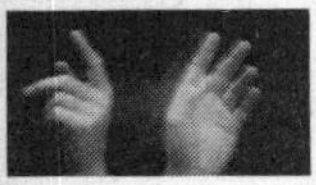

Reden, verhandeln, überzeugen

ECON Praxis

ETB 21010 **DM 12,80**
192 Seiten,
11 Fotos,
25 Zeichnungen

Wolfgang Zielke
Informiert sein ist alles

Die Papierflut sinnvoll nutzen

ECON Praxis

ETB 21007 **DM 8,80**
185 Seiten

Ullrich Sievert
Mehr Zeit für das Wichtige

Prinzipien, Methoden, Techniken

ECON Praxis

ETB 21013 **DM 9,80**
154 Seiten

Rolf W. Schirm
Kürzer, knapper, präziser

Erfolgreiche Kommunikation im Büro

ECON Praxis

ETB 21023 **DM 8,80**
112 Seiten

Jürgen Bleis
Hellmut W. Hofmann
Schach und Management

Wie man zum Zuge kommt

ECON Praxis

ETB 21009 **DM 14,80**
248 Seiten,
37 Diagramme

Antony Jay
Management und Machiavelli

Von der Kunst, oben zu bleiben

ECON Praxis

ETB 21017 **DM 9,80**
264 Seiten

Anton Stangl
Verkaufen muß man können

Eine praktische Verkaufs- und Verhandlungsstrategie

ECON Praxis

ETB 21012 **DM 8,80**
127 Seiten

Klaus Oberbeil
Verkaufen mit Video

Möglichkeiten, Erfahrungen, Zukunftschancen

ECON Praxis

ETB 21005 **DM 12,80**
Originalausgabe,
171 Seiten

ETB 21011 **DM 12,80**
Originalausgabe,
205 Seiten

ETB 21021 **DM 8,80**
Originalausgabe,
ca. 128 Seiten

ETB 21022 **DM 8,80**
Originalausgabe,
ca. 128 Seiten

Bestellschein ETB

Ich bestelle hiermit aus dem ECON Taschenbuch Verlag, Postfach 9229, 4000 Düsseldorf 1, durch die Buchhandlung:

Buchhandlung:

Ex. Ex.

Ex. Ex.

Ex. Ex.

Ex. Ex.

Ex. Ex.

Name:

Straße: Ort:

Datum: Unterschrift:

Preisänderungen und Irrtum vorbehalten. Stand 1. 8. 1985